Leonie Halter

Die über Dornen gehen

Titelbild: Maren Knickelmann

Autorenbild: Katharina Fojtzik (www.inspiring-impression.blogspot.de)

Bibliografische Informationen der Deutschen Nationalbibliothek
Die Deutsche Nationalbibliothek verzeichnet diese Publikation in der Deutschen Nationalbibliothek; detaillierte bibliographische Daten sind im Internet über http://dnb.d-nb.de abrufbar.

ISBN 9783738630510
© Leonie Halter 2015
Herstellung und Verlag:
BoD - Books on Demand, Norderstedt

Für Cäcilia und Narziss,

die sich niemals begegnen sollten.

Und wenn wir leben, wofür leben wir?
Leben wir nur, um später sagen zu können: „Ich war mal hier"?
Oder ist da noch mehr, bleibt am Schluss
etwas außer Staub und Asche im ewigen Lebensfluss?
Stumm hoffen wir, dass etwas bleibt
bis an das Ende aller Zeit.
Also wird der Mensch niemals Ruhe geben.
Er wird niemals aufhören zu streben.
(Marquise)

Und wenn wir streben, wonach streben wir?
Macht, Ruhm und Reichtum sind stets des Lebens größte Zier.
Doch der Glanz, er macht so machen blind,
verschleiert, dass da noch andere Dinge sind.
Egal.
Der Mensch, er muss streben. Die Frage bleibt: Wofür?
Niemand weiß es. Der Tod beantwortet sie dir.
(Maxim)

Und wenn wir dann sterben, wofür haben wir gelebt,
ist dann alles verschwunden, wonach wir gestrebt?
Der Tod, er holt uns alle ein.
Er beendet unser nichtiges Sein.
Er nimmt uns, was uns gegeben, was wir hatten,
verfolgt uns wie ein dunkler, zunehmender Schatten.
Die Frage ist nicht: Hast du am Limit gelebt
und nach den richtigen Dingen gestrebt?
Sondern: „War es gut?"
(François)

Das Jahr in dem es endet

„Warum leben wir, Marianne?"

Reglos sitzt die Diva am Fenster ihrer Suite. Mit leerem Blick folgt sie den Regentropfen, die langsam an der Scheibe hinunterlaufen wie Tränen. Ihre eigenen Tränen. Auf dem Boden stehen Weinflaschen. Dazwischen benutzte, umgekippte Gläser. Ihr Gesicht ist fahl.

„Um nicht tot zu sein", erwidert Marianne. Ein mattes Kopfschütteln folgt. „Das ist zu einfach", entgegnet ihr Schützling leise. „Ich glaube nicht, dass du Recht hast."

„Es wird Zeit, dass du ihn vergisst", sagt Marianne. „Vergiss ihn!" Die Frau am Fenster ignoriert ihre Worte. Marianne hebt die Stimme: „Du musst ihn vergessen, Marquise!", wiederholt sie. „Du hast jetzt andere Dinge, auf die du dich konzentrieren musst. Denk an deine Genesung!"

Marquise Montiniere, die gefeierte Sängerin, wirkt gebrochen, ist entsetzlich abgemagert. Ihre hohen Wangenknochen, die dem Gesicht einst eine edle Note verliehen haben, treten deutlicher hervor denn je. Dünn wie Papier scheint ihre Haut unter dem weißen Nachthemd hervor. Die Sopranistin mit der ungewöhnlich weichen, runden Stimme wirkt wie ein welkes Blatt, das kurz davor ist abzufallen. Das jederzeit vom Wind davongetragen werden kann.

Himmel, denkt Marianne erschüttert, sie gibt sich auf! Selbst wenn sie krank ist, darf sie sich nicht aufgeben. Mühsam versucht sie, ihren aufkeimenden Zorn zu verstecken. „Ich weiß, dass du mich nicht sehen willst", fährt sie fort. Obwohl sie sich vorgenommen hat, ruhig zu bleiben, wirkt ihre Stimme schneidend: „Doch *so* kann es nicht weitergehen. Das kann ich nicht dulden!"

„Ist mir egal, was du duldest." Zum ersten Mal seit Tagen hat die Diva ihre Stimme wiedergefunden. Die Zunge ist schwer vom Alkohol, doch immerhin: Sie redet. „Du kommst zu mir und tust so, als ob wir Freundinnen wären. Du tust so, als ob du dir Sorgen machen würdest. Doch du bist keine Freundin, Marianne. Wenn ich die Krankheit wirklich besiegen sollte, wirst du mich wieder auf die Bühne zerren, sobald ich auch nur annähernd im Stande bin, Konzerte zu singen. Du wirst der Presse sagen, dass ich geheilt bin. Dass ich glücklich bin. Du wirst sagen, dass ich wieder die Alte bin. Aber das wird nicht stimmen, Marianne. Es wird nie mehr so sein wie früher."

Marianne schnaubt. „Sind wir jetzt schon so tief gesunken, dass wir gar nicht mehr an uns glauben?" „Nicht *wir*", erklärt die Angetrunkene mit Nachdruck. „*Ich* bin so tief gesunken. Es gibt kein *Wir* mehr, Marianne!" „Wir sind ein Team, Marquise", schimpft Marianne fassungslos. „Das sind wir immer noch." Die Diva lacht schaurig. „Ein Team… Du siehst doch nie etwas anderes als den Profit."

Marianne spürt einen Stich in der Magengrube. „Ich bin deine Managerin, Marquise", versucht sie sich zu rechtfertigen. „Es ist meine Aufgabe, den Profit zu sehen. Es wäre fatal, wenn es nicht so wäre. Dann wären wir jetzt nicht da, wo wir sind." „Am Boden meinst du?" „Nein!", zischt Marianne, die nun langsam aber sicher die Geduld verliert. „Wir sind nicht am Boden, Marquise. Wir werden niemals am Boden sein! Wir sind bis auf die Spitze des Berges geklettert. Ich werde ganz sicher nicht zulassen, dass du alles hinwirfst! Hier!"

Angriffslustig hält sie der Diva ein dickes Papierbündel unter die Nase. „Das sind die Zeitungen der letzten Wochen. Willst du wissen, was die Presse über dich schreibt?" Die Kranke sieht teilnahmslos aus dem Fenster. „Ist mir egal, was diese Aasgeier in die Welt posaunen." „Wirklich? Ich lese es dir mal vor", beharrt Marianne.

Geräuschvoll schlägt sie die erste Zeitung auf. *„Die renommierte Sängerin Marquise Montiniere hat vorläufig alle Konzerte abgesagt. Gerüchten zufolge leidet sie unter schweren Depressionen..."* Ein lautes Stöhnen folgt. Dann schlägt sie die Zeitung wieder zu. „So... Willst du noch mehr hören? Ein paar Schlagworte vielleicht." Sie durchsucht den Stapel. *„Alkoholproblem... Schlafstörungen... ausfallende Worte... öffentliche Beleidigung der Braut Romanow... nochmal Alkohol... Liebeskummer...* Verdammt, es ist nicht gut, wenn die Presse so viel über dein Privatleben weiß. Verstehst du das?"

Die Diva schenkt sich Wein nach. „Nein, keinen Wein mehr für dich!" Marianne nimmt ihr das Glas ab. Ihr Schützling lässt es widerstandslos geschehen. „Du hast in den letzten Tagen eindeutig zu viel getrunken." „Und *du* solltest dir dieses fürsorgliche Getue sparen. Es steht dir nicht", kommt es prompt zurück. „Ich mache mir wirklich Sorgen, Marquise." Marianne setzt sich zu ihr ans Fenster. „Du willst nichts mehr essen, gehst nicht mehr vor die Tür, willst niemanden sehen. Stattdessen lässt du dich hängen, verkriechst dich in deiner Wohnung und trinkst. Das ist doch keine Lösung!"

Die Sängerin scheint zu frieren, schlingt die Arme um ihren Körper, damit es wärmer wird. Schließlich sagt sie: „Du weißt nicht, wie es ist, jemanden zu verlieren, mit dem du den Rest deiner Tage verbringen wolltest." Marianne schlägt die Hände über dem Kopf zusammen. „Hör auf, dir das einzureden, Marquise! Hör verdammt nochmal auf damit!" „Mir was einzureden?", braust die Diva auf. Verletzlichkeit liegt in ihrer Stimme. „Dass er der Mann deines Lebens ist", erwidert Marianne ein wenig ruhiger, will auf gar keinen Fall, dass die Situation weiter eskaliert.

Die Frau am Fenster dreht sich um, sieht ihr fest in die Augen. „Denkst du", beginnt sie langsam, „dass wir seelenverwandt sind? Maxim und ich? Oder denkst du, dass ich mich all die Jahre getäuscht habe?" Marianne seufzt. Sie gehört nicht zu der Sorte

Mensch, die es jemals in Betracht ziehen würde, sich so abhängig von einem Mann zu machen wie Marquise. „Vielleicht hast du dich getäuscht. Ich weiß es nicht", sagt sie ehrlicherweise. „Ich kann das nicht beurteilen."

„Natürlich nicht." Ihr Gegenüber seufzt theatralisch, zündet sich eine Zigarette an. „Wie solltest du das auch beurteilen können? Du hast ja nie geliebt, Marianne. Du bist ein gefühlloses, eiskaltes Miststück, lässt niemanden näher als drei Meter an dich heran." Marianne schweigt getroffen. Sie weiß, dass diese Worte der Wahrheit entsprechen, findet es jedoch unverschämt, sie so hart auszusprechen. Für einen kurzen Moment überlegt sie, ob sie beleidigt reagieren soll, beschließt dann aber, die Sache zu ignorieren.

Heute Morgen hat sie einen Brief gefunden. Einen persönlichen Brief. Allein für Marquise. Als ihre Managerin hat sie ihn einfach gelesen und beschlossen, ihn für immer verschwinden zu lassen. Darin stand:

Geliebte Marquise,

ich weiß nicht, ob es richtig ist, dir zu schreiben. Womöglich verletze ich dich damit mehr, als ich es ohnehin schon getan habe...
Ich habe viele Fehler gemacht, Marquise... Ich war ignorant, nie da und ein Trottel. Ich habe Sachen gesagt, die ich nicht hätte sagen dürfen, Dinge getan, die ich nicht hätte tun dürfen. Ich war so sehr von meiner Karriere besessen, dass ich das Ziel aus den Augen verloren und unsere Liebe aufs Spiel gesetzt habe. Ich habe alle Werte vergessen. Ich bin ein schlechter Mensch geworden, Marquise...

Die Sängerin drückt ihre Zigarette auf dem Fenstersims aus. „Mein Leben ist zu Ende", sagt sie tonlos. „So fühlt es sich jedenfalls an. Leer." „Unsinn." Marianne schüttelt energisch den Kopf. „Wir kriegen das schon wieder hin." Missbilligend beobachtet sie, wie Marquise Tabakreste auf dem Boden verstreut. „Ich habe von meinem *Leben* gesprochen, Marianne, nicht von der Bühne." „Alles was du brauchst ist ein Bett, um deinen Rausch auszuschlafen", erwidert die sachlich.

„Alles was ich brauche ist Maxim", lallt die Diva schwerfällig. „Und jetzt ist er fort... Bei einem skrupellosen, einflussreichen Flittchen. Dabei weiß ich doch, dass er sie nicht mag. Er mochte sie noch nie!" „Er hat sie geschwängert", murmelt Marianne, ist froh, dass Marquise es nicht gehört hat.

Ich habe eine Frau geheiratet, die ich nicht hätte heiraten dürfen.
Ich glaube nicht, dass du mir verzeihen kannst, Marquise. Ich hoffe nur, dass du irgendwann jemanden findest, den du genauso liebst wie mich. Jemanden, mit dem du glücklich wirst. Ich hoffe, dass du mich vergisst... Ich bin deine Trauer nicht wert.

„Er hat mir noch ein Stück geschrieben. Zum Abschied", flüstert die Angetrunkene in überraschend klaren, deutlichen Worten. „Ein *Für-Marquise*-Stück." Marianne horcht auf, ist alarmiert. Dieser Dummkopf hat es tatsächlich fertiggebracht, ein weiteres Werk der *Für-Marquise*-Kompositionen an ihr, Marianne, vorbei zu schmuggeln?

„Was für ein Stück denn?", fragt sie argwöhnisch. „Ein programmatisches", antwortet die Diva bereitwillig. „Seine Sätze tragen Namen, klangvolle Namen: Churchbells, Downfall, Meeting on the Street." „Wann war das?" Marianne versucht mehr über die Sache in Erfahrung zu bringen, überlegt, ob sie mit für den Schaden verantwortlich ist. „Bei unserem letzten Treffen." Hilflos muss sie mit ansehen, wie Marquise noch weiter in sich zusammensinkt. „Es klingt wie ein Requiem."

Ich habe dieses Stück geschrieben, weil ich es tun musste. Als Erinnerungen an die schönste Zeit meines Lebens.

Marianne sieht ein, dass sie nicht weiterkommt. Auf wen würde Marquise hören, wenn nicht auf sie? Sie überlegt. Dabei kommt ihr der Gedanke wie ein Blitz: François. Der Bildhauer und Maler, in dessen Atelier Marquise sich früher so oft geflüchtet, auf dessen Meinung sie großen Wert gelegt hat. Er ist einen Versuch wert.

„Was denkst du", beginnt Marianne vorsichtig, „hätte François gesagt, wenn er dich so gesehen hätte? Gerupft wie ein Huhn, verheult, jegliche Haltung verloren?" Die Sängerin zuckt bei dem Namen ihres verstorbenen Freundes zusammen, als hätte man ihr einen elektrischen Schlag verpasst. „Wir sollten nicht über François reden", erwidert sie mit belegter Stimme. „Was denkst du, hätte er gesagt?", bohrt Marianne erbarmungslos nach. „Denkst du nicht, er hätte dich erst mal ordentlich geschüttelt?"

Die Zeitungen schreiben viel über dich, Marquise. Auch über mich. Für sie sind wir ein gefundenes Fressen. Wenn man der Boulevardpresse glauben darf, hast du dich aus der Öffentlichkeit zurückgezogen. Du hast deine Tournee abgesagt. Ist das wahr? Sie schreiben, du hast begonnen zu trinken… Versprich mir, dass du lebst, Marquise.

Die Diva zündet sich eine neue Zigarette an. „Grotesk", sagt sie unvermittelt. „Was?" Marianne sieht sie fragend an, überlegt, ob ihr Schützling nun endgültig den Verstand verloren hat. „Das hätte François gesagt." Marquise hustet. „Dass es grotesk ist, wenn zwei füreinander bestimmte Seelen nicht zusammenbleiben dürfen. Doch davon lebt die Welt nun mal, vom Grotesken. Das macht sie interessanter." Marianne braucht eine Weile, um ihre Worte zu verstehen. Dann denkt sie ernsthaft darüber nach, in die Galerie zu gehen, um sich die Werke des eigensinnigen Künstlers anzusehen. „Ja, grotesk", sagt Marquise, während sie sich erneut den Regentropfen am Fenster zuwendet. „Es klingt verrückt, aber es ist genau das, was man sehen will. Das Groteske. Wir haben uns so daran gewöhnt, überall Groteskes zu sehen, dass wir gar nicht mehr wissen, wie die Welt ohne Groteskes ist."

Marquise, du wirst für immer in meinem Herzen bleiben. Es tut mir leid.

„Du findest einen andern." Marianne versucht, ihr Mut zu machen. „Ganz sicher, auch wenn es einige Zeit dauern wird." „Niemanden werde ich finden." Die Diva lacht verzerrt. „Ich bin eigenwillig. Hast du das schon vergessen? Ich brauche jemanden, der genauso ist wie ich." Allerdings, denkt Marianne. Laut sagt sie: „Sieh dich an. Auch jetzt bist du noch wunderschön. Welcher Mann würde nicht alles für dich tun?" Tatsächlich scheint ein Funken Stolz in Marquises Augen zu entflammen, der wenig später jedoch schon wieder verlischt.

„Ich weiß noch, wie es war, als wir uns kennenlernten", erinnert sie sich traurig. „Es war magisch. Ich wusste gleich, dass er der Richtige ist. Dass es für mich nur ihn geben würde. Ihn und niemand anders. Dabei war ich erst vierzehn."

Du hast immer an mich geglaubt, Marquise. Dafür möchte ich dir danken...

Maxim

Das Jahr in dem es beginnt

Die Akademie kommt ihr groß, fast unheimlich vor, wie ein Monster, das sie verschlungen hat. Ja, sie hat sich verlaufen. Verwirrt betrachtet sie die vielen Gänge, die vielen Schilder. „Zu Madame Chevalier", hat Maman gesagt. „Du wirst sie schon finden." Doch Marquise findet nichts, nicht den geringsten Hinweis, ist kurz davor loszuheulen. Dabei ist sie schon vierzehn, ein echter Teenager.

„Kann ich dir helfen, Kleine?" Hinter ihr ertönt eine Stimme. Vor Schreck zuckt sie zusammen, dreht sich um. Vor ihr steht ein junger Mann: tiefblaue Augen, kurzes, wallnussbraunes Haar, ein zaghaftes Lächeln, Hände mit feingliedrigen Fingern. Augenblicklich ist sie eingeschüchtert. „Ich… Ich…", stammelt sie, weil ihr nichts Vernünftiges einfällt.

„Suchst du irgendwen?", fragt der Fremde lächelnd, wobei er sich ein wenig zu ihr herunterbeugt. „Ma… Madame Chevalier." „Hast du Unterricht?" Seine Worte klingen freundlich, eher sanft, kein bisschen herablassend. Sie nickt. „Dann musst du ziemlich begabt sein. Jeder hier weiß, dass Chevalier sich ihre Schüler sorgfältig aussucht." Das Mädchen erwidert nichts, kann nichts anderes tun als ihn anzustarren. Wie ist dein Name? Ich muss deinen Namen wissen!, schreit ihre innere Stimme.

„Hey, Maxim!" Ein schwarzgelockter Student mit dunklen Augen kommt dazu. Freundschaftlich klopft er Marquises Retter auf die Schulter. „Wo bleibst du? Die Vorlesung fängt gleich an." Maxim, merkt sich Marquise dankbar. Er heißt Maxim. „Ich versuche gerade, der Kleinen hier weiter zu helfen. Sie findet den Raum nicht. Weißt du, wo Madame Chevalier unterrichtet?" Natürlich ist Maxim deutlich älter als sie. Immerhin ist er schon erwachsen, sie noch ein halbes

Kind. Trotzdem zieht sich bei dem Wort *Kleine* etwas in ihr schmerzlich zusammen.

„Wie heißt du, Kleine?" hört sie nun auch den anderen sagen. Stumm fleht sie: Nehmt mich ernst. Bitte. Ich bin nicht mehr klein. Dann erwidert sie zögernd: „Marquise". Noch immer wirkt sie verunsichert. „Also, Marquise", erklärt der Dunkelhaarige, „du gehst die nächste Treppe rauf. In den ersten Stock. Oben nimmst du das dritte Zimmer links. Chevaliers Name steht auf dem Schild an der Tür. Alles klar?"

Sie nickt hastig. Auf gar keinen Fall will sie für dumm gehalten werden. Schon gar nicht von Maxim. „Danke", sagt sie etwas überstürzt. Dann geht sie, nicht ohne ihm noch einen letzten, scheuen Blick zuzuwerfen. Hinter sich hört sie den anderen lachen. „Die wird noch reihenweise Herzen brechen, wenn sie älter ist", sagt er nicht gerade leise. Maxim erwidert nichts. Als Marquise die Treppe hinaufsteigt, spürt sie seinen Blick in ihrem Rücken.

Madame Chevalier hat den Ruf sehr streng zu sein. Streng. Eiskalt. Berechnend und hart wie Granit. Diesem Ruf macht sie für gewöhnlich auch alle Ehre. Doch heute ist sie freundlich. Sie ist durchaus in der Lage, wahres Talent zu erkennen. Und Marquise, die wie ein Häuflein Elend vor ihr steht, darf das Talent des Singens durchaus ihr Eigen nennen. Sie verfügt über eine außergewöhnlich große Stimme. Schon jetzt! Vielleicht über eine Jahrhundertstimme.

„Das war famos, Marquise. Ja, ganz und gar parfait." Madame Chevalier ist zufrieden. Ihre Schülerin lächelt zaghaft. „Meine Liebe, du hast alles, was du für die Bühne brauchst", fährt sie fort. „Eine fantastische Stimme. Den rechten Ehrgeiz. Ein fabelhaftes Aussehen. Es gibt nur eine Sache, die wir dringend ändern müssen: Dein Selbstbewusstsein. Das ist erbärmlich. Schon deine Haltung ist alles andere als überzeugend."

Auf der Stelle wechselt Marquises Gesichtsfarbe vor Scham ins Rote. „Ich werde daran arbeiten", bemüht sie sich eifrig zu sagen. „Natürlich wirst du das", erwidert Madame Chevalier. „Und *ich* werde dir dabei helfen. Du wirst sehen…Eines Tages wirst du in den ganz großen Opernhäusern singen... In Mailand, in Paris, in New York… Wir werden dein gesamtes Potenzial ausschöpfen, werden nichts unversucht lassen…"

Dabei denkt sie nicht nur an Marquise. Sie denkt auch an sich. Daran, dass dieses Mädchen sie ins Licht der Öffentlichkeit zurück bringen wird. Daran, dass etwas von ihrem Glanz auch auf sie herabfallen wird.

Liebes Tagebuch

heute hatte ich meine erste Stunde bei Madame Chevalier. Sie war zufrieden, meinte, ich hätte Potenzial. Ich darf wiederkommen. Sie ist eine der besten Lehrerinnen Londons. Sehr streng. Doch streng muss ja nicht unbedingt schlecht sein…

Außerdem habe ich jemanden getroffen. Einen Mann. Er heißt Maxim, studiert an der Akademie. Ich bin sicher, dass er nicht zufällig durch mein Leben gegangen ist. Ich werde ihn wiedersehen. Bestimmt. Wenn ich mich besser zurechtfinde…

Sie sieht aus wie Anna, denkt Maxim, als er dem Mädchen mit den großen, braunen Augen ein paar Tage später erneut begegnet. Zart gebaut ist sie, wie seine Schwester. Damals in Kasachstan. Auch sie hat ihn bemerkt, lächelt ihn vorsichtig an. Maxim erwidert ihr Lächeln. Genau so hat Anna auch gelächelt, erinnert er sich. Genau so.

„Hast du dich wieder verlaufen?" Während er fragt, will er sich am liebsten auf die Zunge beißen. „Nein", kommt es heute erstaunlich mutig zurück. „Ich weiß, wo ich hin muss." „Oh gut." Es freut ihn, dass sie nicht beleidigt ist. Anna wäre jetzt beleidigt gewesen, erinnert er sich. Aber sie ist nicht Anna. Nach einer kurzen Pause fährt sie fort: „Du heißt also Maxim?" Offensichtlich möchte sie nicht, dass die Unterhaltung schon zu Ende ist. „Ja." Er mustert sie eingehend. „Und du bist Marquise." Sie lacht.

In der Hoffnung etwas mehr über ihn zu erfahren, fragt sie: „Spielst du ein Instrument, Maxim?" „Ja. Geige", erwidert er arglos. Das scheint ihr zu gefallen. „Spielst du auch eigene Stücke? Auf deiner Geige?" Sie lässt nicht locker. „Nein", gesteht er irritiert, versteht nicht, worauf sie hinaus will. Sie sieht ihn ernst an. „Du könntest es aber. Ein Stück schreiben?" „Kann schon sein." Er zuckt mit den Schultern. „Ich habe es noch nie probiert."

Das Gespräch verläuft etwas zäh, nicht ganz so, wie Marquise es sich vorgestellt hat. „Schreibst du *mir* eins?" Sie möchte das nächste Treffen auf gar keinen Fall dem Zufall überlassen. „Ein Stück nur für *mich*?" Nein, will er schon sagen. Ich habe noch nie komponiert, werde es auch nie tun. Es gibt Wichtigeres. Wenn sie nicht diesen Rehblick hätte! Wie Anna. Damals in Kasachstan. Als sie ihn angefleht hat zu bleiben. Er hat es nicht getan. Und was ist letzten Endes aus Anna geworden? Asche. Asche in einer…

„Also gut", stimmt er widerwillig zu. Sie schaut ihn ungläubig an, so, als hätte sie nicht mit dieser Antwort gerechnet. „Ich werde dir was schreiben. Doch es wird einfach sein. Du wirst es vom Blatt singen können." „Du sollst es auf der Geige spielen", sagt sie, in der Hoffnung ein paar Minuten mit ihm verbringen zu können. Als er zögert, setzt sie noch ein verspätetes „Bitte" hinzu. „OK", gibt er nach. „Ich spiele es dir vor." Er weiß, dass jeder Widerstand zwecklos wäre. Niemals könnte er solchen Augen widerstehen!

„Das ist fantastisch!" jubiliert sie. „Wann? Nächste Woche? Da habe ich Geburtstag." „Von mir aus", brummt Maxim schmunzelnd. Die Begeisterung der Kleinen steckt ihn an. Ich muss noch was gutmachen, Anna, rechtfertigt er sein zeitaufwändiges Zugeständnis. Marquise hüpft vor Freude. „Ich muss jetzt zum Unterricht. Bis bald, Maxim." Sie winkt ihm überglücklich zu, bevor sie in einem der angrenzenden Gänge verschwindet. Er starrt ihr verwundert hinterher.

„Was war das denn?" Marlon, der Dunkelhaarige, ist unbemerkt zu ihm gestoßen. „Hast du einen Fan?" „Sieht ganz so aus." Ein leichtes Grinsen zeigt sich auf Maxims Gesicht. „Hast *du* schon mal was komponiert?"

Abends, als er in seiner Wohnung ist, geht sie ihm nicht aus dem Kopf. Merkwürdiges Mädchen. Irgendwie faszinierend. Sie und Anna haben viel gemeinsam. Gleich beim ersten Gespräch hat sie ihn weichgekocht, ihn bequatscht, ihr ein Stück zu schreiben. Geschickt ist sie, die kleine Sängerin. Bei diesem Gedanken muss er unwillkürlich lächeln. Für Anna hätte er auch was komponiert, wenn sie ihn darum gebeten hätte. Aber sie ist nicht Anna. Anna ist tot.

Mit aller Kraft vertreibt er die trüben Gedanken. Das letzte, was er jetzt braucht, sind Selbstvorwürfe. Schließlich gilt es, ein Stück zu schreiben. Maxim seufzt. Wenn das so einfach wäre. Er geht zum Schreibtisch, kramt Notenpapier hervor, nimmt einen Stift in die Hand. Das wäre schon mal erledigt! Doch was nun?

Zuerst sieht er Anna. Kleine, zierliche Anna, mit glänzenden Rehaugen. Später tauchen andere Bilder auf. Blühende Rosen, ein Regenbogen, ein wilder Fluss, zwei Hände, die sich halten. Er kann nicht sagen, warum sie sich in seine Gedanken drängen. Sie sind einfach da. Das ist es, glaubt er. Das muss es sein. Doch wie soll er das zu Papier bringen? Maxim schließt die Augen. Komponieren ist doch Kopfsache, oder? Langsam beginnt er, Noten auf die Linien zu zeichnen.

Er trifft sie eine Woche später in einem der leer stehenden Übungsräume. „Wie hast du es genannt?", will sie wissen, während er seine Geige aus dem Koffer nimmt. *„Für Marquise"*, erklärt er. „Ich dachte, das trifft es am besten." Sie lacht. So wie Anna vor langer Zeit gelacht hat. Damals in Kasachstan. „Ist das sowas wie eine Uraufführung?" „Streng genommen ja", erwidert er, bemerkt, dass ihr diese Vorstellung gefällt. „Immerhin bist du die erste Person, die es hört." „Gut." Ihre Augen beginnen zu leuchten.

„Wovon handelt es?" Er denkt an die Bilder. Doch das sagt er nicht. Stattdessen antwortet er nur: „Von gar nichts. Es ist nur ein Stück. Eine Melodie. Keine Geschichte." „Jedes Stück erzählt eine Geschichte", entgegnet Marquise, während sie ihn kritisch von der Seite betrachtet. „Als Geiger solltest du wissen, dass Musik von Geschichten lebt." Er stutzt, findet sie ein wenig altklug. Dennoch würde er sich sein Leben lang an diesen Satz erinnern.

„Du hast Recht", erwidert er nach einer Weile, als ihm fast schmerzlich bewusst geworden ist, dass es an ihren Worten nichts zu rütteln gibt. „Du hast völlig Recht. Ich bin ein Idiot." „Ein Idiot ganz sicher nicht." Sie kichert hinter vorgehaltener Hand. „Du hast nur noch nie darüber nachgedacht. Das ist alles." „Ok, ich werde darüber nachdenken", verspricht er schnell. „Ich werde die Geschichte finden, die hinter deinem Stück steht."

„Dann erzähl sie mir, wenn du sie gefunden hast", sagt Marquise. „Und jetzt: Spiel es mir vor!" Wieder ist er irritiert. Stellt sie tatsächlich gleich zwei Forderungen in einem Atemzug? Maxim muss über ihren kindlichen Befehlston lachen. „Also gut, Eure Majestät", erwidert er belustigt, setzt die Geige an. „Dir ist hoffentlich klar, dass das hier meine erste Komposition ist? Du solltest nicht so hohe Erwartungen haben." Vorsichtig beginnt er zu spielen.

Zu Hause beim Abendessen ist Marquise so ausgelassen wie schon lange nicht mehr. Obwohl sie den Grund für ihre Hochstimmung eisern verschweigt, ahnt ihre Schwester bereits, dass dieser Umstand wohl kaum auf den Unterricht bei Madame Chevalier zurückzuführen ist. „Warum bist du so gut gelaunt?", fragt sie lauernd. „Erzähl es uns doch!" „Es gibt keinen Grund", erwidert Marquise hastig, wobei sie den Kopf tief über ihren Suppenteller hält.

„Nichts?", hakt Annabelle erbarmungslos nach. „Ist das der Name auf dem Zettel, den ich unter deinem Kissen gefunden habe?" Die Eltern werden hellhörig, starren verwirrt auf ihre älteste Tochter, die vor Entsetzen ins Essen prustet. „Marquise? Was für ein Zettel?", fragt Maman argwöhnisch. „Es ist nur… Es sind bloß Noten", versucht die sich eilig aus der Affäre zu ziehen.

Doch Annabelle macht ihr einen Strich durch die Rechnung. „Es ist ein ganzes Stück. Es heißt *Für Marquise*." „*Für Marquise*?" Maman zieht die Brauen hoch. „Wer hat es geschrieben?" „Niemand", entgegnet Marquise hastig. „Es ist nur ein Stück, das zufällig *Für Marquise* heißt." Während sich die Jüngere hämisch über das von ihr angerichtete Desaster freut, schauen die Eltern fragend zur anderen Seite des Tisches.

Marquise, die inzwischen knallrot angelaufen ist, sieht nicht so aus, als ob sie mit den gewünschten Antworten herausrücken würde. Folglich löst die Schwester den wesentlichen Teil des Rätsels auf: „Maxim Romanov. Er hat seinen Namen auf das Blatt geschrieben." „Halt' den Mund!", faucht Marquise ungehalten. Ihre Hand zittert. „Halt' bloß den Mund, sonst…" „Was sonst?" Annabelle lacht höhnisch, während Marquise fieberhaft überlegt, was sie ihr androhen könnte. Da ihr auf die Schnelle nichts einfällt, entgegnet sie nur: „Du bist ein Ekel."

„Das ist genug", mahnt Maman, bevor sie auf die Sache zurückkommt. „Es gibt also ein Stück, das nur für dich komponiert wurde?" Marquise nickt. „Wie schön! Warum erzählst du uns nicht davon?" Obwohl der Blick des Vaters auf eine schlüssige Erklärung drängt, schüttelt die älteste Tochter vehement mit dem Kopf, scheint auf gar keinen Fall mit der Familie drüber sprechen zu wollen. Die Mutter akzeptiert das. Überraschenderweise. Schließlich scheint auch Papa einzusehen, dass es besser ist, die Sache nicht auf die Spitze zu treiben.

Schon am nächsten Tag trifft sie ihn wieder. Dieses Mal ist er derjenige, der auf sie zukommt, der ihr zur Begrüßung ein strahlendes Lächeln schenkt. „Hallo, Marquise", sagt er freundlich. Seine Augen glänzen sanft. „Irgendwie laufen wir uns ständig über den Weg." „Stimmt", erwidert sie glücklich. „So ein Zufall, was?"

Marlon gesellt sich zu ihnen, einen schwarzen Kasten - wahrscheinlich ein Cello - auf dem Rücken. „Hey, Kleine", grüßt er lässig, wofür Marquise ihn am liebsten sofort erwürgen würde. „Hast du dich mittlerweile eingelebt?" „Ja", sagt sie kurz angebunden. „Ich finde mich zurecht." „Wunderbar." Auf Marlons Gesicht zeigt sich ein breites Grinsen. „Wenn man ein paar Mal hier gewesen ist, ist es gar nicht so schwer." „Richtig", stimmt Marquise noch einmal zu. „So ist es."

Sie ist unschlüssig, tritt nervös von einem Fuß auf den anderen. Noch hat sie die Hoffnung, dass Marlon wieder verschwindet, damit ihr Zeit bleibt, ein paar Worte mit Maxim zu wechseln. Alleine. Bedauerlicherweise macht der keine Anstalten zu gehen, weshalb sie das Gespräch an dieser Stelle beendet. „Ich gehe jetzt zum Unterricht", sagt sie energisch, hofft, dass ihr Tonfall erwachsen genug klingt. „Bis bald, Maxim." Dann schreitet sie davon, hoch erhobenen Hauptes, ohne sich noch einmal umzusehen.

„Bis morgen", murmelt Maxim, verwirrt über ihren plötzlichen Aufbruch. Zu seinem Freund sagt er kopfschüttelnd: „Kommt es mir nur so vor, oder ist sie schon jetzt eine Diva?" „Sieht fast so aus." Marlon zuckt mit den Schultern. „Dass die Kleine später mal gefährlich wird, habe ich dir ja schon gesagt. In ein paar Jahren… Mit den richtigen Formen…" „Sei nicht so primitiv", zischt Maxim. Doch dann muss er lachen.

Bis morgen, denkt Marquise, hochbeglückt über diese Worte. Er hat es gesagt: *Bis Morgen*. Dass Maxim mit diesen zwei Worten viel mehr über sich preisgegeben hat, als ihm lieb ist, kommt ihm nicht in den Sinn. Ihm selbst ist nicht bewusst, dass er sich längst an die Gegenwart der kleinen Sängerin gewöhnt hat, dass sie schon bald zu seiner Vertrauten werden würde.

„Ich dachte nicht, dass es so laufen würde", seufzt er, als sie sich besser kennen. Marquise sieht ihn fragend an. „Was genau meinst du?" Wie so oft hat sie vor der schweren Eingangstür auf ihn gewartet. Heute sieht er traurig aus. Sein hoffnungsloser Tonfall kommt ihr fremd, fast unheimlich vor. Was soll das werden?, fragt sie sich. Ein Erwachsenengespräch? Mit mir? Über wichtige, persönliche Dinge hat er noch nie geredet. Sie lächelt in sich hinein, betrachtet es als Fortschritt.

„Es ist frustrierend", erklärt Maxim überraschend ehrlich. „Als ich herkam, hatte ich nur ein Ziel: richtig gut zu werden, eine Solokarriere zu starten. Nun bin ich Mitte zwanzig und immer noch ein Niemand. Wahrscheinlich werde ich in irgendeinem Orchester hinter irgendeinem beschissenen Pult verrotten." Marquise, die noch nichts mit den Zweifeln eines angehenden Profimusikers anfangen kann, fragt unbedarft: „Was ist so schlimm daran, in einem Orchester zu spielen?"

„Du müsstest am ehesten wissen, was ich meine." Maxim verzieht den Mund. „Denn du bist wie ich, Marquise. Ein selbstverliebter Einzelkämpfer. Du willst solistisch auf die Bühne. Mit einem Chor zu singen ist nicht dein Ding. Der Applaus soll am Ende alleine dir gehören. Genauso geht es mir. Im Orchester wäre ich nur einer von vielen. Ich will aber nicht *irgendein* Geiger sein. Ich will *der* Geiger sein." „Du hast Recht", erwidert sie nach einer Weile. „Ich will alleine auf die Bühne. Aber…"

„Du bist jung." Maxim sieht sie mit einer Mischung aus Neid und Wohlwollen an. „Du hast noch viel Zeit. Mir rennt sie langsam davon. Das macht mir Angst. Wenn ich es bis dreißig nicht geschafft habe, ist meine Chance vorbei." „Wie es auch kommt", erwidert Marquise ehrlich betroffen, „du darfst nie vergessen, dass du *der* Maxim Romanov bist. Der beste Geiger des Jahrhunderts. Für mich bist du das längst." „Danke." Maxim ist so deprimiert, dass er die unterschwellige Liebeserklärung in ihren Worten nicht versteht.

Stattdessen bemerkt er den Bluterguss an ihrem Arm. „Was ist *das*?" Rein zufällig hat er ihn entdeckt. „Wie bitte?" Sie weiß nicht, was er meint. „Der blaue Fleck da an deinem Arm?" „Oh das…" Betroffen weicht sie seinem Blick aus. „Das waren Mitschüler… Es ist nur… eine Quetschung. Nichts Ernstes." „Mitschüler?" Maxim ist schockiert „Warum machen die sowas?"

„Ich weiß es nicht." Marquise versucht unbekümmert zu klingen. „Ich weiß auch nicht, warum sie mich andauernd beleidigen, warum sie sagen, dass ich fett und hässlich bin." Sie zuckt mit den Schultern. „Ich versuche, es zu ignorieren." „Die sagen *was*?" Maxim ist erschüttert. „Das verstehe ich nicht. Du bist wunderschön, eher zu dünn als zu dick. Was für einen Grund haben die, sowas zu behaupten?"

„Es gibt da eine Linda…", erklärt Marquise sachlich, „die kann mich nicht leiden. Sie ist sehr beliebt, musst du wissen… Deshalb…" „Machen die anderen, was sie sagt. Nein, wie charmant", knurrt Maxim „Und was machst du?" „Ich werde warten", kommt es prompt zurück. „Alles Schlechte, was sie tun, wird früher oder später zu ihnen zurückkommen." Er sieht sie zweifelnd an. „Ich denke nicht, dass es so läuft. Willst du das wirklich? Warten?" „Ja." Sie lächelt besonnen. „Einfach warten."

Dann muss sie zu Madame Chevalier. Als er ihre langen, braunen Haare in den Gängen verschwinden sieht, überfällt ihn eine unbändige Wut. Sie tun ihr weh, dröhnt es in seinem Kopf. Das bereitet auch ihm Schmerzen. Es ist so, als würden sie Anna wehtun. Maxim denkt an seine kleine Schwester. Wenn sie Anna so behandelt hätten, was hätte er getan? Er hätte sie zur Rede gestellt. Er hätte ihnen den notwendigen Respekt mit der Brechstange eingeprügelt. Anna, denkt er, vergib mir.

Das Jahr der Farben

François ist schon müde, als er die regenbogenfarbene Tür seiner Stammkneipe, dem „Bunten Ochsen", aufstößt. Zigarettenqualm und Jazzmusik drängen sich ihm entgegen.

Der „Ochse" ist, wie immer freitags, gut gefüllt. Trotzdem ist die Stimmung noch nicht umgeschlagen, was recht ungewöhnlich ist für einen solchen Abend. Die meisten Leute nippen gelangweilt an ihren Getränken, sind in belanglose Gespräche vertieft. François setzt sich auf seinen Stammplatz am Tresen, bestellt bei Rosi, der korpulenten Schankwirtin, ein Bier. Sein Blick schweift über die anwesenden Gäste. Den männlichen Part. Doch nichts, was er sieht, weckt sein Interesse.

Er hat einen nervenaufreibenden Tag hinter sich. Alles, was er jetzt will ist, den Streit in der Familie vergessen, ein wenig abschalten. Doch das gelingt ihm nicht. Immer wieder drängen sich die Worte der Mutter in seine Gedanken, schneidend wie ein Messer aus Stahl. „Geh doch auf diese verdammte Kunstschule, wenn es dir so wichtig ist", hat sie gesagt. „Bitte, ich halte dich nicht auf. Geh! Dann bin ich dein *Problem* endlich los."

Mein Problem. François lacht verbittert auf. Es wäre leicht, wenn es sich dabei um etwas handeln würde, das er einfach aus seinem Leben verbannen könnte. Doch so ist es nicht. Es ist seit jeher Teil seiner Persönlichkeit, weshalb seine Mutter ihre Position vorhin auch mehr als deutlich gemacht hat. Warum soll es *mein* Problem sein, fragt sich François ganz in das unerfreuliche Gespräch vertieft, dass ich Frauen verabscheue?

Frauen, ein leidiges Thema. Egal, was er zustande bringt, für seine Familie ziehen sie sich durch sein Leben wie ein roter Faden. Eben darum, weil sie nicht existieren. Es ist nicht so, wie ihr glaubt, denkt

François ärgerlich, während er sich eine Zigarette anzündet. Es ist nicht so, dass ich Männer anziehend finde, weil ich mich nicht traue, mit Frauen zu sprechen. Es ist ganz einfach so, dass ich nichts an ihnen finde. Rein gar nichts. Warum versteht ihr das nicht?

Gerade als er sich damit abgefunden hat, nun doch den Rest des Abends mit schlechter Laune zu verbringen, fällt sein Blick auf ein Mädchen, das vorne übergekippt mit dem Kopf auf dem Tresen liegt. Es scheint zu schlafen. An sich kann es François egal sein. Teenager wie sie findet man in letzter Zeit immer öfter in Kneipen, für deren Besuch sie viel zu jung sind. Doch dieses Mal ist es anders. Irgendetwas fesselt seinen Blick. Sie hat schöne Haare, denkt er, dunkelbraun mit einem leichten Rotstich. Wie ungewöhnlich.

Obwohl sie einen zufriedenen Eindruck macht, ist François beunruhigt. Mit leiser Stimme wendet er sich an die Wirtin. „Wie lange liegt die schon da?" Rosi zuckt teilnahmslos mit den Schultern. „Genau kann ich es nicht sagen. Ich glaube, die kam vor zwei, drei Stunden… mit ein paar anderen… haben jede Menge Tequilla gekippt." Sie deutet auf die leeren Gläser. „Diese hier hat wohl etwas übertrieben. Wie es aussieht sind ihre Freunde ohne sie abgezogen." „Nett." François seufzt. „Echte Kameradenschweine."

„Sie ist niedlich", stellt Rosi mit einem Augenzwinkern fest. „Ich denke aber nicht, dass sie so ist wie wir. Glaube eher, die hat sich verirrt. Vielleicht war es auch so eine Art Mutprobe." „Hm", macht François. Er hat sein Bier längst ausgetrunken, ist in Aufbruchsstimmung. Doch der Gedanke, das junge Ding hier, in diesem Umfeld, seinem Schicksal zu überlassen, behagt ihm nicht. Das Londoner Nachtleben hat bekanntlich auch seine dunklen Seiten. Gerade für so eine kann es zu später Uhrzeit verdammt gefährlich werden.

„Ist sie ansprechbar?" „Du kannst dein Glück ja versuchen." Rosi kichert. „Die ist ziemlich fertig, glaube ich." François bezahlt, gibt ihr ein großzügiges Trinkgeld, wofür sie sich mit einem Luftkuss bedankt. „Ich denke, ich werde versuchen, sie nach Hause zu bringen", sagt er dann. „Schön, dass es noch Helden gibt." Rosi grinst breit. „Du bist ein toller Kerl, François. Wenn ich auf Männer stehen würde…" „Schon gut… Das wäre zu viel der Ehre, " winkt François ab. „Bis bald, Rosi."

Dann geht er langsam auf das Mädchen zu, rüttelt sie vorsichtig an den Schultern. „Hey, kannst du mich hören?" Mühsam schlägt sie die Augen auf. Er stellt fest, dass sie braun sind. Wie ihr Haar, glänzend und ausdrucksstark. Sie sieht ihn nicht wirklich an. Ihre Pupillen sind vergrößert. Der Blick ist leer. Ihr Mund öffnet sich, um ein paar unverständliche, krächzende Wortfetzen heraus zu pressen. „Entschuldigung", sagt François immer wieder. „Ich verstehe nichts von dem, was du gerade erzählst."

Sie versucht, sich zusammen zu reißen. Mit größter Mühe formuliert sie zwei Wörter: „Nach draußen." „Ok", nickt François, der froh ist, endlich etwas zu hören, das halbwegs Sinn macht. „Ich bringe dich nach draußen. Vielleicht tut dir die frische Luft ja gut." Tatsächlich richtet sie sich auf, kann jedoch nur schwer das Gleichgewicht halten. Hilfesuchend streckt sie ihm ihre Arme entgegen. François zögert kurz. Dann fasst er sie vorsichtig um die Taille, legt ihre Hand auf seine Schulter.

Mit vereinten Kräften schaffen sie es bis vor die Tür. Im ersten Moment scheint der Sauerstoff zu helfen. Ihr Atem beruhigt sich. Das Zittern in ihrem Körper hört auf. Na also, will François schon sagen, als sie sich mit einem Mal ohne jede Vorwarnung nach vorne beugt, um sich auf den Fußweg zu übergeben. „Vorsicht!" Seine Hände schnellen nach vorne, packen sie bei den Schultern, um ihr Halt zugeben. „Tut mir Leid", murmelt sie benommen. „So ein Mist … Tut mir leid…"

„Wo wohnst du?", fragt François, der sich inzwischen überfordert fühlt. „Ich bring dich nach Hause!" Zu seiner Verwunderung kullern riesige Tränen über ihr Gesicht. „Ich… ich weiß es nicht. Ich weiß gar nichts mehr. Was mache ich hier?" Ihre Stimme klingt matt. „Kannst du mich von hier wegbringen, ja? Einfach irgendwohin, wo nicht *hier* ist?" „Ich kann dich heimbringen", schlägt François erneut vor. Doch sie schüttelt energisch den Kopf. „Nicht nach Hause. Bitte."

Sie bebt am ganzen Körper, sieht dadurch noch erbärmlicher aus: weiß wie die Hauswand, vor der sie steht, außerdem das ganze T-Shirt voller Erbrochenem. Wie ein Frischling, der sich im Schlamm gewälzt hat, denkt François. Ein süßer, kleiner, stinkender Frischling. Er ist ratlos. Einerseits drängt alles in ihm dazu, das hilfsbedürftige, junge Ding zu beschützen, doch andererseits… Sie ist auch nur eine von denen, sagt er sich. Eine verdammte Frau. Sicher bringt sie nichts als Ärger. Sie wird wie meine Mutter sein und mich für das hassen, was ich bin.

„Bitte." Das Mädchen berührt ihn vorsichtig mit der ausgestreckten Hand. In ihren Augen liegt ein seltsames Flehen. „Bitte." „Also gut." François gibt sich geschlagen, überlegt, wohin er mit ihr gehen soll. „Ich weiß einen Ort, an den ich dich bringen kann", sagt er schließlich. „Kann ich…" Fragend blickt sie ihn aus ihren tiefbraunen Augen an. „Ja, du kannst dich an mir festhalten", erlaubt François, wenn auch widerwillig. „Sonst werden wir nicht weit kommen, fürchte ich."

Als sie sein Atelier betreten, weiß er nicht mehr, warum er sie hierher gebracht hat. *Keine Frauen in diesen heiligen Hallen*, ist seit jeher seine Devise gewesen. *Die versauen alles*. Und nun hat er seine eigene Regel gebrochen. Ihm ist zum Heulen zumute. Doch dafür hat er jetzt keine Zeit. Das völlig erschöpfte Mädchen braucht seine Aufmerksamkeit.

„Die Bilder sind ja wirklich irre!" Nach dem langen Fußmarsch kann sie wieder besser sprechen. François hört ehrliche Begeisterung heraus. „Für die Kunst habe ich viel übrig, musst du wissen", erklärt sie freimütig. „Bist du Maler? Ein richtiger?" „Ich werde einer", sagt François beherrscht. „Ein Maler. Genau." „Ich werde Sängerin." Sie kichert unterdrückt. „Ist das nicht toll? Wir werden beide Künstler." „Ja... wirklich toll." François glaubt ihr kein Wort. „Willst du dich nicht hinlegen? Du solltest schlafen." Er deutet auf das große Sofa in der Mitte des Ateliers.

Doch sie überhört sein Angebot. Wie in Trance betrachtet sie sein neuestes Werk, das groß und bunt auf der Staffelei thront. „Was ist das?" Sie legt den Kopf schief, so als könnte ihr diese Haltung Klarheit verschaffen. „Soll das etwa... eine Frau sein?" Tatsächlich zeigt das Gemälde ein frauenähnliches Geschöpf, ganz in Rot gekleidet, mit schwarzen, weit aufgerissenen Augen. Es scheint Feuer zu speien. „Ja", erwidert François leise. „Das ist meine Mutter. Es ist der Moment, in dem ich ihr gesagt habe, dass ich schwul bin."

„Meine Mutter kann das nicht", stellt sie trocken fest, versteht offensichtlich nur die Hälfte von dem, was er sagt. „Feuer spucken." „Ich schenke sie dir, wenn du willst", bietet François großzügig an. „Das kannst du nicht!" Sie hat seinen zynischen Unterton nicht bemerkt. Er sieht sie nachdenklich an, fragt sich, was für ein Mensch sie ist. „Wie heißt du eigentlich?" „Marquise." Ihre Lippen bewegen sich kaum. „Marquise Montiniere." „Ein schöner Name", sagt François. Doch sie hört ihn nicht.

Eingehend betrachtet sie die Bilder an den Wänden. „Das sind ja... alles Männer." Ihre Zunge kommt nicht ganz mit. „Ja", bestätigt François kurz. „Nackte Männer", korrigiert sie sich, als ihr dieses pikante Detail bewusst wird. „Ja." Sie sieht nicht sonderlich schockiert aus, eher fasziniert. „Hast du die nach lebenden Modellen gezeichnet?" „Ja", sagt François zum dritten Mal. „Die sind gut geworden", erwidert sie. „Warum hast du sie gezeichnet?" „Weil ich sie hatte", erklärt François ruhig, wenn auch nicht ohne Genugtuung."

„Du *hattest* sie?" Sie scheint über den Sinn dieser Worte nachzudenken. „Meinst du damit, dass du…" „Ja." Der Maler verzieht keine Miene. „Hast du ein Problem damit?" „Nein." Sie kichert. „Ich nicht. Aber meine Schwester. Die hätte eins. Sie ist der Meinung, dass ihr alle geisteskranke Sodomiten seid, die man verfolgen sollte." „Sympathisches Mädchen." Unwillkürlich muss François lachen. „Wir hassen uns." Marquises Stimme klingt hart. „Sie ist kein bisschen wie ich."

Mittlerweile hat sie sich auf dem Sofa niedergelassen, richtet ihre Aufmerksamkeit jedoch nach wie vor auf die Kunstwerke. François zögert. Dann setzt er sich neben sie. „Vielleicht solltest du versuchen, etwas zu schlafen", wagt er einen zweiten Versuch. Sein Blick fällt auf ihr T-Shirt. „Ich hole dir ein sauberes." Er ist froh, dass er wieder aufstehen kann, kommt wenig später mit einem viel zu großen, rosafarbenen Tank top zurück. Sie lächelt nur, tauscht ihres dankbar gegen seines aus.

„Du bist ein guter Mensch", behauptet sie anschließend. François zuckt mit den Schultern. „Ich weiß es nicht", entgegnet er wahrheitsgemäß. „Wenn du das sagst." „Du musst ein Engel sein", beharrt sie. „Weil du mich hergebracht hast. Sag mir deinen Namen, Engel?" „François", erwidert François ruhig, „François de la Court." „Du bist schön, François", stellt sie sachlich fest, „aber nicht mein Typ." „Wie beruhigend." Ihr Retter lächelt erleichtert. „Dann schlaf jetzt, ok? Und morgen sagst du mir, wo du wohnst."

Sie denkt nicht daran zu schlafen. „Warum stehst du auf Männer?", will sie stattdessen wissen. François seufzt, ahnt, dass es noch eine lange Nacht werden wird. „Warum stehst du denn auf Männer?", fragt er zurück. „Ich glaube kaum, dass du aus Überzeugung im

Ochsen warst." „Im *Ochsen*?" Sie sieht ihn verständnislos an. „Die Kneipe in der ich dich gefunden habe... Also, die ist eigentlich für Leute wie mich", versucht François zu erklären. Doch das scheint sie nicht zu interessieren.

„Ich stehe auf Männer weil es normal ist", sagt sie arglos. „Ich bin eine Frau. Es liegt in unserer Natur, Männer zu mögen." Eine Frau... Allenfalls ein Fräulein bist du, denkt François amüsiert. „Ja, wahrscheinlich ist es für euch normal", erwidert er grinsend. „Bei mir ist es eben anders. Ich bin nicht normal." „Wäre ja auch langweilig, wenn alle normal wären", antwortet sie überraschend. „Hast du eine Zigarette?" „Ja." François gibt ihr eine. „Danke." Sie qualmt eine Weile schweigend vor sich hin.

„Du bringst nicht oft Frauen mit, oder?", fragt sie dann. „Nein", erwidert er. „Du bist die Erste." „Warum ich?" Genau weiß er es selbst nicht. „Mein Atelier ist der einzige Ort, der mir eingefallen ist." „Oh!" Sie lächelt. „Ich habe also Glück gehabt. Es ist schön hier. Wenn ich nicht so übel aussehen würde, würde ich dich bitten, mich zu portraitieren. Kannst du das ein anderes Mal machen, ja?" Ein anderes Mal, denkt François. Sie will also wiederkommen.

Mit Erstaunen stellt er fest, dass er diesen Gedanken gar nicht so schlecht findet. „Vielleicht bist du anders, Marquise", sagt er schließlich. „Vielleicht habe ich dich deshalb hierher gebracht." Als sie nicht antwortet, bemerkt er, dass sie eingeschlafen ist. Leise holt François ein Laken, deckt sie damit zu. Ihm wird klar, dass er einer Frau noch nie so nahe gewesen ist wie diesem Mädchen.

„Wisst ihr schon das Neueste?" Mal wieder gelingt es Annabelle, beim Essen alle Blicke auf sich zu ziehen. „Was denn?", fragt Maman ahnungslos, während sich bei Marquise bereits ein ungutes Gefühl in der Magengrube verbreitet. „Na, dass Marquise einen neuen Freund hat", posaunt die jüngere Schwester triumphierend heraus. „Er heißt François. Ist Maler. Sie besucht ihn fast jeden Tag in seinem Atelier." „Sei still!", faucht Marquise, doch Annabelle fährt unbeirrt fort. „Sie hat neulich bei ihm übernachtet. Es steht in ihrem Tagebuch."

Volltreffer. Die Eltern sind alarmiert. „Marquise", beginnt Maman vorwurfsvoll, „bist du nicht bei deiner Freundin gewesen? Bei Cara?" Dank Annabelle sitzt sie nun ernsthaft in der Klemme. Sie weiß nicht, welche Wahrheit ihre Eltern am ehesten akzeptieren würden. „Die Sache ist die", beginnt sie vorsichtig, „ich wollte bei Cara übernachten. Dann war sie plötzlich weg." „Das verstehe ich nicht", hakt ihr Vater nach. „Warum war sie plötzlich weg und... Wer ist der Mann, von dem Annabelle da redet?"

„Er heißt François", erklärt Marquise notgedrungen. „Er ist Kunststudent. Ich habe ihn zufällig kennengelernt." „Hast du nun bei ihm übernachtet oder nicht?", will Maman wissen. „... Ja", gibt ihre erbarmungslos in die Enge getriebene Tochter zu, „aber nur weil..." „Du übernachtest also bei irgendwelchen wildfremden Männern?" Mrs. Montiniere klingt zutiefst schockiert. „Herrje, Marquise... Was ist nur in dich gefahren? Du weißt doch... Gott behüte! Wenn du schwanger wirst!"

„So ist es nicht, ok?" Marquise ist vor Scham rot angelaufen „Was denkt ihr von mir? Sowas würde ich niemals tun." „Und doch hast du die Nacht bei ihm verbracht", bemerkt der Vater spitz. „Marquise, bis jetzt waren wir sehr tolerant", hört sie die Mutter mit strenger Stimme sagen. „Doch wenn du anfängst, dich wie eine Hure zu benehmen..." „So ist es nicht!" Marquise wird ungewohnt laut. „Warum hört ihr mir nicht erst mal zu! Er ist schwul, ok. Er... François ist schwul."

Die Gesichter der Eltern erstarren. „... Schwul", wiederholt Maman. Das Wort hört sich aus ihrem Mund mehr als falsch an. „Du meinst also, dass..." „Er steht auf Schwänze", erklärt Annabelle, wobei sie sich vor Lachen fast verschluckt. Der Vater zuckt zusammen, weist sie streng zurecht: „Ich will solche Wörter bei Tisch nicht hören!" Dann wendet er sich erneut an seine älteste Tochter. „Dein Freund ist also… homosexuell?" Nur mit Mühe spricht er das Wort aus. „Ja", erwidert Marquise leise, während sie versucht, sein Mienenspiel zu deuten. „Ja, das ist er."

„In seinem Atelier hängen überall Bilder von nackten Männern." Freimütig verrät Annabelle weitere Einzelheiten aus Marquises Tagebuch. „*Sie* hat er auch gezeichnet." „Nicht *nackt*", stellt Marquise schnell richtig. „Angezogen. Die Porträts sind gut geworden. Wenn ihr wollt, zeige ich sie euch." „Ja, bitte." Mamans Stimme klingt resigniert, so als könne sie nun nichts mehr schockieren. „Zeig sie uns." „Wie ihr wollt." Marquise geht wütend aus dem Raum, kehrt wenig später mit einem Stapel Papier zurück. „Hier!" Sie pfeffert die Zeichnungen auf die Tischplatte.

Eine angespannte Stille erfüllt den Raum, in der Mrs. Montiniere François' Kunstwerke mit angestrengter Miene begutachtet. Eine steile Falte bildet sich zwischen ihren Brauen. Die Zeichnungen zeigen ihre Älteste auf einem Sofa, mal lachend in liegender Pose mit Jeans und T-Shirt, mal lasziv im Kleid mit übereinander geschlagenen Beinen und Zigarette in der Hand. Sie findet nichts, was anzüglich wirkt. „Tja…", sagt sie schließlich, legt, offensichtlich beruhigt, die Zeichnungen beiseite. „Die sind wirklich fantastisch geworden."

Der Vater ist verwirrt, verlangt nun ebenfalls nach den Bildern. Aufmerksam sucht Marquise in seinem Gesicht nach Missfallen, findet jedoch keine Regung. „Schön", erwidert er schließlich. „Dieser Kerl hat dich also gezeichnet, ja? Und du bist dir sicher, dass er nichts an Frauen findet?" „Der Typ ist schwul. Stockschwul", kichert Annabelle, bevor ihre Schwester etwas sagen kann. „Er ist abartig! Sie hat es selbst geschrieben." Zu Marquises Ärger ignorieren die Eltern diese Worte.

„Wenn das so ist, will ich nichts gegen eure Freundschaft sagen", erwidert Maman schließlich. „Solange *du* dich *normal* entwickelst." „Solange *du* nicht zur Muschileckerin wirst", übersetzt Annabelle ungefragt. „Geh auf dein Zimmer!" Der Vater hat nun endgültig genug. „Ich will solche Wörter nicht hören. Es reicht!" Annabelle geht ohne Widerstand, jedoch nicht ohne Marquise im Vorbeigehen noch einmal anzurempeln. „Schwuchtelfreundin", zischt sie leise, ehe sie den Raum verlässt.

„Das hat sie in der Schule gelernt", beschwert sich Marquise. „Ihre Mitschüler versauen sie." „Na, na", blockt der Vater ab. „Das glaube ich kaum. Sicher ist es nur eine Phase, die vorübergehen wird." „Ihr wollt es nicht sehen, oder?" Marquise kann die Blauäugigkeit der Eltern nicht verstehen. „Dass sie sich negativ entwickelt?" „Vergiss nie", mahnt die Mutter, „dass sie dorthin gegangen ist, damit du…", „…singen kannst", beendet Marquise den Satz mit unüberhörbarer Verbitterung. „Warum macht ihr mir das ständig zum Vorwurf?"

„Du solltest uns diesen Maler bei Gelegenheit vorstellen", wechselt Maman das leidige Thema. „Ich möchte wissen, warum du ihn so magst." Sie sieht Marquise vorwurfsvoll an. „Du hast schon lange keine Freunde mehr mit nach Hause gebracht!" Weil ich keine habe, denkt ihre Tochter vergrämt. Nur scheinheilige Schlangen, die mich abgefüllt in irgendeiner Kneipe alleine lassen. Doch das bekennt sie nicht. Sollen ihre Eltern doch glauben, was sie wollen. Stattdessen sagt sie: „Also gut… Wenn ihr wollt. Wenn ihr ihn nicht auf diese Sache ansprecht."

„Ein paar Bilder sind dazugekommen." Mal wieder besucht sie François in seinem Atelier. Gleich nach dem Unterricht hat sie sich auf den Weg gemacht. „Kann schon sein." Er grinst. „Sehen die nicht alle fantastisch aus? Diese Proportionen…" „Wie ich dich kenne, hast du dich anschließend bei keinem von ihnen gemeldet", schlussfolgert

Marquise mit vorwurfsvollem Blick. Inzwischen ist sie bestens mit den Lebensgewohnheiten ihres neuen Freundes vertraut. „Ich bin eine Schlampe, ich weiß." François zündet sich eine Zigarette an.

„Hat dir denn keiner von ihnen etwas bedeutet?", will Marquise wissen. „Ist das für dich immer nur ein kurzfristiger Spaß?" „Meine Familie hat mich verdorben", erklärt François ruhig. „Sie hat mein Vertrauen in die Menschheit erschüttert. Ich kann das nicht. Du weißt schon… mich jemandem öffnen. Ich habe Angst, verletzt zu werden." „Mir vertraust du doch", entgegnet Marquise. „Oder?" „Genau dafür liebe ich dich, chérie." Er sieht sie sanft an. „Du bist kein Mann. Es wird nie die Gefahr bestehen, dass ich mich in dich *ver*liebe."

„Also kannst du nur Menschen lieben, die du *nicht* attraktiv findest?", hakt Marquise nach. „Trennst du das? Geistige Liebe und körperliche Liebe?" „Ich denke schon, ja", erwidert François nach einer Weile. „Eine klare Trennung. So läuft das." „Das ist gegen die Natur", behauptet Marquise. „Es erfordert ein großes Maß an seelischer Abgestumpftheit." „Ich bin abgestumpft, Süße", gibt François unumwunden zu. „Ich komme mit Nähe nicht zurecht. Ich brauche Distanz und… Herrje, jetzt sieh mich doch nicht so an, als wäre ich ein Monster."

„Entschuldige…" Sie wählt ihre Worte mit Bedacht. „Ich verstehe einfach nicht, wie du sowas tun kannst. Ich kann das nicht." „Natürlich nicht", erwidert François sanft. „Du bist ja auch eine Prinzessin. Meine kleine Prinzessin. Du suchst dir deinen Prinzen gut aus, ja? Du nimmst nur einen, der es ernst meint, der was an dir findet *und* dich liebt." Er streicht ihr lächelnd übers Haar. „Es war eine gute Entscheidung, dich aus dieser Bar hierher zu schleppen. Du bist wirklich was Besonderes. Weißt du das?"

Da sie nicht antwortet, deutet er auf einen leeren Rahmen an der Wand. „Siehst du den? An dieser Stelle will ich ein Bild von *dir* aufhängen, ok? Ein Portrait. Mit Kleidern. Es sei denn, du hast etwas dagegen, in meiner Sammlung zu hängen." „Im Gegenteil. Es wäre mir eine große Ehre", erwidert sie voller Stolz. Natürlich weiß sie, wie schwer dieser Entschluss für ihn gewesen sein muss. „Wunderbar." François grinst. „Es wird sicher das schönste, das ich je von dir gezeichnet habe."

„Meine Eltern wollen dich kennenlernen", rückt Marquise nun endlich mit dem heraus, was ihr schon lange unter den Nägeln brennt. Überraschenderweise wirkt François weder schockiert noch verärgert. „Das wird sicher ein Spaß", meint er. „Wenn sie auch nur ein bisschen so sind wie du… Chérie, was ist denn?" Mit einem Blick in ihr Gesicht wird ihm klar, dass die Sache doch nicht ganz so einfach ist. „Es sind nicht meine Eltern", erklärt sie. „Es ist Annabelle. Die ist im Stande, alles kaputt zu machen." „Das kann sie nicht", wiegelt François ab. „Ich weiß, wer ich bin."

„Ich schäme mich für sie. Dummerweise nehmen meine Eltern sie auch noch in Schutz." „Es sind Eltern", entgegnet François seufzend. „Sie wollen viele Dinge nicht sehen. Meine Eltern haben bis zum Ende daran festgehalten, dass ich *normal* bin. Erst als ich einen Freund mitbrachte, waren sie bereit, mit mir darüber zu sprechen." „Das ist etwas Anderes", findet Marquise. „Du warst nicht gemein." „Finde ich nicht", sagt François. „Eltern reden sich ihre Kinder immer besser, als sie sind." „Wenn du meinst…" Wirklich überzeugt klingt sie jedoch nicht.

Als Marquise abends nach Hause kommt, muss sie feststellen, dass irgendjemand ihre schwarzen Tanzschuhe entwendet hat. Wütend macht sie sich auf den Weg in Annabelles Zimmer. „Hey", protestiert die kleine Schwester, „kannst du nicht anklopfen?" „Gib sie her!", fordert Marquise ohne lange Umschweife. „Und nächstes Mal fragst du, klar?" „Du kriegst sie ja wieder." Annabelle macht keine Anstalten, die Schuhe herauszurücken. „Ich brauche sie noch." „Wofür? Gehst du etwa aus?"

Mit Argwohn betrachtet Marquise die Garderobe ihrer Schwester. „Findest du nicht, dass dein Ausschnitt etwas zu tief ist?", kritisiert sie. „Immerhin fülle ich ihn aus." Annabelle gibt sich selbstbewusst. „Und ja... ich gehe aus. Mit Freunden von der Schule. Bis zehn. Maman hat es erlaubt." „Na schön." Marquise ist nicht ganz wohl bei der Sache. „Ich leihe dir die Schuhe. Aber nur für heute Abend. Danach bringst du sie unaufgefordert zurück." Komisch, denkt sie, dass Maman es erlaubt hat. Obwohl keine Ferien sind.

Als sie gerade aus dem Zimmer gehen will, räuspert sich Annabelle so laut, dass sie stehenbleibt. „Und... wie ist es so?", fragt sie neugierig. „*Was*?" Marquise ist misstrauisch. „Na, einen schwulen, besten Freund zu haben." Ein hämisches Lachen folgt. „Ist es bereichernd? Ja?" „Halt' die Klappe!", faucht Marquise, die eine Attacke dieser Art vorausgeahnt hat. „Du bist zu dumm, um das zu verstehen." „Am Ende schnappt er dir noch den Geiger weg", kichert Annabelle. „Ich würde ihm das nicht verübeln."

Damit hat sie das Fass zum Überlaufen gebracht. Ohne Vorwarnung zieht Marquise ihrer Schwester die frisch gefeilten Nägel durchs Gesicht. Annabelle ist verletzt, schreit auf. „Bist du jetzt komplett übergeschnappt?!" Lange Kratzspuren ziehen sich quer über ihre Nase. Ein wenig Blut tritt hervor. „Heute wirst du nicht mehr aus dem Haus gehen können", erwidert Marquise mit Genugtuung. „Du siehst furchtbar aus. Was würden deine Freunde denken, wenn sie dich so sehen würden?"

Langsam dreht sie sich um, geht hocherhobenen Hauptes aus dem Zimmer. „Das hast du dir redlich verdient", sagt sie zum Abschied. Inzwischen ist Annabelle rot angelaufen. „Pass auf, dass *ich* ihn dir nicht wegschnappe", zischt sie ihr wütend hinterher. „Was soll Maxim denn mit einer wie dir anfangen. He? Du bist egoistisch, kannst keinen Spaß verstehen, *nur* singen. Das kannst du. Und kratzen. Andere Qualitäten hast du nicht." Dann schlägt sie die Tür zu.

„Glaubst du an Gott?" François ist ganz in sein neues Portrait vertieft, blickt verwirrt von der Staffelei auf. „Warum fragst du, Süße?" *Ich* glaube an Gott." „Hm", macht François, zeichnet dabei die Umrisse ihres Oberkörpers auf die Leinwand. „Nimm es mir nicht übel, chérie… Aber… Wenn du gottesgläubig bist, solltest du besser nicht hier sein. Gott mag keine Schwulen, weißt du. Er könnte dich sehen. Hier mit mir." „Ich bin doch nicht *so* gläubig", erwidert Marquise hastig, will ihn auf gar keinen Fall verärgern.

„Wie ist dein Gott?", fragt François nach. „Sagt dein Gott, dass alle Menschen gleich sind?", „Ja", erwidert Marquise ruhig. „Sicher sagt er das." „Und was sagt er sonst noch so… dein Gott?" François grinst. „Mach dich nicht lustig!", protestiert Marquise. Sie nimmt eine Traube aus der Schale, die auf dem Sofatisch steht, wirft sie mit gespielter Wut an den Kopf des kichernden Malers. „Er hat ein Herz für Schwule, ja!" „Dann fühle ich mich geehrt", erwidert François, wobei er eine Verbeugung andeutet.

„Glaubst du an gar nichts, François?", hakt Marquise nach. „Ich meine… an wirklich gar nichts?" „Ich glaube an das Böse im Menschen", sagt der nach einer Weile, zieht eine dämonische Grimasse. Sie schüttelt den Kopf. „Das meine ich nicht. Ich meine: Glaubst du an gar keine Religion?" „Ich gehöre einer an", entgegnet François zu ihrem Erstaunen. „Ach wirklich?" Marquise glaubt ihm nicht. „Und was für eine wäre das?" „Die des Gay-Lords." Er prustet los „Die des Herrn über den Regenbogen."

„Du bist unmöglich." Sie zielt mit einer weiteren Traube nach ihm. „Hey!", beschwert sich François, der nun hinter seiner Staffelei in Deckung geht. „Die sollst du nicht werfen… Die sind Dekoration. Ich brauche sie. Für meinen Hintergrund. Für dein Porträt. Damit es eine antike Atmosphäre bekommt, etwa so, wie im alten Rom." Er scheint es ernst zu meinen. „Gay-Lord", gluckst Marquise, die sich nur schwer wieder einkriegen kann. „Der war gut… Aber jetzt mal ernst, ja? An was glaubst du?"

„Muss ich diese Frage beantworten?", will François wissen. „Ich denke schon." Marquise sieht nicht so aus, als ob sie aufgeben würde. „Es ist eine wichtige Frage." „Bedauerlicherweise kann ich dir nur sagen, an was ich nicht glaube", entgegnet der Maler nach einer Weile, in der er wieder zu zeichnen begonnen hat. „Ich glaube nicht an die Vergebung der Sünden. Ich glaube nicht an das Gute im Menschen. Ich glaube nicht an das Paradies nach dem Tod."

„Ich glaube an das Gute im Menschen", hält Marquise dagegen. „Der Gott, an den ich glaube, hat uns allen ein gutes Herz gegeben." „Und mein Gott, an den ich glaube", erwidert François mit Grabesmiene „ist ein blöder Idiot, der die Menschen aus Spielbausteinen zusammengesteckt hat, ohne groß darüber nachzudenken. Vielleicht wollen sie ja gar nicht so schlecht sein… Aber sie sind es nun mal. Sie sind so liederlich, wie sie gemacht wurden."

„Was ist mit *mir*, François?", fragt Marquise traurig. „Bin ich auch so schlecht? So liederlich zusammengesteckt?" „Nein". Bestürzung zeigt sich auf seinem Gesicht. „So meinte ich das nicht. Du bist ein Glücksgriff, ma chère. Du bist wirklich gut gemacht, Marquise, ein Zufallstreffer." „Und was ist mit *dir*? Bist du auch ein Glücksgriff?" „Nein." François schüttelt den Kopf. „Ich bin nicht gut. Ich spiele zu viel." Natürlich weiß sie, was er meint. „Ich tue es, obwohl ich weiß, dass es unglücklich macht. Was sagt dein Gott dazu, Marquise?"

„Ich denke…" Sie grübelt. „Ich denke, er sagt, dass man andere nicht verletzen soll." „Hin und wieder denke *ich* das auch." Mit mehreren geschickten Strichen vollendet François die Konturen ihres Gesichtes. „Ich verstehe selbst nicht, warum ich die Gewissheit brauche, dass ich sie haben kann. Irgendwie verschafft es mir Befriedigung." „Du bist schön, François", erwidert sie seufzend. „Zu schön. So schön, dass dir niemand widerstehen kann. Das macht die Sache nicht leichter…"

„Verurteilst du mich deswegen, Marquise", will François wissen. „Ein wenig schon", sagt sie wahrheitsgemäß. „Mit Menschen zu spielen verursacht schlechtes Karma. Das musst du irgendwann ausbaden." François ist verwirrt. „Bringst du da nicht etwas durcheinander?" Er runzelt die Stirn. „Erst redest du über Gott, jetzt auf einmal von Karma? Wie passt das denn zusammen?" Für diese Spitzfindigkeit fängt er sich einen schiefen Blick ein. „Es ist kein Widerspruch", behauptet sie. „Wenn du nicht an einen richtenden Gott glaubst."

„Du hast Recht." François seufzt, will die Diskussion beenden. „Ich bin ein schlechter Mensch. Ich erobere Männer, um sie am Tag danach gleich wieder zu verstoßen. Umso besser, dass du anständig bist, dass du sowas nicht machst." Er hält kurz inne. „Genau deswegen schätze ich dich. Du bist meine bessere Hälfte. Der Engel an meiner Seite. Ich selbst kann mich in diesem Punkt nicht ändern, chérie. Er ist zu tief in mir verankert. Hoffentlich ändert das nichts zwischen uns."

„Nein… Ich denke nicht…", erwidert sie nach kurzem Zögern. „Mit mir spielst du ja nicht. Mich liebst du doch, oder?" Sie will hören, was sie bereits weiß. „Natürlich." François' Stift gleitet unentwegt über die Leinwand. „Nehmen wir an, ich wäre normal, dann würde ich dich auf Knien anflehen, mich zu heiraten." „Ok." Sie lacht in sich hinein. „Lassen wir das." Er sieht kurz zu ihr auf. „Mein Yin, dein Yang, ok? Ich verspreche es dir, chérie." „Mein Yang, dein Yin", erwidert sie leise. „Das gilt." „Sehr schön. Und jetzt halt bitte still, Süße, damit ich heute noch fertig werde."

Das Jahr der neuen Bekanntschaften

Marquise hat die Aufnahmeprüfung bestanden, freut sich darauf, ab jetzt nur noch das tun zu müssen, was ihr Spaß macht. Zum ersten Mal kommt sie als Studentin an die Akademie. Ein wenig nervös ist sie schon, obwohl sie sich im Gegensatz zu den anderen bereits ganz gut zurechtfindet.

„Hey." Auf dem Weg zur Vorlesung wird sie von einem Fremden verfolgt. „Warte mal!" Er ist so alt wie sie, vielleicht ein Jahr älter, holt sie mit zügigen Schritten ein. Äußerlich fällt er deutlich aus dem Rahmen: Eine zerrissene Lederjacke kombiniert mit einer viel zu tief sitzenden, weiten Hose, Turnschuhe. Marquise fragt sich irritiert, ob sowas mit den strengen Kleiderregeln zu vereinbaren ist. „Ich bin Freddie", stellt er sich vor, ein breites Grinsen im Gesicht. „Wie heißt du?"

Obwohl seine Zähne nicht wirklich gerade sind, wirkt sein Lächeln, wenn auch dreckig und selbstgefällig, trotz allem ehrlich. Er ist nicht groß, kaum größer als sie selbst, doch recht trainiert, was ein kurzer Blick auf seine Oberarme verrät. Sein Gesicht ist attraktiv, die Augen tiefbraun wie ihre eigenen, fast so dunkel wie seine schwarzen Haare. Trotz des rauen Auftretens versprüht er einen nahezu unwiderstehlichen Charme.

„Marquise", erwidert sie trocken, während ihre Aufmerksamkeit nach wie vor auf seine Kleidung gerichtet ist. „Marquise… Französin also", folgert er, zündet sich eine Zigarette an und grinst erneut. „Bist du gut in Französisch?" Ihr Gesicht erstarrt. „Versuchst du gerade, mich anzumachen?" Schalk blitzt in seinen Augen. „Wäre das denn so schlimm?" Sie ist fassungslos. Dieser Mensch hat es tatsächlich gewagt, ihren Stolz bereits in der ersten Minute zu verletzen. „Also…

Freddie…" Trotzig verschränkt sie die Arme, funkelt ihn zornig an. „Bei mir funktioniert das nicht, klar?"

„Hey, beruhige dich mal." Entschuldigend hebt er die Hände. „Das war doch nur ein Scherz, ok? Eigentlich wollte ich dich fragen, ob du mal mit mir ausgehst." „Ausgehen? Mit *dir*?" „Ja, warum nicht?" Seine Stimme klingt rauchig, ein wenig scheppernd. Reibeisenstimme. Ungewöhnlich, aber passend, denkt sie. Laut sagt sie: „Weil du distanzlos und unverschämt bist." Sie weiß bereits, dass sie ihm überlegen ist. „Und jetzt entschuldige mich", fährt sie fort. „Ich muss in diesen Vortrag."

„Warte, Marquise!" Er hechtet ihr hinterher. Vor dem großen Saal bleiben sie stehen. „Ich will ehrlich sein: Du bist mir gleich aufgefallen. Am ersten Tag. Ich muss dich unbedingt kennenlernen. Gib mir eine Chance." Sie stöhnt genervt. „Ich glaube nicht, dass *ich dich* kennenlernen will", sagt sie, sieht ihm fest in die Augen. „Großspurige Angeber sind nicht mein Fall." „Das solltest du aber… Mich kennenlernen." So schnell gibt er nicht auf. „Mit mir kann man jede Mengen Spaß haben. Außerdem ich bin ein verdammt guter Liebhaber."

Das hat ihr gerade noch gefehlt. Marquise seufzt noch lauter, um ihn zu vergraulen. „Du bist ziemlich eingebildet. Soviel steht fest." „Ja, haha." Sein Lachen klingt wie eine Blechdose, die mehrfach auf den Boden schlägt. „Darauf darf ich mir doch wohl was einbilden." Der Kerl muss verschwinden, beschließt sie, deutet auf die schwere Holztür: „Also, Freddie, ich gehe da jetzt rein. Wohin musst *du*?" „Ah… ok… ich… hm… mal sehen. Bis später, Marquise." Dann dreht er sich um, schlendert ohne große Eile davon.

„Und, schon jemand kennengelernt?" Maxim erscheint in der Kantine, legt seinen Mantel über den Stuhl neben ihrem. Marquises Herz macht einen Satz. „Nein… Noch nicht", erwidert sie sichtlich nervös. „Da war nur so ein merkwürdiger Freddie…" „Ah! Krawall-Freddie!"

Maxim runzelt die Stirn. „Was hast du denn mit dem zu schaffen?" „Nennt ihr ihn so? Krawall-Freddie?", fragt sie argwöhnisch. „Warum? Er war eingebildet und aufdringlich. Ja. Machte aber keinen gefährlichen Eindruck."

„Freddie ist ein Aufreißer", erklärt Maxim grinsend. „Wo der auftaucht, gibt es Ärger. Stutenbeißen… Du weißt schon." „Warum?", fragt sie unbedarft. Er stutzt. „Findest du den etwa nicht attraktiv?" „Nicht im Geringsten", entgegnet sie. Wie auch, denkt sie. Für mich bist *du* attraktiv. Nur *du*. Versteh das doch endlich. Er sieht sie verwundert an, versteht es natürlich nicht, zuckt nur mit den Schultern. Dann kommt er auf Freddie zurück: „Irgendwer hat mal behauptet, seine Mutter wäre eine berühmte Künstlerin. Genauer weiß ich es auch nicht."

Da sie nichts mehr sagt, wechselt er das Thema. „Meine Schüler rauben mir den letzten Nerv", klagt er, zieht eine Grimasse. Mit Widerwillen denkt er an die nächste Unterrichtsstunde. „So schlimm kann es doch gar nicht sein." Marquise ist verstimmt. „Immerhin sprechen wir hier von Studenten, oder nicht?" „Das ist es ja." Er seufzt. „Die zersägen ihre Geige, haben keinerlei Feingefühl." Sie lächelt schwach. „Vielleicht warst du früher genauso". Tatsächlich scheint er darüber nachzudenken. „Nein", sagt er nach einer kurzen Pause. „Ich war nicht wie sie."

Dieses Mal ist François' Atelier leer. Sie findet ihn zuhause. „Marquise, du kommst gerade rechtzeitig." Bereits im Flur hat es merkwürdig gerochen. Jetzt, in der Wohnung, erschlägt es sie beinahe. „François, was machst du hier?" Der ganze Raum ist voller dunkler Rauchschwaden. Sie sieht kaum etwas, rennt zum Fenster, um es sperrangelweit aufzureißen. Das Zimmer lichtet sich ein wenig. Nun erkennt sie François, der, umgeben von ein paar fremden Gestalten, auf dem

Sofa sitzt, wo er genüsslich an einer Pfeife zieht. Es knistert, als er inhaliert.

„Marquise, das sind Derek, Tyler und Mariella. Sie studieren Kunst. Wie ich." „Ach ja?" Misstrauisch beäugt Marquise die Leute. Sie gefallen ihr nicht. Die beiden Männer sind muskulös, breit gebaut, haben ausdruckstarke Augen. Vermutlich sind sie schwul, wie François. Sie würden in sein Beuteschema passen. Sicher hat er sie aufgerissen. „Du bist also Marquise." Der eine von ihnen reicht ihr die Hand. „Eine begnadete Sängerin, wie man hört." Seine Stimme klingt schwul, eindeutig. „So… hört man das?", erwidert sie vorsichtig.

„Man hört vieles über dich", mischt sich nun auch die Frau ein. „Stimmt es, dass du bald an der Royal Oper singst?" Sie hat eine schrille Stimme, außerdem eine merkwürdige Art sich zu schminken. Viel zu grell, fast wie eine Professionelle. Ihre rote Netzstrumpfhose verstärkt diesen Eindruck. Abgedrehte Künstlerseelen, denkt Marquise, und davon zu viele auf einem Fleck. „Ähm…" Ihr ist sichtlich unwohl. „Das ist ein Gerücht. Ich bin gerade am Anfang meines Studiums."

Sie beobachtet mit Argwohn, wie François die Pfeife an einen der Männer weiterreicht. „Was tut ihr hier, François?" fragt sie noch einmal. Von dem Geruch der Pfeife wird ihr übel. „Das", erwidert der Maler mit einem viel zu breiten Grinsen, „ist reinstes Opium, chérie. Direkt aus Indien. Probier mal." „Ja", bestätigt die Frau, lächelt ihr aufmunternd zu. „Das ist wirklich gut, Marquise." „Ich verzichte", erwidert sie hastig. „Habe noch was zu erledigen. Wir sehen uns morgen, François." Dann verlässt sie fluchtartig das Zimmer. Erst im Treppenhaus kann sie wieder richtig atmen.

Annabelle ist zu Hause. Sie hat sich mal wieder an ihren Kleidern vergriffen. Marquise überlegt kurz, ob sie sich darüber aufregen soll. Doch das macht erfahrungsgemäß wenig Sinn. Maman will einfach nicht verstehen, warum sie sich über ein verschollenes Kleidungsstück ärgert. „Sie macht das nur, weil sie dich bewundert", sagt sie jedes Mal. „Im Grunde will sie doch nur so sein wie du." Resigniert sucht Marquise das Zimmer ihrer Schwester auf.

Annabelle, die sich wie ein Model vor dem Spiegel dreht, zuckt zusammen, als sie hereinplatzt. „Herrje, kannst du nicht anklopfen!?", faucht sie. Sie trägt das graue Cocktailkleid, das Marquise in ihrem Schrank vermisst hat: feinste Seide, ein paillettenbesetzter Ausschnitt; dazu hohe Schuhe, die ihr ebenfalls bekannt vorkommen. „Du sollst gefälligst fragen, bevor du an meine Sachen gehst", stellt sie unmissverständlich klar. „Du weißt doch, dass ich dir was ausleihen würde." „Jaja." Annabelle ist noch immer mit ihrem Spiegelbild beschäftigt.

Marquise betrachtet sie genauer. Ihre Schwester hat sich stark geschminkt. Dafür würde sie sich eine Strafpredigt einhandeln. Die Eltern würden diesen Aufzug ganz sicher nicht akzeptieren. Sie wirkt fast so alt wie ich, bemerkt Marquise widerwillig. Wir könnten zusammen durch die Kneipen ziehen. Dieser Gedanke macht ihr Angst. „Meinst du nicht, dass du mit dem Lippenstift etwas übertrieben hast?", imitiert sie die Mutter. „Du bist erst siebzehn." „Ach was." Die jüngere Schwester winkt ab. „Ich sehe gut aus."

„Was hast du denn vor?" Marquise ist neugierig geworden. „Ich treffe mich mit ein paar Freunden." Annabelles Stimme klingt spitz, so, als wolle sie nicht mit ihr darüber reden. „Mit Freunden? Von der Schule?", hakt Marquise trotzdem nach. „Ja", bekommt sie knapp zur Antwort. „Es ist alles ganz harmlos, ok!" *Freunde von der Schule.* Marquise schluckt. Widerliche, zigarrenrauchende Lackaffen mit zurückgegelten Haaren, die ihre Schwester erst abfüllen und dann abschleppen wollen. „Das kommt gar nicht in Frage!", ist ihre erste Reaktion auf diesen Gedanken. „Ich verbiete es dir!"

„Du hast mir gar nichts zu verbieten", entgegnet Annabelle gereizt. „Und übrigens... Maman hat es schon erlaubt." „Weiß sie, mit wem du dich triffst?" Marquise ist entsetzt. „Mit Freunden von der Schule", entgegnet Annabelle mit Nachdruck. „Das sagte ich bereits." „Sind auch Kerle dabei?" Für diese Frage fängt Marquise sich einen schiefen Seitenblick ein. „Sicher", bestätigt die kleine Schwester gerne, hofft, dass Marquise neidisch ist. „Wenn ich kein Interesse an Kerlen hätte, würde ich mich mit deinem Schwuchtelfreund treffen." Sie grinst ihr breit ins Gesicht.

Warum will sie ausgerechnet heute so erwachsen wirken, fragt sich Marquise besorgt. Irgendwas stimmt hier doch nicht. Über diesen Gedanken vergisst sie ganz, sich für die beleidigenden Worte ihrer Schwester zu rächen. „Du wirst doch keine dummen Sachen machen?" „Mach dir keine Sorgen um mich", hört sie Annabelles Stimme wie aus weiter Ferne. „Ich bin nicht mehr klein." „Ja", erwidert Marquise schleppend, einen Kloß im Hals. „Du hast Recht. Du bist nicht mehr klein." Annabelle lächelt triumphierend. „Gibst du mir Zigaretten?"

„Hey, ich bin Lydia." Eine unbekannte, etwa gleichaltrige Studentin läuft ganz selbstverständlich auf dem Campus neben ihr her. Marquise betrachtet sie skeptisch. Ihre himmelblauen Augen sind eindeutig langweilig, genau wie ihre glatten, blonden Haare. Sie ist auch nicht besonders hübsch mit ihrem langgezogenen Gesicht, außerdem recht stämmig gebaut. Immerhin scheint sie vor nichts und niemandem Angst zu haben. Sie scheint so von sich selbst überzeugt zu sein, dass sie damit alles Andere in den Schatten stellt.

„Marquise", erwidert sie nach einer Weile. „Schön." Lydia lächelt freundlich. „Ich denke, wir sollten Freunde werden, Marquise. Ich bin Sängerin wie du. Wir könnten zusammen lernen. Theorie, Texte sprechen usw." „Hm." Marquise ist nicht wirklich überzeugt, mag ihre

Art nicht. Trotzdem sagt sie: „Also gut, warum nicht. Bist du auch bei Madame Chevalier?" „Dummerweise. Aber lassen wir das!" Lydia macht eine abfällige Handbewegung. „Die ist schlecht für mein Ego, zieht mich in jeder Stunde runter!" Innerlich muss Marquise grinsen. Das kann sie sich nur allzu gut vorstellen.

„Diese Lydia ist eine grande katastrophe!", schallt es ihr bereits auf dem Flur entgegen. „Eine nette Stimme, ja. Aber der Ausdruck, mon dieu, très, très horrible. Ich weiß nicht, ob ich sie ertragen kann." Marquise verkneift sich erneut ein Grinsen. Madame Chevalier scheint diese Stunde nicht gewillt zu sein, ihr zuzuhören. Lydia, die vor ihr dran war, hat der alten Dame für heute bereits den Rest gegeben. „Ich sollte aufhören zu unterrichten", jammert sie voller Selbstmitleid. „Wenn ich mich mit sowas rumschlagen muss… Wirklich ganz terrible… Meine Nerven…"

Schließlich fordert sie ihre Schülerin doch noch auf zu singen. „Sing etwas für mich, mein Kind! Rette meinen Tag! Das, was davon übrig geblieben ist. Sing einfach… irgendwas." Marquise überlegt. Ein fröhliches Lied würde Madame vermutlich noch mehr verärgern. Krampfhaft sucht sie nach einem passenden Stück. Dann fängt sie an zu singen. „Lascia ch'io panga mia cruda sorte…" „Ja…" Chevalier setzt sich in ihren Sessel und beginnt rhythmisch mit dem Kopf zu nicken. „Das wird sehr gut… Sehr schön, Marquise."

Sie trifft ihn nach der letzten Vorlesung, hat Herzklopfen. „Gehst du nach Hause?", fragt er. Marquise nickt. „Dann werde ich dich ein Stück begleiten." Er zieht eine Zigarette aus der Hosentasche, zündet sie an, trabt schweigend neben ihr her. Marquise ärgert sich darüber, dass er so still ist. „Wo wohnst du?", ergreift sie notgedrungen selbst die Initiative. „Jetzt, wo du mit dem Studium fertig bist?" „Ich habe eine eigene Wohnung, hier in der Nähe." Maxim wirft den Rest seiner Zigarette auf die Straße, zündet sich eine neue an. „Nicht sonderlich groß, genau richtig für Cecilia und mich."

Cecilia? Wer zum Teufel ist das? „Groß genug für eine Mitbewohnerin?", fragt sie vorsichtig nach, hofft, sich damit nicht verraten zu haben. Doch ihre Sorge ist unbegründet. Er versteht nicht, was sie meint. Stattdessen verzieht er den Mund zu einem angedeuteten Lächeln. „Sie braucht nicht viel Platz. Cecilia ist die Einzige, die ich bei mir haben will, die ich auf Dauer ertragen kann." Cecilia muss seine Geige sein, denkt Marquise erleichtert. Er spricht *nur* von seiner Geige. Zum Glück scheint er keine Freundin zu haben. „Ach die… ", entgegnet sie deshalb nur.

„Bis jetzt hat er noch keine Freundin", plaudert Marquise munter drauflos. „Was sagst du, chérie?" François ist ganz in sein neues Kunstwerk vertieft: verzerrte Masken, umhüllt von weißen Schleiern. „Dass Maxim bis jetzt noch keine Freundin hat", wiederholt sie etwas genervt. „Willst du mir denn heute gar nicht zuhören?" „Tut mir leid, ma chère. Ich… ich bin jetzt ganz Ohr, in Ordnung?" Er schenkt seinem Gemälde einen letzten, liebevollen Blick, dann setzt er sich neben sie aufs Sofa.

„Wenn du mich fragst", beginnt er vorsichtig, „ist Maxim kein Beziehungsmensch. Nach allem, was du erzählst, ist er viel zu still, ein einsamer Wolf, hat zu viele Geheimnisse. Ein Wolf flieht, sobald es brenzlig wird! Wenn er dich trotzdem fasziniert, solltest du etwas mehr über ihn herausfinden. Wie lebt er? Wie lebt seine Familie? Unterhalte dich doch mal mit Marlon darüber!" „Das ist viel zu offensichtlich", findet Marquise. Sie verzieht den Mund. „Sicher hat er gute Gründe, nicht über seine Familie zu sprechen."

„Was auch immer dahinter steckt…" François deutet auf sein Kunstwerk. „Masken, Marquise. Genau das ist es. Maxim trägt eine Maske. Die des stillen, ewig unverstandenen Rebellen. Du musst schauen,

was er dahinter verbirgt. Sonst wirst du ihn niemals kennenlernen."
„Du hast vollkommen Recht", stimmt sie einsichtig zu. Sein Bild erscheint ihr nun in einem ganz anderen Licht. „Wie nennst du es?" François' Blick lässt sich nicht deuten. „Ich weiß es noch nicht", antwortet er. *„Wer wir sind oder Was wir vorgeben zu sein."*

Die Freundschaft mit Lydia, der Marquise anfangs doch eher skeptisch gegenüberstand, erweist sich zurzeit als überaus gute Idee. Nicht nur, weil sie selbst jetzt schneller lernt, sondern auch, weil Lydia die nervenaufreibendsten Stunden mit ihren humorvollen Geschichten versüßt. Außerdem ist sie ein Mensch, der gerne und viel redet, ohne vorher darüber nachzudenken. Eine überaus praktische Charaktereigenschaft, denkt Marquise. So würde sie ihr wohl niemals in den Rücken fallen können, ohne dass sie es früher oder später merken würde.

Heute besucht Lydia sie zuhause bei ihren Eltern. „Das ist ja der Wahnsinn", schwärmt ihre neue Freundin euphorisch „Dein Dad muss ja richtig Asche haben. Alles hier ist so… edel…" „Hm", macht Marquise nur, denkt an die Firma, die sie nicht will. „Und deine Schwester… Ihr seht euch so ähnlich." Bei diesen Worten zieht sich Marquises Magen zusammen. „Ich hätte auch gerne eine Schwester", fährt Lydia unbeirrt fort. *„Du kannst sie haben"*, brummt Marquise, macht es wie François.

Sie kann Lydias Begeisterung beim besten Willen nicht verstehen. Weder die teuren Sachen noch Annabelle bedeuten ihr etwas. Wortlos gehen sie hoch in ihr Zimmer, das ebenfalls sehr geräumig und komfortabel eingerichtet ist. „Darf ich hier drinnen rauchen?" erkundigt sich Lydia. Obwohl Marquise weiß, dass man den Geruch anschließend nicht mehr los wird, sagt sie: „Klar, ich mache das Fenster auf." Lydia setzt sich aufs Bett, zündet sich eine Zigarette an. „Selbst dein Bettzeug ist der Hammer. Rosen. Das passt zu dir."

Annabelle platzt herein. „Leihst du mir dein Parfüm?" „Jetzt nicht!",
schnauzt Marquise sie an. „Verschwinde!" „Oh." Annabelle ist beleidigt. „Sauer, weil ich keinen Knicks gemacht habe, Eure Hoheit? Weil
ich mich nicht ordentlich vorgestellt habe? Weil ich Euch nicht permanent einrede, wie schön und talentiert Ihr seid?" Bei näherer Betrachtung sieht sie aus, als wäre sie in einen Farbtopf gefallen. Offensichtlich hat sie noch nicht verstanden, dass es für die meisten
Dinge des Lebens ein Zuviel gibt.

„Was hast du denn heute schon wieder mit deinem Gesicht angestellt?!" Marquise ist entsetzt, vergisst völlig, sich zu verteidigen. „Du
siehst ja aus wie eine Bordsteinschwalbe." „Blödsinn!", faucht die
Jüngere. „Ich sehe aus wie du!" „Nein. Das tust du nicht. Du siehst
aus wie eine Nutte!" entgegnet Marquise abfällig. „Ich bin nicht mehr
deine kleine Schwester!", schreit Annabelle jetzt. „Wann wirst du das
endlich kapieren?" Wütend stürmt sie aus dem Zimmer, schlägt die
Tür hinter sich zu.

Lydia, die der Szene sprachlos zugesehen hat, räuspert sich.
„Denkst du nicht, dass du ein wenig zu hart gewesen bist, Marquise?
Sie wollte doch nur dein Parfüm haben." „Ja ja. Mal sind es die Klei-
der, dann die Schuhe, heute Parfüm, morgen dies, übermorgen das."
Marquise setzt sich neben sie aufs Bett. Falten bilden sich auf ihrer
Stirn. „Annabelle will immer haben, was ich habe. Das kann ich ihr
nicht länger durchgehen lassen." „Dafür muss es doch einen Grund
geben", wendet Lydia spitzfindig ein.

„Richtig", gibt Marquise offen zu. „Es ist so: Meine Eltern haben sie
auf eine strenge Privatschule geschickt, damit sie später den Betrieb
übernehmen kann. Weil ich es nicht will, muss sie es machen. Sie
muss sich ständig angemessen verhalten, es sei denn, sie büxt
heimlich aus. Inzwischen schreckt sie vor nichts mehr zurück. Sie
beneidet mich um meine Freiheit, spioniert mich aus, macht nicht mal

vor meinem Tagebuch halt. Neulich habe ich ein Bild von Maxim in ihrem Zimmer gefunden…" Marquise hat sich verplappert, wird rot.

„Maxim?" Lydia reißt die Augen auf. „Meinst du etwa diesen Geiger, der früher mal an der Akademie studiert hat? Den Russen, der jetzt Studenten unterrichtet?" „Ja", erwidert Marquise starr, hofft, dass sie nicht näher auf dieses Thema eingehen muss. Doch Lydia gibt keine Ruhe. „Der sitzt oft neben dir. Beim Mittagessen in der Kantine, nicht? Was habt ihr für ein Verhältnis? Läuft da was zwischen euch?" „Nein", antwortet Marquise knapp. Das Ganze ist ihr furchtbar peinlich. „Wir sind nur… befreundet."

„Aber du bist in ihn verliebt", schlussfolgert Lydia. „Du kannst es ruhig zugeben. Ich verstehe dich. Er ist ganz hübsch. Auf jeden Fall charismatisch. Nur ein bisschen zu alt, findest du nicht?" „Nein." Marquise schüttelt den Kopf. „Das Alter ist bloß eine Zahl. Die Sache zwischen Maxim und mir ist davon völlig unabhängig. Es ist Magie. Er muss es sein, verstehst du? Er und kein anderer." „Wow!" Lydia kreischt vor Begeisterung. „Das ist ja aufregend... Und du bist dir wirklich sicher, ja, dass er der Richtige ist?"

„Du darfst es niemandem erzählen!" Marquise sieht sie eindringlich an. „Nicht ein Wort darüber, in Ordnung?" „Klar." Lydia ist immer noch völlig aus dem Häuschen. „Du und Maxim Romanov… Ja, das könnte passen. Weiß er davon?" „Nein", erwidert Marquise. „Ich habe bestimmt nicht vor, es ihm zu sagen und hoffe, dass du es auch nicht tust." „Nein. Keine Sorge." Lydia lacht unbekümmert. „Ich schweige wie ein Grab." Als sie den besorgten Blick ihrer Freundin bemerkt, fügt sie hinzu: „Ich schwöre es." „Also gut…" Marquise glaubt ihr.

Annabelle weiß, dass diese Aktion den Eltern wohl kaum gefallen würde. Trotzdem stiehlt sie sich, wie so oft in letzter Zeit, hinaus, sobald das letzte Licht im Haus verloschen ist. Wie üblich trifft sie sich mit ihren Freunden von der Schule. Dieses Mal ist sie das einzige

Mädchen. Marquise ist der Meinung, dass diese *Freunde* bloß Typen sind, die ihre Schwester ins Bett kriegen, ihre Naivität ausnutzen wollen. Doch so ist es nicht, glaubt Annabelle. Sie ziehen doch nur durch die Stadt, besuchen Kneipen, rauchen und betrinken sich.

Hin und wieder überredet Annabelle die anderen dazu, einen Abstecher in die Künstlerkneipen zu machen, auch wenn dabei die Gefahr besteht, Bekannte ihrer Schwester zu treffen. Gelegentlich hat sie Maxim Romanov dort gesehen. Selbstverständlich nur aus der Ferne. Annabelle kann die Begeisterung ihrer Schwester durchaus verstehen. Obwohl er kein großer Redner zu sein scheint, hat er auch sie fasziniert: in Gedanken versunken, Zigarette in der Hand, ein Glas Wodka links vor sich auf dem Tresen, Notenblock und Stift rechts. Ein richtiger Musiker eben. Kein Zweifel.

Heute Abend will Annabelle ihn nochmal finden. Nur so zum Spaß. Im Grunde hat sie gar nichts übrig für Männer wie ihn. Männer, die ihr an die Wäsche dürfen, sind keine Denker, eher großspurige, reiche Bankersöhne, die ihr schenken, was sie haben will. Natürlich wäre die Familie entsetzt, wenn sie auch nur ansatzweise von Annabelles Eroberungen wüsste. Bei diesem Gedanken muss sie unwillkürlich grinsen: Ja Marquise, ich bin euch entglitten. Ich bin kein braves Mädchen mehr, lasse mich nicht länger einsperren.

Er trifft Lydia in einer Kneipe. Rein zufällig. Ursprünglich ist Maxim hier mit Marlon verabredet, um ein paar Stücke für das nächste Konzert zu besprechen. Dieser scheint den Termin jedoch vergessen zu haben, da er bis jetzt noch nicht erschienen ist. Als Maxim seinen Blick über die Leute im Raum schweifen lässt, entdeckt er das blonde Mädchen aus der Akademie. Auch sie hat ihn gesichtet, lächelt, fordert ihn mit einer kurzen Handbewegung auf, zu ihr an den Tresen zu kommen.

Maxim kennt sie nur flüchtig, hat sie ein paarmal an der Seite von Marquise gesehen. Sie ist nicht hässlich, denkt er, doch auch nichts Besonderes mit ihrem langgezogenen Gesicht. Dass sie keine begnadete Künstlerin ist, merkt er sofort. Es fehlt die Leidenschaft in ihren Augen, das Feuer in ihrem Blick. Trotzdem geht er zu ihr. „Hallo, Maxim", begrüßt sie ihn viel zu überschwänglich. „Hey", erwidert er nur, während er versucht, sich ihren Namen ins Gedächtnis zu rufen. „Hey… Lydia?"

Sie scheint nicht böse zu sein. „Ja. Ich heiße Lydia. Setz dich doch." Lautstark bestellt sie sich einen Drink, zündet umständlich eine Zigarette an. „Also, Maxim", beginnt sie interessiert, „was machst du hier?" „Was machst *du* denn hier?", fragt er zurück. Sie zieht eine Grimasse. „Sieht ganz so aus, als ob man mich versetzt hätte." „Hm", macht Maxim, inhaliert dabei tief. „Mir geht es genauso." „Dann solltest du auch erst mal was trinken", schlägt Lydia vor, organisiert ihm eigenmächtig einen Wodka.

Nachdem die beiden angestoßen haben, beginnen sie eine Unterhaltung. Obwohl es sich hierbei nur um Smalltalk handelt, kommt es wie es kommen muss. Je mehr sie reden, je mehr sie trinken, je später der Abend wird, desto mehr schwindet seine Abneigung gegen sie. Sie ist zwar keine interessante Persönlichkeit, keine echte Künstlerin, erst recht keine Musikerin rechtfertigt sich Maxims benebeltes Hirn, dafür jedoch ganz witzig. Mit ihren komischen Geschichten bringt sie mich im Handumdrehen zum Lachen.

Er merkt gar nicht, dass es bereits nach Mitternacht ist, als er sich endlich entschließt zu gehen. „Ich komme mit dir", erwidert sie, bevor sie ihm unaufgefordert nach draußen folgt. „Also… ich muss dort lang", erklärt Maxim mit schwerer Zunge. „Wohin musst du?" „Ich auch", lallt sie unbeholfen. Ihre Augen glänzen matt im Laternenlicht. „Ich muss dahin, wo du hingehst, verstehst du?" Das kann nicht sein, denkt er. Ich wohne doch alleine. Alleine mit Cecilia. Aber das sagt er nicht. „Also schön", erwidert er nach kurzem Zögern. „Wenn du meinst… Dann komm mit."

„Hey, Montiniere." Am Eingang der Akademie wird Marquise von Freddie begrüßt. Er scheint sie abzupassen, steht fast immer dort, wenn sie kommt. Auch heute will er sein Glück versuchen. „Hey, Freddie", erwidert sie trocken. „Alles klar?" „Nein." Er grinst schief. „Nichts ist klar. Wir waren noch nicht aus, Montiniere. Wann gibst du mir endlich eine Chance?" Sie gähnt demonstrativ hinter vorgehaltener Hand. „Ich bitte dich Freddie… Warum muss *ich* es sein? Es gibt so viele andere Studentinnen. Such dir doch eine von denen aus."

„Die hatte ich doch schon, Montiniere." Marquise sieht ihn zweifelnd an. „Du bist ein Angeber, Freddie. Du übertreibst maßlos, kannst mir nicht erzählen, dass du jede von ihnen…" „Die wollten sich das hier eben nicht entgehen lassen", entgegnet Freddie trotzig, während er sich in Pose bringt. „Wussten scheinbar, was gut für sie ist, haha." Da ist es ja wieder, denkt sie. Sein Lachen. Wie das Rasseln rostiger Eisenketten. „Gefalle ich dir denn gar nicht?" Sie mustert ihn von oben bis unten. „Nein", sagt sie abweisend. „Nimms nicht tragisch, ok!"

„Hey, François!" „Hey, chérie!" Der Maler beugt sich - wie so oft - über seine Staffelei, denkt an die nächsten Striche. „Was zeichnest du denn heute?" „Den menschlichen Körper", erklärt er. „Endlich mal wieder was Anspruchsvolles." Sie wirft einen kurzen Blick über seine Schulter. „Sieht fantastisch aus", lobt sie.

Dann setzt sie sich aufs Sofa, entdeckt die angebrochene Flasche Wein auf dem Tisch. „Hast du zufällig was zu trinken hier? Gegen den Durst? Etwas ohne Alkohol?", fragt sie. Er sieht von seinem Gemälde auf. „Ich glaube nicht. Tut mir leid, chérie. Ich werde an

dich denken, wenn ich das nächste Mal einkaufen gehe. Ok?"
„Schon gut."

Notgedrungen nimmt sie den billigen Wein, richtet ihren Blick anschließend erneut auf sein unvollendetes Werk: einen nackten Körper, nur durch Konturen sichtbar. „Denkst du beim Arbeiten hin und wieder auch mal darüber nach, was uns zu Menschen macht?", fragt sie. „Sicher." Er sieht zu ihr auf. „Der Körper, den ich aufs Papier bringe, ist nur ein kleiner Teil von uns. Dazu kommt das Bewusstsein mit all seinen Empfindungen."

„Demnach sind wir Menschen, weil wir einen Körper haben, fühlen und denken?" „Nicht ganz, ma chère, nur fast." François' Blick wird ernst. „Wir Menschen haben einen Hang zu Tragödien, eine selbstzerstörerische Antriebskraft. Das unterscheidet uns von anderen Lebewesen." Marquise wird still, starrt stumm in ihr halbleeres Weinglas. „Sind wir wirklich so dumm, François?" „Ja, mein Herz." Er legt den Kohlestift zur Seite, setzt sich neben sie. „Diese Welt ist grotesk, voller Schatten. Wir sind so, weil wir wenigstens für kurze Zeit glücklich sein wollen."

In Gedanken versunken zündet er eine Zigarette an. „Langfristig betrachtet sind wir nichts", behauptet er fest, pustet Rauch aus. „Namenlose Besucher auf dieser Welt, die gleich wieder gehen. Alle Spuren, die wir hinterlassen, verwischen. Wir sind bedeutungslose Geister, Marquise. Durchreisende, die ihr Ziel noch nicht erreicht haben." „Das ist gruselig", erwidert sie. „Ich will das nicht glauben." „Musst du ja auch nicht." François nimmt einen weiteren Zug. „Es ist jedem selbst überlassen, was er glauben will… Ich persönlich denke, dass es so ist."

„Ich glaube, dass wir Menschen sind, weil wir Dinge ändern können", entgegnet Marquise nach einer Weile. François sieht sie zweifelnd an, schenkt sich ein Glas Wein ein. „Ist das so? Haben wir denn wirklich so viel Macht? Können wir die Dinge wirklich ändern?" „Manche schon. Nicht alle", erwidert sie deprimiert, ärgert sich darüber, dass er ihr Argument so schnell vom Tisch wischt. „Es wäre aber schön, wenn wir alles ändern könnten."

„Was würdest du denn ändern, wenn du es könntest?", will er wissen. Sie denkt nach. „Ich würde nutzlose Gefühle rückgängig machen, Annabelle durch eine andere Schwester ersetzen… Außerdem würde ich deine Eltern zwingen, dich zu lieben." Er lächelt traurig. „Das ist wirklich eine reizende Idee." „Wenn ich ihnen jemals begegnen sollte", sagt Marquise, die merkt, dass die Stimmung für heute auf dem Tiefpunkt angekommen ist, „werde ich ihnen sagen, dass sie einen Sohn wie dich nicht verdient haben."

„Trotz allem sind sie meine Eltern, chérie." François' Stimme klingt müde. „Von ihnen verabscheut zu werden, tut weh. Es sollte an mir abprallen, weil es lächerlich ist. Weil es so armselig ist, dass ihnen die Gesellschaft mehr bedeutet als ihr Sohn. Doch es prallt nicht ab, verstehst du? Es gibt keinen Tag, an dem ich nicht an sie denke." „Das ist furchtbar", erwidert Marquise mitfühlend. „Ich werde ihnen niemals verzeihen, François." Sie lehnt ihren Kopf an seine Schulter, greift nach seiner Hand. „Niemals."

Das Jahr der Verirrungen

„Ich bin verliebt, François", gesteht sie ihm zum ersten Mal. Ihre Augen leuchten, wie so oft, wenn sie von *ihm* redet. „Ich bin wirklich verliebt." François sieht von seinem Gemälde auf. „Na, das ist doch nichts Neues", sagt er, einen Pinsel zwischen den Lippen. „Du hast es bisher nur noch nicht zugegeben. Das ist alles. Doch keine Sorge... Ich freue mich für dich. Es soll schließlich nichts Schöneres geben, als verliebt zu sein. Sagt man."

Er sucht eine passende Farbe aus. „Wirklich schade, dass *ich* nicht mitreden kann." Mit feinen Strichen malt er weiter. „Das ist fatal." „Warum?" Sie versteht nicht, worauf er hinaus will. „Ohne verliebt zu sein, kein Liebeskummer. Das ist fatal." Er runzelt die Stirn. „Den braucht man. Als Künstler." Jetzt sieht er von seiner Arbeit auf. „Unglückliche Künstler sind nun mal die Besten", erklärt er. „Stell dir nur vor: Das in Leidenschaft entbrannte Herz, das Vergehen in Liebeskummer, das Ertrinken in Ablehnung, all das fehlt. Dann fehlt auch ein ganz entscheidender Teil der Kunst."

Darüber hat sie noch nie nachgedacht, findet es jedoch einleuchtend. „Die Kunst lebt also vom Leid des Künstlers", fasst sie zusammen, zündet sich eine Zigarette an. „Das ist..." „...grotesk", beendet François ihren Satz. Sein Kittel ist von oben bis unten mit Farbe bespritzt. „Ja, das ist es. Das ist die Wahrheit, ma chère, nichts als die Wahrheit. Deshalb gehöre ich *nicht* zu den Besten, verstehst du? Wahrscheinlich werde ich nie zu den Besten gehören." Er vollführt ein paar gekonnte Pinselzüge. Dann legt er seine Malutensilien beiseite, betrachtet kritisch sein Werk.

„Was soll das sein, François?", fragt sie. „Ich sehe nur... ein buntes Wirrwarr, das beim bloßen Anblick in den Augen schmerzt." „Das ist der Tod", erklärt der Maler. „Erkennst du ihn nicht?" „Wirklich?" Ihre

Mundwinkel zucken. „Du hast das Bild in Violett und Cytrusgelb ge-halten. Das ist eine merkwürdige Kombination für den Tod." „Wer weiß schon, wie der Tod wirklich ist, Liebes." François zieht ein Feu-erzeug hervor, mit dem er sich eine Zigarette anzündet. „Ich kann dir nicht sagen, warum die meisten Menschen denken, dass man den Tod nur in dunklen Farben darstellen darf. Ich jedenfalls stelle ihn mir so vor. Bunt und ein wenig befremdlich."

„Violett und…" Sie schüttelt den Kopf. „Das habe ich noch nie gese-hen." „Das ist es ja eben, chérie." François blinzelt durch den Rauch seiner Zigarette. „Ich werde ein Tabu brechen." „So viel ist sicher." Sie legt die Stirn in Falten. „Die Frage ist nur, ob du dir den Tod auch wirklich so vorstellst, wie du ihn gemalt hast?" „Ja, ich denke schon." François zieht seinen Kittel aus, faltet ihn zusammen und legt ihn ordentlich auf einen der Sessel. „Im Augenblick glaube ich, dass er in etwa so ist, wie auf diesem Bild." Er klingt überzeugt.

„Also… wer ist es? Erzähl es mir." Der Maler setzt sich neben sie aufs Sofa, spielt den Ahnungslosen, sieht sie halb ernst und halb besorgt von der Seite an. „Auf wen muss ich eifersüchtig sein? Ist es immer noch dieser Geiger? Aus der Akademie?" „Rate mal!" Nach-dem sie die Rolle der Überlegenen kurz ausgekostet hat, hält sie es nicht mehr aus. „Natürlich ist er es noch. Wer sollte es denn sonst sein?" François runzelt die Stirn. „Weißt du denn inzwischen etwas mehr über ihn oder ist er immer noch so schweigsam."

„Ist er nicht mehr." Sie lächelt verzückt. „Wenn *ich* mit ihm rede, ist er alles andere als schweigsam. Das ist doch gut, oder? Er sagt, dass ich ihn an seine kleine Schwester erinnere. Damals in Kasachstan." „Kasachstan liegt doch in Russland, nicht?" François räuspert sich. „Der Kerl ist also Russe. Und hat eine Schwester, die so aussieht wie du." Er macht sich keine Mühe, sein Missfallen zu verbergen. „Ja." Sie streckt ihm verärgert die Zunge raus. „Ein charismatischer Rus-se. Etwas älter als ich."

„Ich bin entsetzt." François schüttelt tadelnd den Kopf. „Konnte es denn kein Franzose sein? Einer ohne Schwester?" Sie lacht. „Der einzige Franzose, der mich interessieren würde, ist bedauerlicherweise nicht zu haben." „Warum nicht?" François spielt das Spiel mit. „Ist er vergeben?" „Nein..." Schalk blitzt in ihren Augen. „Hm... dann... ist er vielleicht schwul?" Sie prustet los. „Nun", schmunzelt er. „Du hast es verdient, glücklich zu werden, Marquise. Wenn es ein Russe sein muss, Gott behüte, dann muss es eben ein Russe sein."

Er hält kurz inne, ärgert sie dann aber doch noch mal. „Womit verdient dein Russe sein Geld? Raubt der in seiner Freizeit leer stehende Wohnungen aus?" „Nein", erwidert sie immer noch lachend. „Er spielt *nur* Geige." „Ein Künstler *ohne* Geld also", stellt François trocken fest. Sie sieht ihn vorwurfsvoll an. „Du sagst doch selbst immer, dass die Kunst, auch wenn sie noch so brotlos sein mag, ungemein erfüllend ist!" „Ok! Du hast recht! Das sage ich immer." François gibt sich geschlagen. „Keine Sorge! Der Junge wird mir sympathisch sein."

„Er komponiert. Nur für mich" Sie strahlt übers ganze Gesicht. „Das, was er grade geschrieben hat, heißt *Für Marquise V.* Es erzählt von einem kleinen Vogel, einem Paradiesvogel, im Urwald, von reißenden Flüssen und hohen Bergen. Er hat es mir vorgespielt. Auf seiner Geige." François sieht sie verwundert an. „Ein merkwürdiger Kauz. Er gibt den guten, alten Ludwig? Nur für dich?" „Ja", sie lächelt glücklich. „Es ist bereits das fünfte Stück. Er schreibt mir jedes Jahr eins. Seitdem wir uns kennen. Zu jedem Geburtstag ein neues."

Geburtstag. Bei diesem Wort zuckt François zusammen, so, als sei ihm das wichtige Ereignis gerade erst bewusst geworden. „Du hattest gestern Geburtstag, richtig?" Sie sieht ihn entrüstet an. Mit gespielt enttäuschter Miene beschwert sie sich: „Sag bloß, du hast ihn vergessen?" „Mal sehen", neckt François, bevor er ein kleines Kästchen unter dem Sofakissen hervorzieht. „Was haben wir denn hier?" „Du gemeiner Kerl", beschimpft sie ihn zum Spaß. Er grinst von einem Ohr zum anderen: „Als ob ich deinen Geburtstag vergessen könnte, Marquise!"

Neugierig betrachtet sie das Päckchen. „Da ist Schmuck drin", stellt sie sachlich fest. „Ein Armband? Oder Ohrringe?" „Vielleicht… na los, mach es auf!" Ungeduldig reißt sie das Papier in Stücke, lässt erst von der Verpackung ab, als sie eine silberne Kette mit Anhänger in den Händen hält. Einen geschliffenen Rubin in Form eines Herzens. „Oh", sagt sie überwältigt. „Der ist wunderschön. Sowas ist bestimmt sehr teuer!" Er lächelt nur. „Ein königliches Geschenk für die Königin meines Herzens."

Sie kann ihren Blick nicht abwenden. „Denkst du nicht, dass du ein bisschen zu viel ausgegeben hast?" „Marquise…", erklärt er ernst. „Du bist alles, was ich habe. Du bist die Einzige, die mich so akzeptiert wie ich bin." „Du bist in Ordnung", bestätigt Marquise gerne, überlegt, was sie sonst noch sagen kann. Das Gespräch hat eine unangenehme Wendung genommen. Wenn das so weitergeht, befürchtet sie, werden wir am Ende wieder über seine Eltern reden. Sie weiß, dass der Tag für François dann endgültig verdorben ist.

„Danke für das Geschenk. Es ist… Wahnsinn", sagt sie schnell, um ihn wieder auf andere Gedanken zu bringen. Doch er hört ihr gar nicht richtig zu. „Verlass mich nicht, Marquise", sagt er stattdessen. „Der Abend, an dem ich dich aus dieser Kneipe geschleppt habe, war der beste Abend meines Lebens." „Du bist ein großer Künstler, François", startet sie einen neuen Versuch, wobei sie auf seine Gemälde an den Wänden des Ateliers deutet. „Ein begabter Maler, auch wenn du nichts über die Liebe weißt." Dieses Mal scheint ihr Ablenkungsmanöver zu glücken.

„Ich habe ein Stipendium bekommen", erzählt er überraschend, „und eine Ausstellung. Der Galerist ist ein Dilettant, hat nicht gemerkt, dass wichtige Emotionen in meinen Werken fehlen." Er schmunzelt. „Wenn die Käufer es auch nicht merken... Das wär doch was!" „Bestimmt. Dreihundert Jahre, nachdem du tot bist", erwidert sie, einen leichten, freundschaftlichen Spott in der Stimme. „Du hast ganz Recht", gibt François zu. „Maler zu sein ist ein undankbarer Beruf." „Dafür aber ein ach so erfüllender", äfft sie ihn mit einem Augenzwinkern nach.

Er lächelt seine Sammlung an. „Keines meiner Portraits ist so schön geworden wie deins." Marquise, die nicht weiß, ob das ein Kompliment sein soll, sagt nur: „Ich wollte schon immer portraitiert werden." „Natürlich wolltest du das." François zündet sich eine neue Zigarette an. „Jede Frau träumt davon, portraitiert zu werden." „Wie kommst du denn darauf!", protestiert Marquise, findet ihn ziemlich anmaßend. „Kannst du plötzlich in die Köpfe der Frauen sehen?" „Ich bin schwul, ma chère, schon vergessen?", rechtfertigt er sich. „Natürlich habe ich eine stark ausgeprägte weibliche Seite!"

Eine kurze Pause entsteht, in der François sie erneut von der Seite betrachtet. „Du bist zwanzig geworden, nicht wahr?" „Ja..." Sie wirkt verunsichert. „Worauf willst du hinaus?" „Als du eben sagtest, er wäre älter... Was meintest du damit?" Er merkt, dass sie seinem Blick ausweicht. „Marquise?", hakt er nach. „Um wie viele Jahre geht es? Wenn du nicht antwortest, bekomme ich eine Gänsehaut." „Er... Er..." Sie hebt angespannt die Hände, um sie dann gleich wieder sinken zu lassen. „Herrje, mach kein Drama draus, ja! Er ist dreißig."

François' Augen verengen sich. „Um Gottes Willen, Marquise! Dann kann er unmöglich Student sein!" „Ist er auch nicht", erwidert sie trotzig. „Er *war* Student. Jetzt unterrichtet er selbst an der Akademie." Sie hat sich in Rage geredet, schnappt nach Luft. „Ich kannte ihn schon, als er noch studiert hat." Vorsichtig wartet sie auf seine Reaktion. „Zehn Jahre..." François ist immer noch fassungslos. „Vielleicht kommt dir das jetzt noch nicht schlimm vor. Doch irgendwann bist du fünfzig. Dann ist er schon alt und klapprig." Sie findet seine Ansicht spießig, viel zu spießig für jemanden wie François.

„Ich war mir schon sicher, als ich ihn zum ersten Mal gesehen habe", erwidert sie entschlossen. Der Maler legt die Stirn in Falten. „Wie alt warst du denn damals?" Er beobachtet, wie sich ihre Mundwinkel zu einem zaghaften Lächeln verziehen. „Ich war vierzehn, hatte gerade erst mit dem Unterricht angefangen." Bei diesen Worten verdreht er die Augen. „Als einer der Besten durfte er im großen Saal spielen", fährt sie unbeirrt fort. „Seine Musik hat mich berührt. Ich habe niemals einen seiner Auftritte verpasst."

„Na gut", brummt ihr Freund nach einer Weile. „Ich sehe es ein. Eine alte Jugendliebe. Die einzig wahre, ganz große Liebe. Freut mich für dich, Süße." Sie atmet auf. „Aber nur", setzt er mit einem Augenzwinkern hinzu, „solange er nett zu dir ist. Wenn er dich schlecht behandelt, rufe ich meine Freunde. Die sind durchtrainiert, wie du weißt." Ihr Lachen klingt befreit. „Ich habe also deinen Segen?" „Aber sicher." Als Zeichen seiner Zustimmung hebt François die Hände. „Wenn es wirklich Liebe ist, habe ich nichts dagegen."

Marquise rückt näher an ihn heran. „Du bist der Beste! Ich danke dir!" Stürmisch schlingt sie ihre Arme um seinen Hals, drückt ihm einen dicken Kuss auf die Wange. „Jaja", winkt François ab. „Solange er dich glücklich macht, macht mich das auch glücklich. Wann triffst du ihn wieder?" „Morgen. In der Kantine." Ihre Augen strahlen so hell, dass der letzte Zweifel aus François' Gesicht verschwindet. „Dann vermassel es nicht, Marquise", ist alles, was er noch sagt.

Auf dem Weg nach Hause läuft ihr Freddie über den Weg. Sie glaubt nicht, dass es sich hierbei um Zufall handelt. „Hey, Montiniere", ruft er gut gelaunt. „Warte mal!" Sie seufzt, macht trotzdem einen Schritt langsamer, damit er aufholen kann. Beim Gehen legt er ihr seinen Arm um die Taille. „Ich sollte dich nach Hause bringen, Montiniere.

Es wird schon dunkel." Sie runzelt die Stirn. „Folgst du mir?" „Wer würde nicht der schönsten Frau der Welt folgen?" Er lächelt charmant, während sie ihn abschätzend von der Seite betrachtet.

„Was willst du, Freddie?" „Dass du mit mir ausgehst", gibt er gleich zu. „Du und ich... wie wär's?" „Nicht in diesem Leben", erwidert sie. „Vielleicht im nächsten." Für einen kurzen Moment bleibt er still. „Du kannst noch so abweisend sein", sagt er dann, „ich werde nicht aufgeben. Ich kann warten. Lange, wenn es sein muss." Sie stöhnt. „Hast du nichts Besseres zu tun?" „Doch", erwidert er unverdrossen. „Ich bring dich nach Hause, keine Widerrede." „Also schön." Sie will nicht mit ihm streiten. „Tu, was du nicht lassen kannst."

François ist alleine in seinem Atelier, als er sie zum ersten Mal sieht. Eine schattenähnliche Gestalt, die in der Ecke des Zimmers sitzt, von wo aus sie ihn mit glühendroten Augen anstarrt. Verwirrt fasst er sich an den Kopf. Vielleicht, denkt er, lässt sich diese Erscheinung auf meinen Opiumrausch zurückführen. Mit diesem Teufelszeug ist schließlich nicht zu spaßen. Womöglich fange ich noch an zu halluzinieren.

Nichtsdestotrotz: Ganz geheuer ist ihm bei der Sache nicht. „Scht", macht er darum, wobei er mit der Hand wedelt, als könnte er den ungebetenen Gast verscheuchen. „Verschwinde. Du bist nicht echt." Doch seine Mühe ist umsonst. Die Gestalt bleibt. Sie öffnet den Mund, einen schwarzen, zahnlosen Schlund. „Keine Sorge", sagt sie mit rauer Stimme, „wir sehen uns wieder." Dann verschwindet sie, während François mit angehaltenem Atem auf die Stelle starrt, an der sie sich soeben in Luft aufgelöst hat.

„Wer war der junge Mann, der dich begleitet hat?", fragt Maman hoffnungsvoll, als ihre Tochter im Wohnzimmer erscheint. Ärgerlich verzieht Marquise den Mund. Sie hasst es, dass ihre Mutter jedes Mal, wenn sie nach Hause kommt, hinter dem Fenster steht. Natürlich erwartet sie eine Antwort. „Frederick. Er… er studiert… irgendetwas", erklärt sie widerwillig. „Aha?" Die Eltern schauen sie neugierig an. „Da ist nichts. Ihr braucht mich nicht so komisch anzugucken", braust Marquise auf.

„Schade." Die Mutter ist enttäuscht, wie immer in solchen Situationen. „Er macht einen netten Eindruck." Marquise kommentiert ihre Worte mit einem leisen Stöhnen. Sie weiß, dass Mamans Bedauern einen Grund hat. Einen, den sie zutiefst verabscheut: „Wann wirst du endlich jemanden fürs Leben finden?", fragt sie wie erwartet. „Du bist jetzt zwanzig. Viele denken in deinem Alter schon ans Heiraten." „Ich nicht", erwidert Marquise trotzig. „Ich warte auf den Richtigen."

Nachdem Madame Montiniere die Familie zu Tisch gebeten hat, spricht sie ein weiteres, nicht weniger kritisches Thema, an. „Wann bringst du François mal wieder mit? Der war schon lange nicht mehr hier." „François bereitet eine Ausstellung vor", berichtet Marquise, nur zum Teil der Wahrheit entsprechend. „Im Augenblick hat er keine Zeit vorbeizukommen!" Sie will nicht sagen, dass sie ihn vor Annabelle beschützen muss, dass er ihre hartnäckigen Attacken auf Dauer nicht ertragen kann.

„Wie schade." Maman klingt schon wieder enttäuscht. „Jammerschade, dass er nicht normal ist." Annabelle prustet ins Essen. „Nicht normal? Der ist pervers!" Sie erntet einen scharfen Blick von allen Seiten. „Was denn?" Sie klingt entrüstet. „Ist es jetzt schon verboten, die Wahrheit zu sagen?" Marquise lässt Messer und Gabel sinken, weiß, dass es zu einem handfesten Streit kommen wird. „François ist, was er ist", erwidert sie gefährlich ruhig. „Es ist nicht *sein* Problem. Es ist ein Problem unserer Gesellschaft." „So ein Quatsch", ereifert sich Annabelle. „*François* ist das Problem!"

Am Tisch ist es still geworden. Madame und Monsieur Montiniere haben aufgehört zu essen. „Deine Oberflächlichkeit ist unerträglich!", schreit Marquise jetzt. Sie schiebt die Unterlippe nach vorne, wie immer, wenn sie sich nicht mehr beherrschen kann. Obwohl jetzt der richtige Zeitpunkt gekommen wäre, endlich einzulenken - das weiß Annabelle genau - macht sie weiter. „Denkt ihr nicht auch, dass die Leute über uns reden werden, wenn die Schwuchtel andauernd hier ein - und - ausgeht? Das ist bestimmt nicht gut für unseren Ruf!"

„Annabelle", mahnt die Mutter mit schneidender Stimme. „Ich will dieses Wort nicht hören." Sie lässt keinen Zweifel daran, dass sie es ernst meint. „Genau das ist aber die Wahrheit", fährt Annabelle fort, ist durch nichts mehr zu stoppen. „Er ist eine Schwuchtel. Ja. Und er betreibt Sodomie. Er lässt sich…" „Annabelle, geh auf dein Zimmer! Sofort!", greift der Vater schließlich ein. „Und wage nicht noch einmal, sowas unter unserem Dach zu sagen!" Endlich verlässt sie den Raum, schlägt die Tür hinter sich zu.

Dann kehrt Ruhe ein, doch der Appetit ist vergangen. „Uns ist egal, wie François lebt", erklärt die Mutter nach einer Weile. „Wir haben uns an ihn gewöhnt. Er ist sympathisch. Ich weiß nicht, warum Annabelle ihm keine Chance gibt. Wahrscheinlich ist sie noch zu jung." „Sie war weltoffener, als sie noch nichts mit diesen Champagner-Säufern zu tun hatte", murmelt Marquise. „Warum musstet ihr sie auf diese furchtbare Privatschule schicken?" Betretene Stille erfüllt den Raum. „Du kennst die Antwort", sagt der Vater schließlich.

„Non, non, non!" Marquises strenge Lehrerin tobt. „So kannst du diese Stelle nicht singen! Es klingt viel zu fröhlich, zu aufgesetzt. In dieser Arie beschließt Pamina zu sterben, und du singst sie so heiter wie ein… Geburtstagslied. Mehr Dramatik, mehr Melancholie, mehr Traurigkeit! Abgesehen davon ist deine Aussprache… abscheulich!" Marquise seufzt. „Entschuldigen Sie."

„Für so eine gravierende Fehlinterpretation gibt es keine Entschuldigung", schnaubt Madame Chevalier. „Ich werde mit dieser Arie doch nicht zu hoch gegriffen haben?"„Nein, natürlich nicht. Ich werde es beim nächsten Mal besser machen." Eingeschüchtert wie ein Schulmädchen blickt Marquise zu Boden. „Ganz sicher." „Na, das will ich auch hoffen." Chevalier betrachtet sie kritisch. Als ihre Schülerin zum zweiten Mal ansetzen will, winkt sie gleich wieder ab. „Dein Gesichtsausdruck", rügt sie mit Nachdruck, „ist immer noch viel zu fröhlich."

Sie trifft Maxim in der Kantine, wie immer um die Mittagszeit. „Was macht die Stimme, Marquise?" „Furchtbar, alles furchtbar", wiederholt sie die Worte ihrer Lehrerin. „Und dein Deutsch… Scheußlich... Eine *grande katastrophe*." „Du singst deutsch?" Er zieht die Brauen hoch. „Lass mich raten… Mozart? Zauberflöte?" Sie nickt deprimiert. „Ich singe so schlecht, dass Chevalier kurz davor ist, mich rauszuwerfen." „Ach was." Maxim lächelt. „Du bist doch ihre Lieblingsschülerin." Marquise verzieht den Mund. „Das war einmal…"

Unvermittelt hält sie inne, schaut ans andere Ende der Kantine. „Hey… Die Blondierte da drüben starrt schon verdammt lange zu uns rüber." Er folgt ihrem Blick. „Das ist Lucinda Williams", raunt Maxim. „Ihr Vater ist Millionär, Besitzer einer internationalen Bank." „Sie interessiert sich für dich. Ganz sicher." Marquise legt die Stirn in Falten. „So?" Maxim schaut genauer hin. „Die ist ganz hübsch", stellt er sachlich fest. „Ja. Schon", stimmt Marquise, die ihre Eifersucht kaum verbergen kann, notgedrungen zu. „Auf eine billige Art und Weise!"

Verwundert wendet Maxim den Blick von Lucinda ab. „Was ist denn los?", fragt er ahnungslos. „Warum beleidigst du sie?" Marquise bleibt erst mal stumm, denkt nur: Ich liebe dich, du Trottel. Wann wirst du das endlich begreifen? Dann lächelt sie gequält, erklärt nicht ganz wahrheitsgemäß: „Ach nichts. Ich habe nur einen miesen Tag."

Missmutig schiebt sie ihr Tablett zur Seite. In Maxims Gegenwart fühlt sie sich gerade mehr als unwohl. „Ich werde jetzt üben gehen", sagt sie, um der Situation zu entkommen. „Morgen will ich diese Arie können."

Seine Reaktion auf Lucinda hat Marquise traurig und nervös gemacht. „Hast du heute noch was vor?" Sie steht auf, um ihr Geschirr wegzubringen. Natürlich hofft sie, dass er den Sinn dieser Frage nicht verstanden hat. „Ja, ich bin verabredet", erklärt er freimütig. „Wirklich? Mit wem denn?" Ihre Stimme zittert. „Mit meiner Kollegin. Kassandra." Da er keine Ahnung hat, worauf sie hinaus will, fügt er hinzu: „Wir teilen uns ein Pult. Du weißt schon… im Phil. Ich helfe da aus." Sie nickt nur.

Dann wartet sie auf dem Gang, bis er die Kantine verlassen hat, folgt ihm anschließend vorsichtig, in einigem Abstand, nach draußen. Dort wird er bereits erwartet. Eine Frau fällt ihm stürmisch um den Hals. Sie ist klein, hat ein schmales Gesicht, blasse Haut, außerdem lange, glänzende, fast schwarze Locken. Eine niedliche Orchestermaus. Das sieht Marquise direkt. Natürlich ist auch sie deutlich älter als Marquise. Ob sie wirklich nur eine Kollegin ist? Oder eine Freundin? Als sich die beiden küssen, rebelliert ihr Magen.

Instinktiv rennt sie zur Toilette, wo sie versucht, das Mittagessen wieder herauszuwürgen. Ihre Knie werden weich. Mühsam hält sie sich am Waschbecken fest. Wie konnte sie nur jemals denken, dass er auf sie warten würde? Sie schließt die Augen, versucht diesen Anblick zu vergessen. Doch es gelingt ihr nicht. Ab jetzt wird sie dieses Bild verfolgen. Tag und Nacht. Maxim in den Armen einer anderen Frau… Während sich ihr Körper langsam wieder beruhigt, versinkt ihr Herz in Traurigkeit. Eine einsame Träne rollt über ihre Wange.

„Ich verstehe das nicht." Kopfschüttelnd reicht François ihr ein neues Taschentuch. „Du warst doch der Meinung, es würde so gut laufen. Mit dir und dem Geiger. Er würde dir was komponieren und…" „Dachte ich auch… Ich dachte, ich hätte eine gute Menschenkenntnis", jammert sie wie ein Häuflein Elend, in seinen Sofakissen zusammengesunken. „Ich habe mich geirrt." Ihre Wimperntusche ist verlaufen, hat schwarze Spuren auf den Wangen hinterlassen. Wortlos verschwindet er in der Küche, um eine Tasse Tee zu holen.

„Vielleicht bist du ihm einfach zu jung", gibt François zu bedenken, als er zurückkommt. „Ich habe dir ja schon gesagt, dass der Altersunterschied ein Problem ist." „Ich bin nicht jung. Ich bin zwanzig", schnieft sie. „Außerdem sind zehn Jahre nicht viel." „Es geht mich ja nichts an, chérie…" François sieht sie so merkwürdig an, dass ihr ein kalter Schauer über den Rücken läuft. „Doch… Wie viele Männer hattest du schon?" Marquise, die nicht glauben kann, was sie gerade gehört hat, verschluckt sich fast an ihrem Tee.

„Ist das denn so wichtig?" „Ja, ich denke schon." Sie wird rot. „Ich… also…", beginnt sie schleppend, bricht gleich wieder ab, bekommt kein weiteres Wort mehr heraus. Stattdessen verrät ihr hilfloser Blick die Antwort. „Himmel, Marquise… keinen Einzigen?", spricht François gnadenlos aus, was sie nicht sagen will. Er klingt zutiefst schockiert. „Für mich gab es immer nur ihn", erklärt sie hilflos. Es ist ihr anzusehen, dass sie dieses Gespräch alles andere als angenehm findet. „Ich wollte keinen anderen, verstehst du?"

„Aber schau doch mal!" François versucht, die Sache von Maxims Seite zu betrachten. „Er ist zehn Jahre älter als du. Für ihn bist du ganz sicher nicht die Erste. Wahrscheinlich nicht einmal die Fünfte oder Sechste." Marquise sieht ihn zweifelnd an, so, als hätte sie noch nie darüber nachgedacht. „Ob er gemerkt hat, dass ich noch unerfahren bin?", fragt sie vorsichtig. „Sicher hat er das", behauptet François. „Sowas lässt sich nicht verbergen."

Als sie sich ein wenig beruhigt hat, rät er: „Probier mal was aus, Marquise!" Dabei klopft er ihr freundschaftlich auf die Schulter. „Es gibt keinen Grund zu warten. Wenn du Erfahrungen gemacht hast, wird er dich mit anderen Augen sehen." „Ich... ich weiß nicht. Ich glaube nicht, dass ich das kann." „Ach komm, Süße!" François schüttelt tadelnd den Kopf. „Warum nicht? Du bist eine schöne, junge Frau!" Dann klopft er ihr erneut auf die Schulter: „Zeit, auf die Pirsch zu gehen, Marquise! Leb dich aus."

Am nächsten Morgen hat sie furchtbar schlechte Laune. Sie ist gerade auf dem Weg zur Bücherei, als sie jemand von der Seite anspricht. „Hey, Montiniere." Freddie holt sie ein, und legt - wie immer - einen Arm um sie. Mit der freien Hand zündet er sich eine Zigarette an. „Wir sollten ausgehen, Montiniere. Das finde ich wirklich." Sie verdreht die Augen - wie immer. Dieser Kerl hat ihr heute grade noch gefehlt. „Freddie, ich glaube nicht, dass..." „Du musst wenigstens darüber nachdenken", verlangt er.

„Was hältst du davon: Nach der Vorlesung kommst du mit zu mir aufs Zimmer und wir..." „Vergiss es!", faucht sie. „Wofür hältst du dich eigentlich?" Sein schiefes Grinsen geht ihr auf die Nerven. „Im Ernst, Freddie!" Sie bemüht sich darum, ihre Haltung zu wahren. „Warum sollte ich das tun? Ich mag dich ja nicht mal." Er zuckt unbekümmert mit den Schultern. „Brauchst du auch nicht. Dann bleibt es eben bei diesem einen Besuch." „Vergiss es", erklärt sie mit Nachdruck. „Du hast nicht die geringste Chance."

Enttäuscht nimmt er den Arm von ihrer Schulter. Sein Gesicht wird finster. „Warum so arrogant, Montiniere? Hältst du dich für so viel besser als alle anderen? Oder denkst du wirklich, Maxim, der göttliche, wird deine Gefühle irgendwann in ferner Zukunft erwidern?" Ihr Gesicht versteinert. „Wie kommst du darauf, dass..." „Das ist mehr als offensichtlich", erwidert Freddie. „Alle wissen es. Alle, außer ihm."

Sie fühlt einen dicken Kloß in der Kehle, kommt sich erbärmlich und schwach vor.

„Ich frage mich schon lange", setzt er noch eines drauf, „warum sich jemand, der den Hauptgewinn haben könnte, lieber mit anderen vergnügt." Marquise starrt ihn wütend an. „Das ist nicht wahr", kontert sie, hofft inständig, dass sie damit auch Recht hat. „Maxim ist gut zu Frauen… Es ist nur so, dass er im Augenblick eine Freundin hat." „Aha!", sagt Freddie trocken. „Dann hat Lydia dir also nichts erzählt?" „Was soll sie mir erzählt haben?" Marquise sieht ihn verständnislos an. „Frag sie doch selbst", bekommt sie zur Antwort.

Er freut sich diebisch über ihre Verwirrung. „Hör auf zu träumen, Montiniere", fährt er fort. „Komm von deinem hohen Ross runter." Sie weiß nicht, was sie von seinen Worten halten soll. „Ich… ich…" „Ach komm schon. Wie lange muss ich denn noch betteln, bis du dich mit mir triffst?" „Ich muss darüber nachdenken", hört sie sich plötzlich sagen, würde sich am liebsten gleichzeitig auf die Zunge beißen. Verdammt, warum tut sie das? „Schön, immerhin", schließt Freddie, zufrieden mit dem Ergebnis seiner Bemühungen. „Dann bis bald!"

Marquise trifft Lydia in einem der Übungsräume. „Hey, Marquise", ruft sie gut gelaunt. „Hier ist unser Duo-Programm. Hast du Lust, ein paar Lieder anzusingen?" „Ehrlich gesagt, nein", antwortet Marquise. „Ich bin aus einem anderen Grund hier." Lydia sieht sie verwundert an. „Dann schieß mal los." „Hattest du was mit Maxim?" Sie erstarrt. Verlegen blickt sie zu Boden. Im Raum wird es still, unerträglich still. Schließlich stottert sie: „Marquise ich…" „Hattest du oder nicht?" Alle Farbe weicht aus Lydias Gesicht. „Es tut mir leid", ist alles, was sie sagt. „Wir waren betrunken."

Marquise nickt stumm. „Mir auch", erwidert sie. „Es tut mir leid, dir geglaubt zu haben. Geglaubt zu haben, dass wir Freundinnen sind." „Marquise, ich…" „Sei still!", zischt die. „Ich habe dir vertraut. Du warst, abgesehen von François, die einzige, die von Maxim wusste. Du hast mich hintergangen. Du hast alles kaputt gemacht." Tränen drängen sich in ihre Augen. Freddies Worte schleichen sich in ihren Kopf: Hör auf zu träumen, Montiniere. Komm von deinem hohen Ross runter. Völlig aufgelöst rennt sie aus dem Zimmer.

Nervös fährt sich François durch die Haare. Er ist heillos überfordert. Marquise sitzt in seinem Atelier auf dem Sofa, heult wie ein geprügelter Schlosshund. Viel schlimmer als beim letzten Mal. Um sie herum liegt ein gewaltiger Berg benutzter Taschentücher. Im Augenblick bringt sie keinen vollständigen Satz zustande. Das einzige, was aus ihr rauskommt, ist ein Name: Lydia. Marquises ungleiche Freundin, die Sängerin mit den blonden, glatten Haaren. Die mit dem langgezogenen Pferdegesicht.

„Nochmal langsam Marquise, bitte", fordert er vorsichtig. „Ich verstehe nichts von dem, was du sagst." „Maxim hat...", schluchzt sie, „Maxim hat mit Lydia..." Allmählich beginnt François eins und eins zusammenzuzählen. „Maxim hat was mit Lydia angefangen?", fragt er entsetzt. Sie nickt. „Dann ist Lydia eine falsche Schlange!" François reicht ihr ein weiteres Taschentuch. „Keine Freundin, Marquise. Und was Maxim angeht... Der ist ein Idiot! Ein unverbesserlicher Volltrottel!" Jetzt huscht tatsächlich ein kurzes Lächeln über Marquises Gesicht. Dann beginnt sie erneut zu weinen.

„Komm schon..." François ist mit seinem Latein am Ende. „Hör auf zu weinen, Süße. Es bricht mir das Herz, dich so zu sehen." „Sie war meine beste Freundin", schnieft Marquise. „Sie wusste es. Ich habe ihr vertraut." „Das ist unverzeihlich", stimmt François zu. „Doch auch Maxim hat Schuld. Das darfst du nicht vergessen." Sie hebt den Kopf, sieht ihn aus ihren großen, verheulten Rehaugen an. „Was soll ich tun, François?", fragt sie. „Vergiss ihn, Marquise", erwidert der. „Such dir jemand anderen."

„Ich kann ihn aber nicht vergessen", erwidert sie, schnäuzt sich geräuschvoll. „Ich werde ihn niemals vergessen können. Ich weiß, dass wir zusammengehören, François. Ich weiß, dass wir füreinander bestimmt sind." Als sie in das Gesicht des Malers blickt, entdeckt sie Sorgenfalten auf seiner Stirn. „Das macht die Sache natürlich deutlich schwieriger, fast unmöglich", antwortet er langsam. „Wenn das wirklich so ist, dann gibt es nur einen Ausweg: Du musst vergessen, was er getan hat. Überlege dir gut, ob du das kannst."

Freddie ist überrascht, als es abends um zehn klingelt. Er staunt nicht schlecht darüber, dass ausgerechnet Marquise nassgeregnet und halb erfroren vor seiner Tür steht. Sie trägt einen klatschmohnroten Mantel in der Farbe ihres Lippenstifts. Von ihren langen, gelockten Haaren tropft das Wasser auf den filzartigen Stoff. Ihr Gesicht ist bleich. „Hallo", sagt sie, wirft ihm unter den Ponyfransen einen vorsichtigen Blick zu. „Kann ich reinkommen?" „Klar", erwidert er etwas unsicher, als er sich an ihren Anblick gewöhnt hat.

Ganz selbstverständlich spaziert sie an ihm vorbei, zieht ihren Mantel aus und pfeffert ihn auf sein Sofa. Darunter trägt sie ein fast durchsichtiges Oberteil, das mehr von ihrem Körper enthüllt als verbirgt. Ihr Rock geht bis knapp oberhalb der Knie, schmiegt sich eng an ihre Hüften. Seine Kehle wird trocken. Nach und nach registriert er, wie perfekt ihre Rundungen sind. Sie ist sehr zierlich gebaut, hat im Verhältnis zu ihrem Körper jedoch erstaunlich große Brüste. „Marquise, was… was hast du da an? Wo hast du sowas denn überhaupt her?"

„Ich habe nachgedacht", sagt sie. „Das sehe ich." Obwohl er es nicht will, bleibt sein Blick an ihrem Dekolleté hängen. „Du hattest Recht", fährt sie fort, „was Lydia angeht… Sag mal, hörst du mir überhaupt zu?" „Sicher." Ertappt hebt er seinen Blick. „Du hast sie also gefragt?" „Ja." Ihre großen, braunen Rehaugen nehmen einen bekümmerten Ausdruck an. „Warum sollte ich mich länger für einen Mann aufheben, dem ich gar nichts bedeute?" „Das ist richtig." Er starrt fasziniert auf ihren Körper, merkt wie seine Gedanken abschweifen.

„Warum bist du hier, Montiniere? Du siehst nicht so aus, als ob du reden willst." Für einen Moment bleibt sie still. Alle Verletzlichkeit weicht aus ihrem Blick. „Was denkst du denn?", fragt sie dann. Es klingt wie eine Aufforderung. „Wow... Moment!" Freddie hebt abwehrend die Hände. „Das geht jetzt aber viel zu schnell. Ich... So läuft das nicht, Montiniere. Du kannst nicht einfach hier auftauchen, deinen Rehblick aufsetzen und..." „Ich gefalle dir doch oder etwa nicht?" Ihre Frage ist überflüssig. Sie weiß, dass sie ihn in der Hand hat.

„Das Problem liegt woanders", rechtfertigt er sich. „Du bist nicht aus freien Stücken hier. Du hoffst, Maxim darüber vergessen zu können. So wird das nicht sein, verstehst du?" „Ich muss es wenigstens versuchen!", kommt es prompt zurück. Ihr Entschluss scheint fest zu stehen. „Marquise..." Er will etwas erwidern, nochmal erwähnen, dass es ein Fehler ist, bringt aber kein Wort heraus. Gegen seinen Willen erliegt er ihren Reizen. Womöglich ist das seine einzige Chance. Er muss sie nutzten.

„Ich bin noch unerfahren", flüstert sie. „Das macht dir doch nichts aus?" „Nein", murmelt er. Sie ist leicht wie eine Feder, ihr Parfüm berauschend. Himmel, denkt Freddie, während er ihren zaghaften Kuss auf stürmische Art erwidert, am Ende werde ich mich noch verlieben.

„Worüber denkst du nach?", fragt sie später, als sie erschöpft nebeneinander im Bett liegen. Er zuckt hilflos mit den Schultern. „Ich weiß nicht... Marquise. Bisher war ich kein besonders netter Kerl..." Sie lächelt. „Das ist mir egal." „Normalerweise würde ich dich jetzt bitten zu gehen." „Dann werde ich das tun." Sie ist nicht mal sauer, will schon aufstehen, um ihre Sachen zusammensuchen, als er sie zurückhält. „Warte... Ich meinte, *normalerweise* würde ich das tun. Bei jeder anderen Frau. Bei dir kann ich es nicht." Sie sieht ihn verständnislos an.

„Was ich damit sagen will, ist… Ich wollte nie solide werden, weißt du. Jetzt schon. Ich will nicht, dass es so endet wie immer." „Wie endet es denn sonst immer?" Behutsam fährt sie mit dem Zeigefinger die Linien seiner Bauchmuskeln nach. „Na, wie schon? Ich bitte die Frau zu gehen. Sie geht. Das war's." „Du möchtest, dass ich bleibe?", fragt sie sachlich. „Ja", antwortet er aufrichtig. „Bleib doch bis morgen. Wir frühstücken, gehen zusammen zur Akademie, sehen uns öfter. Zum Valentinstag schenke ich dir Rosen… Was hältst du davon?"

„Das geht nicht, Freddie", lehnt sie entschlossen ab, während die Verletzlichkeit in ihre Augen zurückkehrt. „Warum nicht?" Er fragt, obwohl er die Antwort bereits kennt. „Weil mein Herz an Maxim hängt. Immer noch." Sie steht auf, sucht ihre Kleidungsstücke zusammen, beginnt sich anzuziehen. „Das hatte ich befürchtet!" Ein letztes Mal versucht er zu argumentieren. „Maxim hatte was mit deiner besten Freundin…" „Ja, er hat sich falsch verhalten", erwidert sie. „Trotzdem sind wir füreinander bestimmt." Bevor sie geht, fasst er sie am Arm. „Sei doch nicht so dumm, Marquise!", flüstert er ihr ins Ohr. „Ich würde alles für dich tun. Ich wäre gut zu dir… „Ich weiß", sagt sie traurig.

Am nächsten Tag trifft sie Maxim in der Kantine. Der scheint ihre Anspannung nicht zu bemerken. „Hey, Marquise." Wie gewohnt setzt er sich neben sie. „War dein Unterricht heute besser?" Sie ignoriert seine Frage, sieht demonstrativ an ihm vorbei. „War dein Unterricht gut?", wiederholt er etwas lauter. „Sag mal, hörst du mir denn gar nicht zu?" Eine Weile ist es still. Dann fragt sie unerwartet: „War *sie* gut*?" Ihre Stimme ist brüchig, trotzdem schneidend und kalt. „Wer?" Verwirrt legt er sein Besteck beiseite. „Lydia."

Sie gibt sich Mühe, ihre Gefühle zu verbergen, doch es gelingt ihr nicht. Maxim wird sichtlich nervös. „Warum willst du das wissen, Marquise?", fragt er. „So, wie es aussieht, hast du es mit meiner besten Freundin getrieben?!" Sie ist nun doch lauter geworden als beabsichtigt. Erschrocken blicken die Leute von den umstehenden Tischen zu ihnen herüber. „Marquise!" Er hebt hilfesuchend die Hände. „Bitte…" „Ist das alles, was du mir zu sagen hast? *Marquise, bitte*?!" Unwillkürlich treten Tränen in ihre Augen.

Maxim versteht nicht, worum es ihr geht. „Was ist denn los, Marquise?", fragt er jetzt auch viel zu laut. „Warum trifft dich das so? Das hat doch nicht das Geringste mit uns zu tun!" Sie starrt wortlos auf die leere Tischplatte. Hat es doch, denkt sie aufgebracht. Ich will für dich nicht bloß irgendeine verdammte Freundin oder ein verdammter Schwesternersatz sein! Ich will nicht, dass du andere Frauen anfasst. Ich liebe dich, Maxim! Warum siehst du das denn nicht?!

In der Kantine ist es still geworden, mucksmäuschenstill. Alle Augen ruhen auf den beiden. Marquise schiebt ihren Stuhl lautstark zurück. Sie würdigt ihn keines Blickes, während sie mit gespielter Seelenruhe Schal und Mantel anzieht. Ehe sie geht, bemerkt sie die fragenden Gesichter an den anderen Tischen. „Esst ruhig weiter", faucht sie. „Die Show ist vorbei!" Dann rauscht sie so divenhaft wie möglich aus dem Raum.

Marquise liebt Maxim. Wie ein Lauffeuer verbreitet sich diese Neuigkeit unter den Studenten. Die unterschiedlichsten Reaktionen folgen. Manch einer zwinkert mit den Augen und sagt: „Das ist ja süß." Andere scheinen dagegen alles andere als einverstanden zu sein. „Warum denn immer noch Maxim?", klagt unter anderem Freddie voller Selbstmitleid. „Marquise hat doch was Besseres verdient."

Auf dem Gang wird Maxim neugierig betrachtet. „Großer Gott", beschwert er sich bei Marlon, der neben ihm her geht. „Die warten allen

Ernstes auf ein großes Finale." „Die Szene war ja auch filmreif." Marlon lacht über sein besorgtes Gesicht. „Du willst mir doch nicht weismachen, dass du das all die Jahre nicht bemerkt hast? Es war nicht zu übersehen, dass die Kleine in dich vernarrt ist." Maxim fühlt sich nicht besonders wohl in seiner Haut. „Das ist doch Marquise. Meine kleine Marquise", ist alles was er sagt. „Sie ist wie eine kleine Schwester für mich. Natürlich bewundert sie mich. Weil ich älter bin."

Sein Freund schüttelt den Kopf. „Sie bewundert dich nicht einfach nur, Maxim. Da ist mehr. Der Magnetismus zwischen euch ist offensichtlich. Andauernd sucht ihr eure Nähe." „Das ist nicht *so* eine Anziehungskraft", versucht Maxim sich aus der Affäre zu ziehen. „Natürlich ist sie mir wichtig. Sie ist mir sehr wichtig. Ich kann dir nicht sagen, was genau es ist. Vermutlich ist es so was wie Geschwisterliebe." „Was, wenn es jetzt eine andere Liebe wäre." Marlon zündet sich eine Zigarette an. „Eine Erwachsenenliebe?"

„Finde heraus, was dahinter steckt?", schlägt er vor. „Es wäre verdammt dumm von dir, es nicht zu tun... So dumm wie die Sache mit Lydia…" Er schüttelt tadelnd den Kopf. „Ich wusste nicht, dass sie Freundinnen sind", verteidigt sich Maxim. „Außerdem ist da noch die Sache mit Kassandra…" Das lässt sein Freund nicht gelten. „Kassandra? Die bedeutet dir nicht genug. Ihr seid nur Pultpartner, die ab und zu…" „Es würde sie verletzen", wirft Maxim ein. „Du musst wissen, was wirklich wichtig ist", schließt Marlon. „Meine Meinung kennst du."

„Marquise ist noch so jung", überlegt Maxim laut. „Kein Kind mehr… Aber auch noch keine Frau. Ich weiß nicht mal ob sie überhaupt schon…" „Oh, sie war bei Freddie, wenn du das meinst", klärt Marlon ihn auf. „Wusstest du das nicht?" „Was?" Maxim ist fassungslos. „Das ist doch ein Scherz! Bei Freddie Allington?" Marlon nickt, ist sich darüber im Klaren, dass er einen empfindlichen Nerv getroffen hat. Freundschaftlich klopft er Maxim auf die Schulter. „Doch nicht mehr so unschuldig, die Kleine, was?"

Als Marquise bei François auftaucht, ist sie ein Häuflein Elend, wie so oft in letzter Zeit. „Ich fasse es nicht. Du warst bei Freddie?" François ist nicht sauer, sondern verzweifelt. „Als ich sagte, du solltest auf die Pirsch gehen, meinte ich nicht, dass du den Erstbesten nehmen sollst, einen, den du nicht mal leiden kannst." Sie zuckt trotzig mit den Schultern. „Er sieht gut aus." „In der Tat", stimmt François zu. „Das ist aber auch schon alles. Ich kenne dich, Marquise. Oberflächliche Angeber sind nichts für dich."

„Du hast Recht." Sie scheint sich tatsächlich ein wenig zu schämen. „Ich kann dir nicht sagen, warum ich es getan habe. Anfangs fühlte es sich richtig an. Nachher nicht mehr." „Warum nicht?", will François wissen. „Wahrscheinlich habe ich Freddie nur benutzt, um mich zu rächen", erklärt sie. „Um dich zu rächen?" Dem Maler geht ein Licht auf. „Für die Geschichte mit Lydia?" „Ja", gibt sie unumwunden zu. „Das war der Plan, denke ich." „Ein dummer Plan, Marquise", entgegnet François tadelnd."

„Hey, Marquise." Auf dem Weg zur Akademie läuft sie ihm in die Arme. „Lass uns reden, Marquise, bitte." Er nennt sie *Marquise*. Marquise, nicht Montiniere. Das hört sich fast an wie ein Flehen. „Ich wüsste nicht worüber?", erwidert sie, wobei sie versucht, die nötige Kälte in ihre Stimme zu legen. Doch so ganz gelingt ihr das nicht. „Tu nicht so, als ob du ein gefühlsloses Miststück wärest, Marquise", erwidert er. „Das bist du nämlich nicht. Gib schon zu, dass ich dir was bedeute."

„Du hast Recht, Freddie", antwortet sie nach einer Weile. „Inzwischen bist du mir nicht mehr gleichgültig. Inzwischen ist tatsächlich so was wie Sympathie entstanden. Mehr ist es ganz sicher nicht."

„Für Maxim hast du mehr als Sympathie übrig? Ja?" Er schüttelt verständnislos den Kopf. „Marquise, du wirst ihn nie bekommen. Ihr werdet euch bis zum Ende eurer Tage selbst im Wege stehen." Das verschlägt ihr die Sprache. Sie ahnt, dass er die Wahrheit sagt. „Also, wenn du es endlich eingesehen hast", fährt Freddie fort, „kannst du dich jederzeit bei mir melden." Mit langsamen Schritten trottet er davon.

Das Jahr der Enttäuschungen

„Wusstest du, dass unser Herz einen Vorhof hat?" François sieht sie fragend an. „Nein", erwidert Marquise. „Dass es Kammern hat, ja. Von einem Vorhof habe ich noch nie gehört." „Es hat aber einen, nicht nur im anatomischen Sinne", erklärt der Maler. „Das ist der Ort, an den die Menschen kommen, bevor wir sie in unser Innerstes lassen. Irgendwann müssen wir dann selbst entscheiden, ob wir ihnen Zutritt gewähren oder nicht." „Wenn das so ist, wäre es doch viel einfacher, alle draußen zu lassen", schlussfolgert sie. „Wir könnten alle im Vorhof warten lassen."

„Nun ja", grübelt François. „Meiner Erfahrung nach sind die meisten Menschen viel zu gutgläubig, fast leichtsinnig, lassen sich zu schnell auf jemanden ein." Sie seufzt. „Liebe funktioniert nun mal so, François. Sie lebt von Gutgläubigkeit und Leichtsinn. Du bist machtlos, unfähig etwas dagegen zu tun." „Machtlos bist du nur, wenn du jemanden hereingelassen hast, chérie", erwidert François zwischen zwei Zigarettenzügen. „Auf Gäste ist eben nur selten Verlass. Oft verschwinden sie von einer Sekunde zur nächsten, sagt man. Zurück bleibt eine gähnende Leere."

„Bist du denn wirklich niemals verliebt, François? Bist du niemals leichtsinnig?" Sie mustert sein regungsloses Gesicht. „All deine Affären, bedeuten sie dir wirklich nichts?" Eine unangenehme Stille entsteht. „Ich denke nicht. Nein", wiederholt François, was er ihr vor einiger Zeit bereits gesagt hat. „Wenn man so lebt wie ich, ist es besser, die Menschen draußen zu lassen. Es ist zu aufwändig, die Kammern danach wieder aufzuräumen." „Ich könnte nicht so leben wie du", entgegnet sie leise, „weil…" „Weil du emotional nicht so abgestumpft bist", vollendet François ihren Satz."

Er schmunzelt. „Doch selbst eine reine, aufrichtige Liebe, chérie, wird dich gelegentlich zum schlechten Handeln verleiten, dir somit auch ganz ohne Absicht schlechtes Karma bescheren. Damit musst du rechnen." „Warum?" Sie sieht ihn verständnislos an. „Weil du es nicht immer verhindern kannst", beharrt François. „Sieh mal: Die Sache mit Freddie, zum Beispiel. Mit ihm hast du dich eingelassen, weil du Maxim verletzen wolltest. In Wirklichkeit hast du Freddie verletzt. Was hat dir das nun gebracht, mal abgesehen von schlechtem Karma?"

Sie schluckt, den Blick zu Boden gerichtet. „Das mit Freddie war ein Fehler, ja. Ich hätte das nicht tun dürfen. Und ja, ich wollte mich rächen. Außerdem sollte Maxim endlich einsehen, dass ich kein Kind mehr bin…" „Dass du mittlerweile ganz andere Qualitäten hast, ja, ja." François streicht ihr vorsichtig übers Haar. „Ich verstehe dich. Aus Liebe tun wir seltsame Dinge. Dinge, die nicht richtig sind…" „…sagt der Mensch, der sich erst gar nicht auf die Liebe einlassen will." Trotzig verschränkt Marquise die Arme.

„Ich habe mit keinem Wort gesagt, dass ich nicht lieben will", stellt François klar. „Ich habe nur gesagt, dass ich niemals *verliebt* bin. Das sind ganz unterschiedliche Dinge. Dich will ich lieben, chérie. Das mit dir ist eine Liebe, die mich niemals unglücklich machen wird. Darüber haben wir doch schon gesprochen. Erinnerst du dich?" „Ja", gibt sie nach einer Weile wahrheitsgemäß zu, „weil ich dich niemals enttäuschen werde." „Natürlich wirst du das nicht", erwidert er lächelnd, „weil wir es sind, nicht wahr?" „Ja", stimmt sie leise zu. „Weil wir es sind."

In der Disco ist es laut. Zu laut für Marquises Geschmack. Die Musik gefällt ihr nicht. „Mussten wir denn ausgerechnet hierhin gehen?", schreit sie Celia, ihrer neuen Freundin, ins Ohr. „Ja!", schreit diese zurück. „Der DJ ist ein Freund von mir!" Marquise stöhnt. Das kann ja noch heiter werden, zumal die Party richtig lahm und der Laden nicht mal zur Hälfte gefüllt ist. Sie ärgert sich darüber, dass sie mitgegangen ist. Jetzt muss sie hier durch, wenn sie nicht alleine im Dunkeln nach Hause gehen will.

Widerwillig bahnt sie sich einen Weg zur Theke, dem einzigen Ort, wo was los ist, bestellt sich einen Drink. Auf den muss sie ewig warten, weil die Bedienung hinter dem Tresen selbst mit wenigen Gästen heillos überfordert ist. Gerade als sie denkt, dass es kaum noch schlimmer kommen könnte, tippt ihr jemand auf die Schulter. „Hey, Marquise, alles klar?" Freddie steht grinsend hinter ihr. „Hey Freds", grüßt sie, nicht wirklich erfreut über diese Begegnung. „Was machst du denn hier? Ich meine… *du hier?*"

„Ja, haha", er lacht scheppernd, „der DJ ist ein Freund von mir. Ziemlicher Saftladen, was?" „Deiner auch!?" Marquise ist überrascht. „Gibt es denn überhaupt irgendwen, den du nicht kennst?", fragt sie wieder. Freddie fühlt sich geschmeichelt, will die Gelegenheit nutzen, um Eindruck zu schinden. „Dahinten die drei Grazien", sagt er, während er stolz auf eine Gruppe gelangweilter Frauen zeigt, „kenne ich auch… Äh, hatte ich auch." Ein Reibeisenlachen folgt. „Echt witzig, heute Abend treffe ich gleich auf eine ganze Ansammlung von Exmuschis."

Marquise gibt ihm eine Backpfeife. „Hey, was war das?" Verblüfft hält er sich die Wange. „Du traust dich auszuteilen… Seit wann, Montiniere?" Jetzt also doch wieder Montiniere, nimmt sie wütend zur Kenntnis. Dann zischt sie: „Kannst du nicht mal für eine Sekunde aufhören, mit deinen Eroberungen zu prahlen? Kannst du jemals eine Frau ansehen, ohne direkt…" „Hey, kein Grund zur Eifersucht." Er grinst. „Du bist immer noch die Nummer eins, Babe. Doch du stehst nun mal auf Geiger. Da lässt sich nichts machen." Er zuckt mit den Schultern.

„Großer Gott", seufzt sie. „Was bist du für ein Kind, Freddie. Werde doch endlich mal erwachsen." „Du bist das Kind", erwidert er prompt, gibt sich unbeeindruckt. „*Du* musst erst mal erwachsen werden. Bis dahin muss ich mir die Zeit wohl oder übel mit willigen, belanglosen Schlampen vertreiben." Nicht ganz mit dem Verlauf des Gespräches zufrieden, verabschiedet er sich auf seine übliche, kavaliersmäßige Art. „See you, Love." „Hau ab!", schnaubt Marquise, worauf er sich einer leicht bekleideten Blondine auf der Tanzfläche nähert.

Als sie sich wieder beruhigt hat, widmet sie ihre Aufmerksamkeit den Menschen um sich herum. Missmutig beginnt sie damit, den anwesenden männlichen Part zu durchforsten. Nichts dabei! Deprimiert will sie einen neuen Drink bestellen, als ihre Augen plötzlich doch an einem der regungslos vor sich hinstarrenden Kerle hängenbleiben. Er ist um einiges älter als die anderen. Sein Gesicht kommt ihr bekannt vor, so, als hätte sie es schon mal gesehen. Vor längerer Zeit. Auch er scheint genervt zu sein. Auch er steht allein an der Theke.

Scheinbar zufällig kreuzen sich ihre Blicke. Warum nicht?, denkt sie. Immerhin zeigt er eindeutiges Interesse. Selbstsicher geht sie auf ihn zu, setzt das überzeugendste Lächeln auf, das sie zu bieten hat. Dann sagt sie: „Hey, ich bin Marquise." Es überrascht ihn, dass sie die Initiative ergreift. „Adam", antwortet er irritiert. „Kennen wir uns?" „Das frage ich mich auch gerade", erwidert sie. „Seltsam, nicht? Ich weiß aber nicht mehr, woher." Es entgeht ihr nicht, dass sein Blick bereits bei diesen Sätzen an ihrem Dekolleté hängen bleibt.

„Also Adam… Was machst du, wenn du nicht hier bist?", versucht sie, ein Gespräch in Gang zu bringen. „Arbeitest du?" „Ich studiere." Augenblicklich bekommt sie ein komisches Gefühl. Sein Tonfall ist zu sanft für einen wie ihn, denkt sie. Seine Augen wirken kalt. „Studieren, ja? Was denn?", fragt sie, während sie versucht, eine sachliche Erklärung für ihr plötzliches Unbehagen zu finden. „Technik", erwidert er knapp. „Und was machst du?" „Ich studiere Musik", erzählt sie wahrheitsgemäß. „Ich singe." Es ist ein Fehler, mit ihm zu reden, sagt sie sich. Der Typ ist unberechenbar.

„Also… Marquise", unterbricht er ihre Gedanken, „die Party hier langweilt mich. Ich hau gleich ab. In die Stadt mit ein paar Freunden. Willst du mitkommen?" Selbst wenn es nicht so gemeint ist, bleibt dieser Frage eine gewisse Zweideutigkeit. Ihre Zweifel verstärken sich. Gleichzeitig muss sie an ein Gespräch mit François zurückdenken. „Du bist zu gut, Marquise. Viele von den Typen da draußen sind so schlecht, dass du nicht mit ihnen klar kommen wirst. Ich bin ein halber Typ. Ich weiß das. Sei bitte vorsichtig, ok?"

Sie beschließt, den Worten ihres Freundes zu glauben. „Nein", sagt sie dementsprechend. „Ich bin mit Leuten hier." „Ok." Er wirkt etwas enttäuscht. „Gibst du mir deine Nummer?" Sie weiß nicht, was sie tun soll, ist hin- und hergerissen. Seine Anmache ist offensichtlich und plump, doch andererseits… Er hat was, fasziniert sie irgendwie. Trotz seiner Macken. Vielleicht auch gerade deswegen. Telefonieren? Warum nicht?, denkt sie, kann nichts Schlimmes dabei finden, schreibt wenig später ein paar Zahlen auf seinen Bierdeckel.

„Du hast ein Date mit einem Kerl namens Adam?" François ist beunruhigt. „Ich weiß nicht, Süße… Deine Beschreibung passt haargenau zu einem Typen, von dem ich erst kürzlich gehört habe. Und das war alles andere als positiv. Um nicht zu sagen haarsträubend." „Wie meinst du das?", fragt Marquise verwirrt. Sie dachte, er würde sich für sie freuen. „Ich habe gehört, dass der am laufenden Band irgendwelche Frauen abschleppt, die er erst verliebt macht, dann betrügt. Ich glaube nicht, dass du ihm vertrauen kannst."

„Was?" Sie sieht ihn ungläubig an, denkt gleichzeitig an ihr ungutes Gefühl zurück. „Ich kann mir nicht vorstellen, dass es sich um diesen Adam handelt", erwidert sie schnell. „Er wirkte schwer einschätzbar, aber harmlos." „Harmlos? Schwer einschätzbar ist alles andere als harmlos! Wie willst du denn bei einem, den du nicht einschätzen kannst, herausfinden, ob er ehrlich ist?", ereifert sich François. „Im Ernst, Marquise, lass es, ok? Er soll auch mal ein guter Freund von Charlie gewesen sein… Das sagt doch schon alles, oder?"

Sie schluckt. „Du meinst *den* Charlie, der Celia immer wieder betrogen hat?" „Genau den", bestätigt François. „Man erzählt, dass die beiden ihre Frauen getauscht haben, als sie noch befreundet waren. Du solltest die Finger von dem lassen. An so einem wirst du dich verbrennen, glaub es mir." „Ich kann es *nicht* glauben", erwidert sie nach einer kurzen Denkpause. „Woher willst du denn wissen, ob all das, was erzählt wird, auch wirklich stimmt?" „Gar nicht", gibt François zu. „Möglicherweise sind es nur böse Gerüchte."

Eine Weile bleibt es still. Dann fügt François hinzu: „Es gibt noch ein weiteres *Gerücht.*" Gnadenlos fixiert er ihre braunen Rehaugen. „Er soll mal was mit Lydia gehabt haben." Ihm ist durchaus bewusst, was er damit anrichtet. „Was?" Wie erwartet erstarrt Marquises Gesicht. „Mit Lydia?" „Oh ja." François nickt. „Das würde doch passen, oder nicht? Schließlich gibt es kaum jemanden, mit dem sie nichts hatte." „Möglicherweise ist auch das nur dummes Geschwätz", entgegnet Marquise langsam. Es fällt ihr schwer, sich der Übermacht seiner Argumente zu stellen.

„Vielleicht." François gibt auf. „Dann finde es selbst heraus. Tu was du nicht lassen kannst. Sag später aber nicht, ich hätte dich nicht gewarnt. Und… Vergiss deine drei wichtigsten Datingregeln nicht, ok?" „Kein Alkohol, nicht zu ihm in die Wohnung, kein Sex", zählt sie tonlos auf. „Das ist mein Mädchen." Er gibt ihr einen Kuss auf die Stirn. „Falls sich herausstellen sollte, dass ich mich in ihm geirrt habe, wünsche ich dir viel Glück, chérie. Falls ich Recht habe, musst du abspringen. So schnell wie möglich!"

Hey, Anna.

Wie geht es dir?

Du wunderst dich sicher, dass ich dir schreibe, weil wir ja beide wissen, dass dich dieser Brief nie erreichen wird, dass Schreiben in unserem Fall überflüssig ist.

Du bist jetzt schon so lange fort, Anna. Trotzdem sehe ich dich überall. In den Rosen vor der Tür. In den Sonnenstrahlen, die morgens durch mein Fenster dringen, um mich zu wecken. In den Menschen um mich herum. Ich kann dich nicht vergessen.

Mir geht es gut, Anna. Cecilia auch. Wir sind immer noch ein unschlagbares Team. Es sieht ganz so aus, als könnte mein Plan gelingen. Wie es Mutter geht, kann ich dir nicht sagen. Ich habe nichts mehr von ihr gehört. Mit Sascha schreibe ich ab und zu.

Manchmal frage ich mich, ob er Recht hat. Ob ich wirklich ein Feigling bin. Hältst du mich für feige, Anna? Weil ich weggelaufen bin, als du mich am meisten gebraucht hast? Ich weiß nicht, ob du mir Vorwürfe machst. Wenn du es nicht tust... Ich tue es täglich. Dabei wollte ich es wirklich. Du weißt schon. Dabei sein, wenn du stirbst. Dich nicht allein lassen. Dir Halt geben. Doch die Angst, am Ende mit Sascha und Mutter allein zu sein, hat überhand genommen. Deshalb bin ich abgehauen.

Es tut mir so leid, Anna. Ich wünschte, ich könnte es dir persönlich sagen. Ich wünschte, ich könnte dir sagen, wie sehr ich dich immer noch liebe. Du und ich, wir waren wie Pech und Schwefel. Warum musstest du diese furchtbare Krankheit bekommen? Das war doch nicht fair. Du hattest das nicht verdient, Anna.

Du warst ein wunderbarer Mensch. Genau so werde ich dich auch in Erinnerung behalten.

In Liebe, Maxim

„Oh mein Gott! Du hast dich einlullen lassen! Er hat es tatsächlich geschafft", ist das erste, was François sagt, als Marquise ein paar Tage später in seinem Atelier erscheint. „Warum, chérie? Warum warst du so gutgläubig?" „Kannst du das sehen?" Sie läuft knallrot an. „Arg!", macht François. „Du hast die Regeln gebrochen." „Nicht alle. Ich habe keinen Alkohol getrunken." Für den Versuch, sich herauszuwinden, erntet sie nichts als einen zutiefst missbilligenden Blick. „Diese Regel wäre als einzige zu vernachlässigen gewesen!"

François weiß nicht, ob er wütend oder besorgt sein soll. „Süße, du machst gerade den gleichen Mist, für den du mich immer tadelst. Das ist nicht gut, ok? Weil du nicht bist wie ich, chérie. Ich bin eine Schlampe, ja. Du nicht. Du bist doch ordentlich, oder, Schätzchen? Du darfst sowas nicht tun." „Warum nicht?", fragt sie trotzig, während sie ihren Mantel über die Armlehne des Sofas legt. „Weil ich damit klarkomme", erwidert François. „Ich kann das. Gefühle abschalten. Du nicht. Ich will nicht, dass du auch so wirst. Also lass das, ja?"

„Ich denke, ich mag ihn." Ihre Entschuldigung klingt schwach. „Herr im Himmel." François schlägt die Hände über dem Kopf zusammen. „Non, non, non, chérie. Hör mir gut zu. Du magst ihn nicht. Du kannst ihn gar nicht mögen." „Doch." Sie sieht ihn mit einer Mischung aus Belustigung, Trotz und Verärgerung an. „Er ist cool. Irgendwie. Außerdem hat er einen tollen Körper, viele Muskeln. Genau so, wie du es auch magst." „Jetzt ist es also doch passiert." François zweifelt an sich selbst. „Mein schlechter Einfluss hat dich verändert." „Ach was!" Marquise lacht. „Du hast nichts damit zu tun. Ich mag ihn einfach."

„Arg!", macht François wieder. „Du klingst wie ein hormonverseuchter Teenager. Willst du mir jetzt auch noch erzählen, dass er was Besonderes ist?" „Also ich finde ihn..." „Er ist nichts Besonderes", stellt ihr Freund in hartem Tonfall klar. „Er kann gar nichts Besonderes sein. Wenn er wirklich was Besonderes wäre, hätte er erst mal versucht, herauszufinden wer du bist, bevor er... Wie gesagt Süße... Er ist nichts Besonderes, ja? Du schon. Also lass die Finger von dem Kerl, bevor er dich unglücklich macht!"

Er bemerkt ihren betroffenen Blick. Offensichtlich ist sie kurz davor, in Tränen auszubrechen. „Ach, chérie", lenkt er seufzend ein, drückt sie fest an sich, „ich will nicht gemein sein. Ich habe nur das Gefühl, dass du dich verrennst. Das will ich nicht. Du bist doch mein Mädchen, hm? Ich will nicht, dass du dich betrügen lässt. Von mir aus triff dich weiter mit ihm, solange das gut für dich ist. Versprich mir aber, die Sache zu beenden, sobald du merkst, dass er dir schadet, ja?" „Ja." Ihre Stimme dringt dumpf durch seinen Pullover. „Ich verspreche es."

„Du triffst dich mit Adam?" Freddie fängt sie wie üblich auf dem Campus ab. Sein verzerrtes Gesicht verrät Entsetzen. „Warum, Montiniere?" Sie stöhnt. „Woher weißt du *das* jetzt schon wieder?" „Charlie", erwidert Freddie, „war mal sein bester Freund. Schon vergessen?" „Na toll. Gibt es denn überhaupt irgendwen auf dieser Welt, den du nicht kennst?", fragt sie wieder, ist verärgert. „Häng es nicht an die große Glocke, ja?"

Als sie weitergehen will, versperrt er ihr den Weg. „Was soll das, Montiniere? Der Kerl ist ein Vollpfosten, genau wie Charlie. Wusstest du, dass die beiden Schwanzbrüder sind?" „Was?" Sie ist schockiert, weil auch er davon zu wissen scheint. „Naja, sie vögeln mit den gleichen Frauen, kreuzen die Schwerter. Die sind echt krank", erklärt

Freddie. „Was willst du von so einem, Montiniere? Der wird dir nichts als Ärger machen."

„Das lass mal meine Sorge sein", erwidert sie. „Ich weiß schon, was ich tue." „Nein, das weißt du nicht." Freddie schüttelt den Kopf, erklärt mit Nachdruck: „Das ist ein ganz übler Bursche. Den würde ich nicht mal meiner ärgsten Feindin wünschen. Es ist abzusehen, dass er dich verletzen wird. Denkst du, du wärst die Einzige für ihn, ja? Ich verrate dir was, Prinzessin: Das bist du nicht. Du bist viel zu nett für ihn. Lass die Finger von dem Kerl." „Hör auf mir zu sagen, was ich zu tun soll!", entgegnet sie gereizt. „Du weißt doch gar nicht, was an den Geschichten dran ist."

„Er ist ein Idiot", beharrt Freddie, „Ich kann nur hoffen, dass du nicht…" Rein zufällig bemerkt er ihren betretenen Blick. „Na wunderbar!", schimpft er außer sich. „Das heißt… Oh, verdammt! Wusstest du, dass er was mit Lydia hatte?" „Die sind nur Freunde", wiegelt Marquise ab. „Er hat es geschworen." „Und du hast es geglaubt?" Freddie sieht sie an, als wäre sie nicht recht bei Verstand. „Eine Lektion fürs Leben, Montiniere: Männern darf man nichts glauben. Ich würde mir in diesem Punkt selbst nicht glauben. Wir sind feige, würden alles sagen, um einer Frau zu gefallen."

„Du bist nur eifersüchtig." Sie quetscht sich an ihm vorbei. „Komm damit klar." „Ich bin nicht eifersüchtig", erklärt er, während er hinter ihr her eilt. „Ich will nur nicht tatenlos dabei zusehen, wie du in dein Unglück rennst." „Und wenn schon", antwortet sie bissig, „geht dich das doch gar nichts an." Er wirkt betroffen. „Du hast Recht", stellt er dann fest. „Es geht mich nichts an."

Sie ist gerade bei François, als die Schmerzen beginnen. Erschrocken schreit sie auf, hält sich den Bauch.

„Chérie?", hört sie seine Stimme wie durch Watte an ihre Ohren dringen. „Was hast du?" „Ich... Ich weiß es nicht", presst sie zwischen krampfhaft zusammengebissenen Zähnen hervor. „Es tut so weh. Ich... Ich fühle mich nicht gut. Irgendwas stimmt nicht mit mir." François wirft einen Blick auf die Uhr. Der Stundenzeiger hat die Acht erreicht. Um die Zeit hat kein Arzt mehr auf. „Ich fahr dich ins Krankenhaus", sagt er hektisch, scheint sich ernsthafte Sorgen zu machen. „Die schauen mal nach, was es ist, ja?" Sie nickt wie in Trance. „Danke."

In der Notaufnahme ist François außer sich. „Können Sie das Mädchen hier nicht schneller drannehmen?" Nach dem Aufnahmegespräch hat man nichts weiter getan, als sie in das völlig überfüllte Wartezimmer zu setzen. Dort hat er es nicht lange ausgehalten. Er ist den Flur entlanggelaufen, um einen Ansprechpartner zu suchen. „Ihr geht es nicht gut", fährt er die zuständige Krankenschwester an. Die zuckt nur mit den Schultern. „Warten Sie einfach. Es dauert nun mal seine Zeit." Schnaubend setzt François sich wieder, bevor er leise, aber gnadenlos damit beginnt, sich über die Unfähigkeit des Personals zu beschweren.

Mit einem Blick auf Marquise schlägt sein Ärger schlagartig in Entsetzen um. „Marquise", flüstert er erschrocken, „was ist los mit dir?" Schweißperlen glänzen auf ihrem Gesicht, während sie die Hände krampfartig gegen ihren Bauch presst. „Irgendwas stimmt nicht", sagt sie nochmal. „Ich fühle mich so furchtbar schlecht. In meinen Ohren rauscht es. Ich höre nichts mehr und... Was ist mit meinen Augen?" Dann kippt ihr Körper zur Seite auf den Boden des Wartezimmers. Ihr Herz beginnt zu rasen. Sie ist unfähig, sich zu rühren. „Ich sehe nichts mehr, François", flüstert sie mit erstickter Stimme, während ihr bewusst wird, dass sie tatsächlich in ernsthaften Schwierigkeiten steckt. Sie spürt noch, wie ihr Körper angehoben wird. Dann verliert sie endgültig das Bewusstsein.

Als sie wieder zu sich kommt, liegt sie in einem weißen Bett. In ihrer Nase stecken zwei Schläuche. „François?", fragt sie. „Ich bin hier", hört sie ihn sagen. „Dein Kreislauf ist zusammengebrochen." „Ja", murmelt sie, während ihre Augen sich allmählich an das helle Licht der Deckenlampe gewöhnen. „Ja… sieht so aus. Was ist in meiner Nase?" „Sauerstoff", erklärt François, „um dich wieder hoch zu bringen. Gleich kommt ein Arzt. Der schaut sich die Sache mal an." In diesem Moment wird die Tür aufgestoßen. Ein weiß gekleideter Mann mittleren Alters betritt den Raum. „Miss Montiniere?"

„Ja", antwortet Marquise schwach. „Das bin ich." „Man hat mir gesagt, Sie klagen über Schmerzen. Sind grade zusammengebrochen!?" Der Arzt sieht angestrengt auf einen Zettel, den er in der Hand hält. „Beschreiben Sie mir die Schmerzen." „Sie sind genau… hier." Vorsichtig legt sie ihre Hand auf die untere Hälfte des Bauches. „Sie sind nicht immer da, flammen aber immer wieder auf, so, wie eine Wehe." „Haben Sie denn schon mal ein Kind geboren?" Der Arzt grinst. „Nein", gibt sie zu, bemerkt ihren Fehler. „Ich stelle es mir in etwa so vor." „Also: Die Schmerzen sind mittig, unterhalb ihres Bauchnabels", fasst der Arzt zusammen. „In Betracht kommt dementsprechend auch was Gynäkologisches."

„Sie meinen, ich habe vielleicht… was an der Gebärmutter?" Bei diesem Gedanken sträuben sich ihr alle Nackenhaare. Sie denkt an die Kinder, die sie noch bekommen will. „In Ihrem Fall müssen wir nach und nach alles ausschließen, Miss Montiniere", erklärt der Arzt. „Sehen Sie: Ihr Körper scheint ziemlich angegriffen zu sein. Wir müssen schnell handeln. Ich habe unserem Gynäkologen bereits gesagt, dass Sie gleich vorbeikommen." Er klopft ihr aufmunternd auf die Schulter. „Lassen Sie den Kopf nicht hängen. Wir werden schon herausfinden, was Ihnen fehlt."

„Und… was sagen die?" Inzwischen ist François mit den Nerven am Ende. Marquise, die gerade von der Untersuchung zurückgekehrt ist, sieht alles andere als glücklich aus. „Nichts!", erwidert sie hochgradig gereizt. „Das ist es ja. Die haben keine Ahnung. Anstatt mir zu sagen, was mir fehlt, haben die mich mindestens drei Mal gefragt, ob ich nicht doch schwanger sein könnte." „Nichts?" François fährt sich verwirrt durch die Haare. „Wie kann das denn sein?" „Nichts, nur Wasser im Bauch", erklärt sie aufgebracht, „Wasser!"

„Wasser?" François ist verunsichert. „Das hört sich aber alles andere als harmlos an. Ich meine, das ist doch nicht normal." „Ist es auch nicht." Marquise scheint kurz vorm Heulen zu sein. „Trotzdem hat der Arzt nichts gesehen. Bis auf das Wasser. Meinte dann nur, ich könnte Schmerztabletten haben. Für die Nacht. Oder noch in ein anderes Krankenhaus gehen." „In ein anderes Krankenhaus", entscheidet François sofort. „Vielleicht gibt es da Spezialisten für innere Krankheiten." Aus den Augenwinkeln sieht er, wie Marquise in sich zusammensackt.

„Sie haben jede Menge Wasser im Bauch." Der Blick des jungen Facharztes ist angestrengt auf den Bildschirm gerichtet. „Das ist schon etwas besorgniserregend. Wir sollten Sie über Nacht hier behalten. Morgen werden wir Sie dann zum Röntgen schicken. Und ins MRT." Er kramt etwas aus seinem Schrank hervor. „Ich werde Ihnen jetzt einen Zugang legen. Dann gehen sie hoch, lassen sich ein Zimmer zuteilen." „Zugang?" Marquise sieht den Arzt verängstigt an. „Für die Infusion", erklärt der. „Muss das sein?" Widerwillig krempelt sie den Ärmel ihres Pullovers hoch. „Dann bitte rechts."

Als sie auf Station ankommt, ist ihr Zimmer schon gerichtet. „Marquise, ich werde jetzt gehen." François drückt ihr mitfühlend die Hand. „Ich lasse morgen meine Vorlesung sausen und schau wieder vorbei, ja? Die kriegen schon raus, was du hast. Ganz sicher." „Das hoffen wir mal." Sie seufzt. „Kannst du meinen Eltern sagen, dass ich hier bin?" „Mache ich", verspricht der Freund. „Bis bald, chérie. Versuche ein bisschen zu schlafen."

Am nächsten Morgen betritt François das Krankenhaus mit einem unguten Gefühl in der Magengegend. Marquise hat gestern alles andere als gut ausgesehen.

Seine Befürchtungen bewahrheiten sich, als ihm mitgeteilt wird, dass sich Miss Montiniere gerade im OP befindet. „Im OP? Warum? Ist es was Ernstes?", fragt er beunruhigt. „Keine Ahnung", erwidert die Schwester gelangweilt. „Habe noch keine Rückmeldung. Muss wohl ein Notfall gewesen sein. Warten sie einfach vor dem Aufwachraum." „Wissen Sie, wie lange sie jetzt schon da drin ist?", fragt François aufgeregt. „Über eine Stunde sicher." Die Schwester sieht ihn schief von der Seite an. „Kommen Sie mal runter, ja? Diese Leute sind keine Metzger. Die verstehen ihr Handwerk."

„Warum habe ich denn immer noch so starke Schmerzen?! Jetzt auf der linken Seite!" Marquise kann nicht verhindern, dass ihre Stimme hysterisch klingt. „Die haben mich doch rechts operiert, oder?" „Ich weiß es nicht, chérie." François wendet sich ratlos an die nächste Krankenschwester. „Das wird die Drainage sein", erwidert diese in einem stoischen, desinteressierten Tonfall. „Die haben ihr eine gelegt. Das tun sie bei Bauchoperationen. Zur Sicherheit." „Drainage?" Er weiß nicht, was das ist. „Schlauch", brummt die Schwester, „damit die Flüssigkeit abfließen kann. Ganz normal."

„Also, ma chère…" François setzt sich wieder zu Marquise. „Auf der rechten Seite befindet sich ein Schlauch." „Ein was?" Voller Angst weiten sich Ihre Augen. „Das hat mir niemand gesagt." „Ich weiß. Er ist aber da. Du kannst ihn nur nicht sehen, weil du dich nicht bewegen darfst… ", erklärt er behutsam. „Der Schlauch lässt Flüssigkeit ablaufen." „Flüssigkeit?" Das findet Marquise alles andere als beruhigend. „Was haben die mit mir angestellt?" „Die Wundflüssigkeit."

François merkt, dass er die Sache nur noch schlimmer macht. „Das ist üblich, ok? Die legen immer einen Schlauch."

Marquise ist wieder kurz davor, in Tränen auszubrechen, als eine Ärztin den Raum betritt. „Und wie fühlen Sie sich?" „Schmerzen", keucht Marquise, die Hände auf den Bauch presst. „Ich habe wirklich schlimme Schmerzen." „Auf einer Skala von eins bis zehn?" Die Ärztin scheint einen immer wiederkehrenden Text abzuspulen. „Zehn!", keucht Marquise. „Zehn!" „Sie wissen, dass zehn mit der Stärke einer Wehe zu vergleichen ist?", erkundigt sie sich ungläubig, macht den gleichen Fehler wie Marquise. „Zehn!", beharrt diese nun leicht aggressiv.

„Also gut." Die Ärztin wendet sich ratsuchend an einen älteren Kollegen. „Können wir in diesem Fall Opiate geben?" „Die hat sie schon längst." Der ältere Kollege zuckt mit den Schultern. „Sie hat angegeben, dass ihr Gewicht unter fünfzig liegt. Demnach müsste sie längst weg sein." „Dann darf sie jetzt nur noch ein paar Gramm bekommen." Die Ärztin kommt zu Marquise. „Keine Sorge. Sie werden gleich schlafen. Ich verspreche es Ihnen."

Sie schlägt die Augen auf. „Nacht oder Tag?" „Halb sechs morgens", erwidert der junge Krankenpfleger, nachdem er sich am Nachbarbett vorbeigequetscht hat. „Zeit, Ihren Blutdruck zu messen, Miss Montiniere." „Ich heiße Marquise", erwidert sie benommen. „Ich bin Phil", sagt er lächelnd, während er ihr den Druckverband anlegt.

„Also Marquise, Sie werden noch ein Weile hierbleiben müssen, fürchte ich. Die haben einiges mit Ihnen angestellt." „Wie meinen Sie das?" Automatisch fährt sie mit den Händen über den Verband an ihrem Bauch. „Naja, es war kritisch, wissen Sie. Ein paar Tage später wäre es vielleicht danebengegangen", erklärt Phil bereitwillig, „Ihr Bauchraum war bereits entzündet. Ihr Blinddarm… Ein Wunder, dass er nicht ganz durchlöchert war. Sie mussten ihn mit einem kleinen Stück vom Dünndarm herausschneiden…"

„Was?" Marquise starrt ihn entgeistert an. „Wollen Sie damit sagen, dass es Komplikationen gab? Das hört sich ja nicht gerade nach einer Routineoperation an." „Nun, wie gesagt… Es wurde sehr spät bemerkt. Fast zu spät. Es hätte genauso gut ins Auge gehen können." Phil hängt eine Flasche an das Infusionsgestell. „Was ist das?" „Antibiotikum", erklärt er. „Damit Sie keine Bauchfellentzündung bekommen. Wir werden es sechsmal am Tag anschließen. Die erste Infusion morgens um halb sechs, die letzte morgens um halb vier."

„Großartig." Erschöpft sinkt sie in ihr Kissen zurück. „Könnte ich noch was gegen die Schmerzen bekommen?" „Habe ich dabei." Phil reicht ihr ein Tablettendöschen. „Davon sollen Sie viermal am Tag fünf nehmen." „Fünf Stück?" Sie zieht die Brauen hoch. „Das sind aber ziemlich viele." „Hier." Der Pfleger reicht ihr ein Glas mit Wasser. „Trinken Sie!" „Also gut." Sie nimmt die erste Tablette. „Dann mal runter damit." Kaum geschluckt, merkt sie, wie es in ihrem Hals schäumt. „Phil!" ruft sie panisch, „Eimer!" Phil, der vorausschauend nach dem Papierkorb gegriffen hat, reicht ihn ihr. „Danke." Dann erbricht sie. „Die vertragen Sie nicht", erklärt er ruhig. „Wir müssen was anderes ausprobieren. Es braucht Ihnen nicht peinlich zu sein."

François erscheint. „Viele Grüße von Celia." Ein zaghaftes Lächeln zeigt sich auf ihrem bleichen Gesicht. „Lieb von ihr." „Auch von Maxim." Jetzt beginnen ihre Augen zu leuchten. „Er war schockiert, als ich ihm erzählt habe, was mit dir los ist. Im Moment ist er leider sehr beschäftigt, hat demnächst wichtige Vorspiele, bedauert aufrichtig, dass er nicht vorbeikommen kann…" „Schon in Ordnung." Sie wirkt nicht enttäuscht, eher erleichtert. „Ich will gar nicht, dass er mich so sieht. Ich sehe furchtbar aus." „Ach was, du bist immer noch schön", erwidert François ehrlich, drückt ihre Hand. „Selbst jetzt noch."

Dann sieht er sie kritisch an. „Sag mal… bekommst du hier auch genug zu essen?" Natürlich hat er bemerkt, dass sie abgemagert ist. „Schon", lächelt sie missglückt. „Ich behalte nichts bei mir. Das ist es. Nicht mal Wasser. Die sagen, es kommt von den Medikamenten, wollen mir andere geben." François sieht nachdenklich auf die Brechschalen neben ihrem Bett. „Dann hoffen wir mal, dass sie etwas Passendes finden." „Ja." Mühsam versucht sie, sich aufzurichten, scheitert aber schon nach wenigen Zentimetern an den reißenden Schmerzen.

„Marquise, sag mal…", wechselt François unvermittelt das Thema. „Dieser Kerl… Adam… Hat der sich gemeldet?" „Nein." Ein Schatten legt sich auf ihr Gesicht. „Schon lange nicht mehr." „Wahrscheinlich hat der längst was anderes", spricht François aus, was beide denken. „Ja… Wahrscheinlich." Sie nickt, sagt es so, als ob es ihr nichts ausmachen würde. Doch er kennt sie. Er weiß, dass sie innerlich weint. „Vergiss ihn", rät er schnell. „Er ist es nicht wert. Er ist *dich* nicht wert." „Du hast Recht." Sie nickt kraftlos, schläft dann für ein paar Stunden ein.

„François! Ich will einen Apfel", jammert Marquise, als sie die Augen wieder aufschlägt. Ihre Stimme klingt immer noch schwach. „Die sagen, ich darf nichts Richtiges essen…" Sie verzieht das Gesicht. „Nur Suppen. Und die sind hier so ekelhaft, dass ich sie gleich wieder auskotze. Die riechen *so* furchtbar." „Übertreibst du jetzt nicht ein wenig?" François weiß nicht, was er davon halten soll. „Das kommt von den Medikamenten", erklärt Marquise. „Meine Nase ist so empfindlich geworden. Im Moment riecht einfach alles schlecht. Alles, außer Äpfeln."

Da kommt Phil mit einem dampfenden Gefäß ins Zimmer. „Zeit fürs Mittagessen, Marquise", verkündet er fröhlich. Ihre Kehle schnürt sich zusammen. „Spargel-Creme-Suppe? Schon wieder?" „Richtig."

Phil gibt sich optimistisch. „Vielleicht gelingt es ja heute…" Doch sie beginnt erneut zu würgen, bis sie sich schließlich über ihrem Bettzeug erbricht. „Es tut mir leid", murmelt sie benommen, kommt sich ziemlich erbärmlich vor. „Das ist schon das dritte Mal heute." „Macht nichts", entgegnet Phil tröstend. „Ich hole neue Bettwäsche, ja?"

„Ist das denn normal?", will François wissen, als er zurückkommt. „Kann schon mal vorkommen", erklärt Phil. „Wir geben ihr Flüssigkeit über den Tropf, damit sie nicht austrocknet. Dann wechseln wir die Medikamente, so lange, bis sich die Übelkeit legt." *Übelkeit.* „Ich will einen Apfel. Gegen die Übelkeit. Bitte gebt mir doch einen Apfel", quengelt Marquise. In ihren Augen liegt ein unwiderstehliches Flehen. „Es muss ein Apfel sein." „Also gut", gibt Phil schließlich nach. „Einen Apfel für Sie. Aber nur einen. Ohne Schale."

„Habe ich versagt, Marlon?" „Nein", erwidert dieser vorsichtig, „das hast du nicht." Misstrauisch beobachtet er seinen Freund, der kurz davor ist auszurasten. „Bin ich unmusikalisch?" fragt Maxim weiter, gibt keine Ruhe. „Zu steif, zu unsympathisch, zu verbissen?" „Nein!" Marlon sieht ihn mitfühlend an. „Ich weiß, dass du den Vertrag gerne gehabt hättest…" „Ich habe ihn aber *nicht* bekommen!", poltert Maxim. „Wegen diesem Japaner!" „Er war nicht besser als du", beschwichtigt Marlon. „Sie fanden ihn nur…" „W*as*? Niedlicher?!" Wütend pfeffert Maxim die Mappe mit den Noten gegen die Wand. „Verdammter Mist!"

„Maxim, komm mal runter!" Marlon versucht, seinen Freund zur Vernunft zu bringen. „Das heißt doch nicht, dass jetzt alles vorbei ist. Immerhin haben wir eine feste Anstellung, oder? Wir werden in Zukunft zusammenarbeiten. Ist das nichts?" „Schon." Maxim, der die Enttäuschung noch nicht verarbeitet hat, grollt weiter. „Es ist aber nicht…" „Ich weiß. Das erste Pult." Marlon stöhnt. Er verliert nun langsam die Geduld. „Aber es ist ein Schritt in die richtige Richtung. Sei also verdammt nochmal zufrieden, ok?"

„Es tut uns leid, Herr Romanov', äfft Maxim den Vorstand des Orchesters nach, *„Das erste Pult geht an Schlitzauge."* „Sei nicht so rassistisch", weist Marlon ihn scharf zurecht. „Er hat es nicht bekommen, weil er Asiate ist, sondern weil er…" „…besser war." Maxim kocht vor Zorn. „Ich habe so viel dafür getan. Alles umsonst. Er *war* besser. Strenggenommen muss ich es ihm gönnen…" „Doch das kannst du nicht", stellt Marlon sachlich fest. „Überwinde dich. Schließlich hast du es auch geschafft. Du wirst in Zukunft von deiner Musik leben können." „Schon." Maxim klingt nicht wirklich überzeugt.

Marquise ist bereits seit einer Woche entlassen, als Adam anruft. „Wie geht es dir?" Unbekümmert tönt seine Stimme durch den Hörer. „Alles klar soweit?" „Was willst *du* denn?" Augenblicklich ist sie wütend. „Soll ich wieder auflegen?" Er scheint nicht mit ihrer Reaktion gerechnet zu haben. „Ich war über eine Woche dort, Adam. Du hättest wenigstens mal anrufen können. Es ging mir ziemlich schlecht." Am anderen Ende der Leitung herrscht betroffenes Schweigen, dann hört sie ein leises Räuspern. „Ich hatte viel um die Ohren. Es tut mir leid, ok? Wann hast du mal wieder Zeit?"

„Hey, Montiniere." Freddie steht wie üblich auf dem Campus. Dort wo sie zwangsläufig vorbei muss. „Es geht dir also wieder besser? Hast du krasse Narben?" „Ja und ja", erwidert sie, während sich ihr Magen zusammenzieht. „Wieso interessiert dich das?

„Beinahe wäre ich vorbeigekommen", plaudert Freddie munter weiter, scheint ihre Verstimmung nicht zu bemerken. „War mir aber nicht sicher, ob du mich sehen wolltest." Ein verlegenes Hüsteln folgt. „Außerdem macht mir die Gegenwart von deinem Schwuchtelfreund echt zu schaffen. Nicht, dass er mich anmachen würde oder so…"

„Hör auf, ihn so zu nennen", fährt Marquise ihn an. „Im Übrigen kann ich dich beruhigen. Du bist nicht sein Typ. Er mag keine Angeber." „Was für ein Glück." Freddie lacht gekünstelt. „Jetzt geht es mir gleich besser."

Dann scheint er doch noch zu registrieren, dass sie unglücklich ist. „Was ist los mit dir?" „Die haben mich ziemlich zerschnitten", murmelt sie, hat keine Ahnung, warum sie jetzt ausgerechnet mit *ihm* darüber redet. „Ich sehe aus wie ein Monster." „Laber keinen Stuss." Er legt ihr liebevoll seinen Arm um die Schulter. „Du bist immer noch schön, Montiniere. Daran können auch ein paar Narben nichts ändern." „Wenn du meinst…", erwidert sie, während sich ein vorsichtiges Lächeln auf ihr Gesicht legt.

„Was ist mit diesem Adam… Wann beendest du das?", schwenkt nun auch Freddie auf dieses brisante Thema über. „Ich meine… Wann wirst du endlich verstehen, hm, dass der Typ nichts für dich ist?" „Ich weiß es nicht." Sie klingt ratlos. „Ich bin mir nicht sicher ob…" „Komm schon, Montiniere, du bist doch schlau, oder?" Freddie sieht ihr direkt in die Augen. „Du weißt, dass es die Wahrheit ist, oder? Alles, was erzählt wird. Du willst es nur nicht sehen. Du verschließt die Augen, Babe. Das ist nicht gut."

„So ist es nicht", wiegelt sie ab. „Ich glaube nicht, dass…" „Dass was?" Freddie ist sauer. „Dass er neben dir noch zig andere hat? Sieh den Tatsachen mal ins Gesicht, Schätzchen, ja? Für ihn bist *du* nichts Besonderes. Darum sollte *er* es auch nicht für dich sein." „Halt' die Klappe, Freds", erwidert sie verärgert. „Du kennst ihn gar nicht." „Besser als du", seufzt Freddie. „Also… Ich sag es ja nicht gerne… Aber… Selbst Maxim ist mir lieber als der." „Deine Fürsorge ist reizend." Marquise stöhnt angespannt, rauscht dann in Richtung Eingang an ihm vorbei. „Er hat auch nicht mehr Muskeln als ich!", hört sie ihn hinter sich rufen.

„Ich bin wieder mit Susan zusammen. Wir haben uns zufällig in der Stadt gesehen…", erklärt Adam beim nächsten Treffen so, als müsste sie sich über diese Neuigkeit freuen. Marquise ist unfähig, darauf zu reagieren. *Klirr.* Etwas in ihr ist gerade zersprungen. Sie spürt es genau, weiß nur noch nicht, wie groß der Schaden ist. „Das…" In ihrem Kopf rattert es. „Das ist…" Du hast es kommen sehen, gesteht sie sich widerwillig ein, auch, dass sie sich in den letzten Monaten zum Narren gemacht hat. Sie denkt an François' und Freddies Worte: Er ist nichts Besonderes, Marquise. Er ist ein Idiot.

„Du wirst sie mögen." Adam scheint bester Laune zu sein. „Sie ist ziemlich cool, weißt du." Er merkt nicht, was er angerichtet hat. „Da hörst du es?, schreit Marquises starke, innere Stimme. Er hat so wenig Respekt vor dir, dass er dir eine Nachfolgerin präsentieren will! Das sagt doch schon alles! Beende die Sache! Sofort! Unerträglich tönt es in ihrem Kopf. „Mich… ihr vorstellen?" Sie muss sich große Mühe geben, um nicht zu zittern. „Als was vorstellen?" „Na, als Freundin natürlich." Adam sieht sie verständnislos an. „Als was sonst?"

„Du willst ihr nicht sagen, was wirklich zwischen uns war, richtig?!", fragt Marquise aufgebracht. „Natürlich nicht." Adam ahnt nun langsam, dass hier irgendwas nicht stimmt. „Warum auch? Das würde sie doch nur verletzen", erklärt er freimütig, hofft, dass er die richtige Antwort gegeben hat. Sie starrt ihn fassungslos an. Und was ist mit mir, denkt sie. Mich kannst du so einfach verletzen? Obwohl sie sich darum bemüht, gelingt es ihr nicht, diese Worte zu formulieren. Stattdessen sagt sie nur: „Du willst es also verleugnen."

„Ich lüge nicht", protestiert Adam. „Es ist nur…" „…ein Verschweigen der Wahrheit", beharrt Marquise. „Und das ist genau so schlimm. Du *musst* es ihr sagen." „Was hätte sie denn davon?!" Unwillkürlich ist seine Stimme laut geworden. Sie zuckt zusammen. So, hält sie still für sich fest, du bist also einer der schreit, wenn es brenzlig wird.

Raus hier, sagt sie sich. Sofort! Glaubst du wirklich, du kannst *so* mit mir umspringen? Die anderen haben völlig Recht. Du taugst nichts. Bestimmt hattest du auch was mit Lydia.

„Adam", entgegnet sie schließlich, als sich ihre starke, innere Stimme wieder beruhigt hat, „weißt du was? Das ist mir egal. *Sie* ist mir egal. Ich werde sie *nicht* kennenlernen. Sie interessiert mich nicht." „Was?" Im ersten Moment wirkt er verärgert. Dann schlägt er vor: „Hey, wenn du Angst davor hast, dass fünfte Rad am Wagen zu sein… Ich habe nette Freunde…" Marquise schnappt nach Luft. *Schwanzbrüder, Schwertkreuzer…* Sind das nicht Freddies Worte gewesen, neulich auf dem Campus? Sie glaubt in einer anderen Welt zu sein, fernab jeder Realität.

„Du hast einen Schaden", sagt sie dementsprechend so fest wie sie kann, hofft, dass Adam es anders gemeint hat als befürchtet. Der gibt sich erst mal unbeeindruckt, erläutert sein Angebot genauer: „Vielleicht gefällt dir einer von denen", sagt er. „Komm einfach mit, wenn wir das nächste Mal in der Stadt feiern gehen…" Doch sie hört ihm schon längst nicht mehr zu. Stumm nimmt sie zur Kenntnis, dass er es genau so gemeint hat, wie er es gesagt hat. Gleichzeitig krampft sich ihr Herz zusammen, bildet an der Außenseite eine harte Schale.

Verschwinde Mädchen, bevor es zu spät ist, meldet sich ihre starke, innere Stimme mit Nachdruck zurück. Bring' es hinter dich, sofort. Er weiß nicht, was er tut, beschwichtigt eine andere, sanftmütigere, die sich unerwartet von der ersten, starken abspaltet. Er ist nicht Herr seiner Worte. Es gibt keine Entschuldigung, kontert die erste, starke. Er ist alt genug, um zu verantworten, was er tut. Wie tief willst du denn noch sinken, he? Jetzt weißt du wenigstens Bescheid. Hau ab, bevor du auch noch den letzten Rest deines Stolzes verlierst.

„Was ist los?" Adam sieht sie fragend an. „Du bist so... ruhig." „Was soll ich dazu denn noch sagen?" Während Marquise verzweifelt nach Worten sucht, schreit ihr Herz nach Vergeltung. Sie muss ihm weh tun, um den eigenen Schmerz zu ertränken. „So wird das nicht laufen", erklärt sie. „Warum nicht?" Er wirkt geknickt. „Weil es falsch ist." Marquise versucht die leise, sanftere Stimme unwiderruflich zum Schweigen zu bringen. Falsch, sagt sie sich. Das ist noch viel zu nett! Der Kerl hat dich ausgenutzt! „Adam, wir werden uns nie wieder sehen", beendet sie die Diskussion.

„Was?!" Er sieht sie entgeistert an. „Du meinst... Den Kontakt abbrechen?" „Ja." Ihr Gesicht bleibt starr wie ihr Innerstes. „Nicht mehr telefonieren, nicht mehr treffen, gar nichts mehr. Es wird so sein, als ob es uns beide nie gegeben hätte." Die starke Stimme in ihrem Kopf jubiliert. „Wir werden uns sicher irgendwann wiedersehen", stammelt er, „in der Stadt..." „Mach dir darüber mal keine Sorgen", sagt sie, während sie die letzten Erinnerungen an ihn in Gedanken bereits verbrennt. „Ich werde die Straßenseite wechseln."

„Marquise, bitte... Wir sind doch Freunde..." „Wir sind keine Freunde", erwidert sie tonlos. „Wir waren nie Freunde. Wir waren nichts, Adam." „Ich verstehe nicht, wo das Problem liegt..." Er wirkt panisch. Das *Problem...*, denkt sie wütend. Das hier ist viel mehr als ein *Problem*. Verstehst du nicht, dass grade alles um mich herum eingestürzt ist, dass du einen Teil meiner Welt kaputt gemacht hast, dass überall Scherben liegen, die niemand mehr kitten kann, weil der Schaden viel zu groß ist. „Das Problem ist die *Wahrheit*", hört sie sich sagen. „Alles, was François und Freddie gesagt haben, ist wahr."

„Was? Kannst du mal aufhören, in verdammten Rätseln zu reden?" Adam scheint nun richtig sauer zu sein. „Ich verstehe nicht, warum du dich so merkwürdig verhältst. Was ist nur in dich gefahren?" *„Ich soll mir einen von deinen Freunden aussuchen?"* Sie versucht, sich nicht anmerken zu lassen, wie tief sie diese Worte getroffen haben.

„Das ist schon verdammt abartig, Adam. Besprecht ihr das immer so? Ich meine unter Kumpels? Schau mal, in dieses Kuchenstück hab' ich schon reingebissen. Schmeckt ganz gut. Jetzt darfst du mal."

„Wo ist das *Problem*?" Völliges Unverständnis liegt in seinen Augen. „Wir leben doch nicht mehr im Mittelalter. Das ist kindisch, Marquise." Kindisch, denkt sie verbittert. Wer von uns ist kindisch? Ich habe im Gegensatz zu dir verstanden, worauf es im Leben ankommt. Apropos Mittelalter: Genau deshalb, weil wir *nicht* mehr im Mittelalter leben, können Männer wie *du* sich sowas *nicht* mehr erlauben. Offensichtlich hast du in der Schule nicht richtig aufgepasst. „Wie auch immer." Sie nimmt ihre Tasche. „Es geht weiter."

„Kannst du das lassen!" Mittlerweile ist er verzweifelt. „Das bringt doch nichts, Marquise." „Mir schon." Sie nimmt ihren Mantel, geht zur Tür. „Schutz." „Vor *was*?", will er wissen. „Vor *dir*", erklärt sie ruhig, während sie den Kloß im Hals hinunterschluckt. Die Blöße gibst du dir nicht, denkt sie. Den Rest schaffst du jetzt auch noch. „Das macht uns doch beide nicht glücklich." Vergeblich versucht er, das Ruder im letzten Moment noch herumzureißen. Dabei kann sie in seinen Augen endlich mal was erkennen: Angst, die nicht verschleiert ist.

„Mich schon", erwidert sie leise, „ganz sicher." Dann zieht sie ihren Mantel an. Als sie die Klinke bereits in der Hand hält, fragt sie. „Willst du mir noch was sagen?" Gib es auf, denkt sie gleichzeitig, du wirst nie eine Entschuldigung bekommen. Sein Gewissen ist nicht in der Lage, Schuld zu erkennen. „Überdenk das", gibt er mit einer Mischung aus Wut und Entsetzen zur Antwort. „Denk nochmal drüber nach, bitte." „Da gibt es nichts zu überdenken", entgegnet sie enttäuscht. „Leb wohl, Adam." Dann verschwindet sie.

François ist verwirrt, als Marquise um halb drei in der Nacht bei ihm vor der Tür steht. „Chérie, was…?" Ihr Gesicht wirkt wie eine weiße, unbewegte Maske, ihr Blick seltsam glasig. Das beunruhigt ihn. „Schätzchen, was ist passiert?" Er packt sie bei den Schultern, so, wie bei ihrer ersten Begegnung. Damals in der Kneipe hat sie ähnlich ausgesehen, doch jetzt scheint sie nüchtern zu sein. Ob sie unter Schock steht? „Bitte, Herzblatt, sag was!" François versucht verzweifelt, den Grund für ihren Zustand zu finden. „Sag mir, was passiert ist, ja?"

Als er mit der Hand über ihre Wange fährt, spürt er eisige Kälte in seinen Fingerspitzen. „Deine Haut ist kalt, chérie", sagt er. „Komm doch erst mal rein, ok?" Sie folgt ihm wortlos ins Wohnzimmer, wo sie sich stumm in einen der Sessel fallen lässt. „Und jetzt rede mit mir, ok?" François setzt sich ihr gegenüber, bemerkt, wie sie seinem Blick ausweicht. „Was ist passiert?"

„Du hattest Recht", gesteht sie schließlich. Ihre Stimme klingt merkwürdig belegt. „Mit Adam. Alles, was du gesagt hast, stimmt." Das ist es also, denkt François. Er hat es bereits geahnt. „Dass Adam ein schlechter Mensch ist", fährt sie fort, „habe ich schon viel früher bemerkt. Trotzdem habe ich an etwas Gutes in ihm geglaubt. Ich habe gedacht, dass er versteht, wer ich bin. Jetzt weiß ich, dass wir uns niemals gekannt haben. Weder er mich, noch ich ihn. Es war alles eine einzige Lüge." Sie beginnt zu weinen.

„Bitte, chérie..." François fühlt sich machtlos. „Was genau ist denn passiert?", hakt er nach. „Er ist wieder mit seiner Ex zusammen", schluchzt sie, vergräbt den Kopf in den Händen. „Er wollte, dass wir Freunde bleiben. *Freunde*. Er wollte seine Freundin belügen. Ihr sagen, dass zwischen uns nie was gewesen wäre. Damit sie mich akzeptiert. Er hat mir einen von seinen Freunden angeboten, verstehst du? Es ist genau so, wie ihr vermutet habt. Sie tauschen die Frauen untereinander wie wertlose Gegenstände. Warum tun sie das?"

„Menschen wie Adam sind von Angst getrieben", versucht François zu erklären, während er ihr ein Taschentuch reicht. „Angst, durchschaut zu werden. Darum stoßen sie alles von sich, was ihnen diesbezüglich gefährlich werden könnte, eben alles, was gut für sie ist." Der Maler seufzt. „Er muss Vertrauen zerstören. Er kann nicht anders." „Ich", schnieft Marquise, „ich dachte, ich könnte ihm vertrauen." „Weiß ich doch…", erwidert François. „Darum bist du enttäuscht. Ich verstehe das. Genau deshalb habe ich dich gewarnt."

„Ja, das hast *du*", jammert sie. „*Ich* habe mich *nur* auf meine Menschenkenntnis verlassen, gedacht, dass sein Interesse echt wäre. In Wirklichkeit war er nie an mir interessiert." „Zum Glück hast du das jetzt endlich erkannt." François schiebt unauffällig eine ganze Packung Taschentücher über den Sofatisch. „Im Ernst, Marquise, was hättest du langfristig mit so einem anfangen wollen? Mit einem, der dich belügt, wann immer es ihm passt. Mit einem, der niemandem sein wahres Gesicht zeigt?" Er sieht sie streng an. „Du kannst Bessere haben, Süße, ok?"

Als sie nicht aufhört zu weinen, setzt er sich zu ihr aufs Sofa, drückt sie vorsichtig an sich. „Du hast wohl gedacht, du könntest ihn retten? Hm? Gedacht, er würde erkennen, dass du der Engel vor seiner Türe bist, der ihn mit in den Himmel nehmen will?" Sie antwortet nicht. Stattdessen wird ihr Körper von Krämpfen geschüttelt. „Das war lobenswert", fährt François fort. „Doch Menschen wie er sind so verkorkst, dass man sie nicht retten kann. Du nicht und auch sonst niemand. Er ist nicht in der Lage zu erkennen, was gut für ihn ist."

„Ich glaube, er wollte es nicht mal", sagt sie, nachdem sie sich ein wenig beruhigt hat. „Dass ich weglaufe. Er dachte nicht, dass es mich verletzen würde. Er dachte, ich würde es einfach hinnehmen, mich weiterhin mit ihm treffen, so tun, als wäre nichts geschehen." Sie schnieft. „Was für ein Bild hat der von mir? Wie konnte Adam glauben, dass ich bei diesem kranken Spiel mitmache, dass ich überhaupt keine Gefühle, keine Zukunftswünsche habe." „Wie auch immer", seufzt François. „Es war definitiv das Dümmste, was er tun konnte."

Er zündet sich eine Zigarette an, fragt dann schulmeisterlich: „Und, was haben wir jetzt daraus gelernt?" „Höre auf deine Freunde", antwortet sie zerknirscht. „Die können Situationen oft besser beurteilen als du selbst." „Ganz genau. Hättest du nur dieses eine Mal auf mich gehört… " „Ich wollte mir unbedingt ein eigenes Bild machen… Deshalb habe ich deine Worte nicht beachtet." Sie tupft sich mit dem Taschentuch über die Augen. „Und jetzt werde ich Adam so schnell wie möglich aus meinem Leben verbannen. Ich muss so tun, als sei das alles nie passiert, als hätte *er* nie existiert."

„Mach das", stimmt François zu. „*Er hat nie existiert*. Das gefällt mir. Und wenn dich jemand nach ihm fragt, was sagst du dann?" „Wer ist Adam?", entgegnet sie tonlos. „Gutes Kind." François lächelt. „Und jetzt weine nicht mehr, ok? Er ist es nicht wert. Außerdem hat die Sache doch auch was Gutes, selbst, wenn du es jetzt noch nicht wahrhaben willst. Du bist endlich wieder offen für Neues, oder?" Als er zu ihr rüber sieht, bemerkt er, dass sie eingeschlafen ist.

Am nächsten Morgen fühlt Marquise sich erbärmlich. Schlaftrunken sieht sie sich um. Seltsame japanische Skulpturen… Ach ja… François' Wohnung. Mühsam steht sie auf, geht in die Küche, um sich eine Tasse Kaffee zu machen. Sie hat nicht damit gerechnet, dass da schon jemand steht, den sie noch nicht kennt.

„Guten Morgen?", grüßt sie den fremden Mann in Unterhose vorsichtig. „Oh, hi." Er lächelt irritiert. „Wer bist du?" „Marquise… François' Freundin", erklärt sie. „Und du bist?" „Silas." Er reicht ihr freundlich die Hand. „Freut mich, dich kennenzulernen. Wenn du seine Freundin bist, werden wir uns bestimmt noch öfter sehen." „Ehm…" Mit Unbehagen bemerkt sie seine Begeisterung. „Ich will nicht unhöflich sein… Silas… aber ich glaube nicht, dass wir uns nochmal sehen werden." „Warum?", fragt er verwundert, „wirst du nicht mehr herkommen?"

Falsch. Du wirst nicht mehr her kommen, denkt sie „Ich will nur nicht, dass du dir Hoffnungen machst", sagt sie laut, während sie das Wasser aufsetzt. „François hat keine festen Partner. Er hat immer nur was für eine Nacht. Es sind nie dieselben, wenn du verstehst, was ich meine… Wenn du also hoffst, dass er sich bei dir meldet… Er wird es nicht tun. Er meint das nicht böse. Es ist seine Art."

Sie füllt Kaffeepulver in den Filter. „Hat er dich portraitiert?" Ihr Blick fährt über die stattlichen Bauchmuskeln ihres bedrückt wirkenden Gegenübers. Es sind gut definierte Muskeln, genau die Sorte Muskeln, auf die François steht. „Oh… das", Silas wirkt äußerst verstört, „… du meinst…" „Er zeichnet gerne", erwidert Marquise. „Besonders gerne so hübsche Kerle wie dich. Er hat jede Menge Bilder, hast du sie schon gesehen? Er liebt sie."

Silas kommt gar nicht dazu, weiter über den Sinn ihrer Worte nachzudenken. François betritt in die Küche. „Hey, chérie", grüßt er sie gut gelaunt, „wie ich sehe, geht es dir besser?" „Wie *ich* sehe, hast du Besuch", stellt sie trocken fest. „Oh, ja." Erst jetzt scheint er wahrzunehmen, dass Silas noch da ist. „Hallo, mein Schöner", grüßt er ihn mit einem breiten Lächeln. „Ich sehe, du hast Marquise schon kennengelernt. Ist sie nicht toll?" „Ja, natürlich." Silas ist unsicher. „Das ist sie."

Marquise wirft François einen vorwurfsvollen Blick zu. Du wirst ihn nicht wiedersehen, sagt er. Du hast ihn nur benutzt. François schaut zurück. Du weißt, dass ich nicht anders kann, antworten seine Augen. „Ich geh dann mal", sagt sie, will sich der unangenehmen Spannung so schnell wie möglich entziehen. „War nett, dich kennengelernt zu haben, Silas." Kaum hat sie die Tür hinter sich geschlossen, atmet sie erleichtert durch. Das Leben geht weiter, denkt sie. Es geht immer weiter.

Das Jahr des Zusammenfindens

Annabelles Schrei lässt Marquise zusammenfahren. Es ist zweiund-zwanzig Uhr, schon dunkel. Die Eltern sind ausgegangen. Sie muss nicht lange überlegen. Aufgeregt stürmt sie aus ihrem Zimmer in das ihrer Schwester. Es ist leer. Keine Spur von Annabelle. Marquise bekommt es mit der Angst zu tun. Wo kann sie nur stecken? In Panik hechtet sie von einem Raum in den nächsten. Nirgendwo ein Le-benszeichen. Als sie vor dem Badezimmer angekommen ist, stellt sie fest, dass die Tür einen Spalt weit offen steht. Großer Gott, sie ist da drinnen, schießt es ihr durch den Kopf.

Atemlos stößt sie die Tür auf. Obwohl sie bereits mit einer Katastro-phe gerechnet hat, ist sie nicht auf den Anblick vorbereitet, der sich ihr bietet: Annabelle sitzt in der Badewanne, die fast bis zum Rand mit dampfendem Wasser gefüllt ist. Zwischen ihren Beinen ist es rot, wird zunehmend dunkler. Annabelles Augen sind aufgerissen. Sie starren ihr eigenes Blut an, das stoßweise aus ihr hervorquillt. In der rechten Hand hält sie zitternd eine Stricknadel. „Es hört nicht auf", flüstert sie tonlos. „Es hört einfach nicht auf."

Marquise erstarrt. Sie kann nicht glauben, was passiert ist, hört sich wie durch Watte sagen: „Annabelle… was hast du getan?" „Ich wollte es nicht sagen. Nicht *ihnen*…", flüstert die mit erstickter Stimme. „Niemand sollte es erfahren." „Ich rufe einen Krankenwagen!", erwi-dert Marquise apathisch. Doch ihre Schwester schüttelt energisch mit dem Kopf. „Dann werden *sie* es am Ende doch erfahren!" „Halt' die Klappe!" Marquise, die merkt, dass ihre Nerven versagen, schreit jetzt. „Halt' die Klappe! Du wirst sterben! Ich rufe den Notarzt!"

Sie ist erleichtert, als sie das Telefon im Wohnzimmer erreicht hat. In ihrem Kopf rauscht es. Mit feuchten Fingern wählt sie den Notruf. Sie muss sich zusammenreißen, um der Frau am anderen Ende der Leitung erklären zu können, was geschehen ist. „Es ist meine Schwester." Marquise kann nicht verhindern, dass ihre Stimme hysterisch klingt. „Ich glaube sie verblutet. Wir brauchen Hilfe… Schnell!" Ihr Atem kommt erst wieder zur Ruhe, als man ihr versichert, dass der Rettungswagen in ein paar Minuten da sein wird.

Dann hastet sie wieder ins Bad. Dort zerrt sie ihre mittlerweile fast ohnmächtige Schwester mit aller Kraft aus dem Wasser. „Ich liebe dich", schluchzt sie, während sie Annabelles nassen, reglosen Körper in ein großes Handtuch wickelt. „Ich liebe dich, ok? Ich liebe dich." Warum, denkt sie, braucht es eine Wanne voller Blut, damit ich diese Worte endlich aussprechen kann?

Zwei Tage später haben Marquise und ihre Eltern endlich Gewissheit: Annabelle wird leben. Sie muss jedoch noch eine Weile in der Klinik bleiben. „Es ist ein Wunder", sagt der Arzt, „dass nichts Schlimmeres passiert ist. Sie hätte sterben können." Immerhin hat Annabelles Verzweiflungstat ihren Zweck erfüllt. Das Kind ist weg. Marquise will gar nicht hören, was genau ihre Schwester dazu getrieben hat. Auch die Eltern beschließen, das Thema totzuschweigen, so zu tun, als sei das alles niemals geschehen.

„Also, François… wie fühlen Sie sich?" „Wie immer." „So?" Doktor Harris hebt die Brauen. „Merken Sie denn keine Veränderung?" „Nein." Sein Patient schüttelt den Kopf. „Nichts." „Haben Sie Ihre Mittel regelmäßig genommen?" François glaubt einen leichten Tadel in seiner Stimme zu hören. „Ja, Doktor." „Hm", macht Harris, kritzelt wild auf seinem Block herum. „Denken Sie immer noch nicht an Frauen, François?" „Ich ertrage ihre Nähe nicht."

„Was ist mit ihrer Freundin? Marquise, sagten Sie? Es scheint so, als ob Sie ihre Nähe ertragen, ja, regelrecht suchen." „Das ist etwas anderes." Seufzend vergräbt François seinen Kopf in den Händen. „Wissen Sie… Ich habe sie aus dieser Kneipe gerettet. Sie war betrunken, völlig von Sinnen. Ich sah es als meine Pflicht an, sie in Sicherheit zu bringen. Deshalb ließ ich sie in meinem Atelier übernachten. Danach besuchte sie mich regelmäßig. Anfangs, um sich zu bedanken. Später ohne Grund. Sie ist anders als alle Frauen, die ich vorher kannte." „Warum?" Harris Blick ist stechend. „Warum ist sie anders?"

„Marquise ist ein fantastischer Mensch", erwidert François. „Sie ist selbstlos, tiefgründig und klug. Ihr vertraue ich. Sie schaut nicht auf mich herab, versteht mich, akzeptiert was ich bin, ist stolz auf mich." „Sie akzeptieren *sie* also." „Ja." François spürt einen Kloß im Hals. „Nachdem ich *sie* gerettet habe, hat sie *mich* gerettet. Ohne sie würde ich heute nicht mehr leben." „Haben Sie denn immer noch Selbstmordgedanken, François?" Harris sieht nicht von seinem Block auf. „Nein", erwidert François hastig, „nein, habe ich nicht. Nicht mehr." „Gut… Das ist gut." Harris Kugelschreiber macht schabende Geräusche auf dem Papier. „Ich werde Ihnen etwas anderes verschreiben. Etwas, das Ihnen ganz sicher helfen wird."

„Sagen Sie, Doktor… Denken Sie, dass es eine Sünde ist, so zu sein? Denken Sie, dass ich gestört bin?" „François…" Harris Augen sehen ihn ernst an. „Gott erschuf Adam und Eva, erinnern Sie sich? Adam und Eva. Keinen zweiten Adam. Was sie empfinden ist unnatürlich. So gesehen ist es durchaus ein gestörtes Verhalten." „Ich bin geisteskrank?" François Stimme überschlägt sich vor Entsetzen. „Nein." Harris macht eine beschwichtigende Handbewegung. „Sie weisen lediglich ein gestörtes Verhalten auf. Nicht mehr und nicht weniger." „Nicht mehr und nicht weniger", echot François.

„Was, Doktor, wenn ich mich nicht ändern kann? Wenn ich es vielleicht gar nicht will?" „Sie wollen es." Harris sieht von seinem Block auf. „Weil Sie leben wollen, François. Weil Sie mit Anstand leben wollen. Weil Sie sich nicht dauernd schämen wollen. Und weil Sie es wollen, können Sie es auch."

„So einfach ist das also?" François schluckt. „Es einfach wollen? Sich selbst verleugnen, um Frieden zu finden? Welchen Frieden?" „Sie müssen sich doch nicht verleugnen." In den Augen des Doktors liegt völliges Unverständnis. „Sie müssen nur das richtige Mittel nehmen. Ihre Gedanken wieder in andere Bahnen lenken." „In was?" „Ja, sie haben schon verstanden… Hier ist Ihr Rezept." Er reicht François einen Zettel. „Sie müssen es zweimal täglich einnehmen. Schon bald werden Sie sich besser fühlen." „Also gut…" François nimmt das Rezept. Seine Zweifel bleiben.

„Du weißt es doch auch, oder?" Maxim blickt erschrocken von seinem Teller auf, als Marlon neben ihm in der Cafeteria Platz nimmt. „Dass Marquise die Richtige ist." Natürlich hat er nicht damit gerechnet, dass sein Freund dieses Thema ausgerechnet hier anspricht.

„So einfach ist das nicht", gesteht er widerwillig, bemüht sich darum, leise zu reden. „Sie ist viel zu jung." Marlon schüttelt den Kopf. Im Gegensatz zu Maxim lacht er viel zu laut. „Erzähl keinen Unsinn! Es ist nicht zu übersehen, dass ihr aufeinander steht, seitdem ihr euch kennt." Dann beginnt auch er zu flüstern. „Sie ist älter geworden, Maxim. Das haben die anderen längst gemerkt. Du musst dich entscheiden. Jetzt. Verstehst du? Sonst wird sie ein anderer bekommen. Freddie war die gelbe Karte. Adam die rote. Dir bleibt nicht mehr viel Zeit."

„Meinst du wirklich?" Maxim sieht sichtlich geknickt aus. „Weißt du denn auch, was das heißt?" „Du musst es Kassandra sagen. Je früher, desto besser." Marlon verzieht das Gesicht. „Keine schöne Sache. Ich möchte nicht in deiner Haut stecken. Sie wird enttäuscht sein." „Kassandra ist eine tolle Frau", murmelt Maxim. „Ich will sie nicht verletzen… Wir haben eine gute Zeit. Ohne Verpflichtungen." „Es ist *Marquise*", stellt Marlon mit Nachdruck fest. „Du musst den Spielplatz verlassen, wenn du sie haben willst." „Hm", macht Maxim.

„Kassandra wird mich umbringen." „Oh ja. Das wird sie." Marlon klopft ihm mitfühlend auf die Schulter. „Bring es hinter dich. Wie ein Mann."

Als Maxim zu Hause ist, überschlagen sich seine Gedanken. Natürlich hat Marlon Recht. Im Grunde weiß auch er, dass Marquise sich verändert hat. Er ist schließlich nicht blind. Auch ihm ist aufgefallen, dass die kleine Sängerin kein Kind mehr ist. Es ist ihm nicht entgangen, dass die Studenten ihr auf dem Gang zuweilen hinterher sehen. Alle scheinen ihre Verwandlung bemerkt zu haben - alle, außer ihr selbst. Maxim glaubt nicht, dass sie sich ihrer Chancen bewusst ist. Warum, schreit es in seinem Kopf, hat sie sich ausgerechnet mit Freddie und Adam eingelassen?

Jetzt ist sie erwachsen, ob ihm das passt oder nicht. Warum zögert er noch? Maxim seufzt. Auch diese Antwort kennt er bereits. Bisher ist sie für ihn wie *Anna* gewesen. Kleine, süße *Anna*. Doch nun ist sie älter, viel älter, wie eine Rose erblüht. Anna durfte nie so aussehen, denkt er traurig. Seine Illusion funktioniert nicht mehr. Marquise hat nichts mehr mit Anna gemein. Ich muss anfangen, sie als das zu betrachten, was sie ist, denkt er. Als eine junge Frau. Eine gefährlich schöne noch dazu. Zu gefährlich für ihn? Maxim weiß es nicht. Wie auch, er hat sich ja niemals wirklich auf etwas eingelassen. Die einzige Frau, die er in sein Leben gelassen hat, ist aus uraltem Holz, aus einer anderen Zeit. Holz spricht nicht. Holz wirft ihm auch keine glühenden Blicke zu, egal wie alt es ist.

Ich bin jetzt schon über dreißig, schießt es ihm durch den Kopf. Vielleicht ist die Zeit gekommen, endlich solide zu werden. Bald bin ich alt. Dann werde ich alleine sein, wenn ich so weitermache. Es ist ja nicht so, als ob es in seinem Leben keine Frauen aus Fleisch und Blut gegeben hätte, aber… Er denkt an Kassandra. Sie haben ihm nichts bedeutet, waren nur ein Zeitvertreib zwischen anstrengenden

Konzerten. Mit Marquise ist es anders. Sie will er unbedingt an seiner Seite wissen. Dafür muss er reinen Tisch machen, in seinem Leben aufräumen. Auch wenn es schwerfällt.

„Bist du betrunken?" François sieht von seiner Staffelei auf. „Nur ein ganz klein wenig." Sie ist verärgert. „Suchst du nach einer Inspiration?" „Glaub mir, mein Herz, ich bin heute mehr als inspiriert." Marquise runzelt die Stirn. Ihr Freund ist tatsächlich ausgesprochen gut gelaunt. „Hattest du eben einen Kerl hier? Bist du deshalb so erheitert? Weil du einen neuen, hübschen Körper zeichnest?" Der Maler lacht. „Mein Portrait für heute ist längst fertig, hängt schon bei den anderen. Nein... Ich bin grade bei etwas ganz anderem. Komm und sieh selbst."

Neugierig wirft sie einen Blick über seine Schulter. „Das sind Kleckse", stellt sie nüchtern fest. „Viele verschiedenfarbige, verschwommene Kleckse auf einem blauen Hintergrund. Nur zwei unterscheiden sich von den anderen. Bei denen kann man so was wie eine Gestalt erahnen. Mit viel Phantasie. Einen Mann und... oder eine Frau? Über jeder von ihnen befindet sich... etwas Vogelartiges... weiße Vögel. Tauben vielleicht?" Marquise betrachtet das Werk genauer, kommt jedoch zu keiner sinnvollen Deutung.

„Ich verstehe es nicht", gibt sie schließlich zu. „Auf den ersten Blick sind es nur Kleckse", erklärt François bereitwillig, „Wenn wir jedoch annehmen, dass jeder Klecks einen Menschen darstellt, sind auf diesem Bild ziemlich viele Leute zu sehen. Viele Männer, viele Frauen. So viele Möglichkeiten. Jetzt kommst du ins Spiel: Du gehst davon aus, dass es für jeden nur einen ganz bestimmten Partner gibt. Deshalb habe ich die Tauben gemalt. Die haben ebenfalls ihr ganzes Leben lang nur einen Partner. Wusstest du das?" „Nein", sie schüttelt den Kopf. „Das wusste ich nicht."

Nachdenklich runzelt sie die Stirn. „Wie kommst du dazu, so was zu malen? Du bist nun wirklich die letzte Person, die weiß, was es mit der Liebe auf sich hat." François scheint ihr diese Aussage nicht übel zu nehmen. „Deine Erzählungen haben mich beflügelt. Ich selbst brauche gar nichts über die Liebe zu wissen. Es genügt, wenn *du* etwas darüber weißt. Und das, was du weißt, habe ich auf die Leinwand gebracht. Für dich. Und Maxim." „Es ist wunderschön", erwidert sie. „Noch schöner wäre es, wenn wir alle Tauben wären. Wenn jeder Mensch den richtigen Partner finden würde, wäre niemand einsam…"

Ihm entgeht nicht, dass sie dabei in seine Richtung schaut. „Mach dir um mich keine Sorgen, chérie", sagt er schnell. „Ich bin nicht einsam. Wie auch. Wenn man so lebt wie ich, kommt man nicht dazu, einsam zu sein." Sie sieht ihn kritisch von der Seite an. „Du weißt, was ich meine. Nur weil du jede Nacht einen anderen Mann neben dir liegen hast, heißt das nicht, dass du nicht einsam bist. Ich würde mich freuen, wenn du jemanden finden würdest, bei dem du bleiben möchtest. Diesen einen Partner eben. Dann könnten wir beide wie die Tauben auf deinem Gemälde sein, zusammen über die Liebe reden." „Das tun wir doch jetzt schon", entgegnet François, der sich eine Zigarette anzündet. „Über die Liebe reden." „Ja", sagt sie leise, „Es wäre aber viel schöner, wenn du wüsstest, worüber wir reden." François lächelt. „Du musst für mich mitlieben", sagt er schließlich.

„Verfluchter Mistkerl!" Scherben fallen zu Boden als sie das Glas an der Wand zerschmettert. „Wie kannst du mir das antun, Maxim? Wie?" „Himmel, Kassandra, hör bitte auf damit…" Sie schleudert ein zweites Glas in seine Richtung. Er kann gerade noch rechtzeitig ausweichen, sodass es an der Tür, knapp neben ihm, zerschellt. „Verdammt!", schreit er, „hör auf damit!" Tatsächlich lässt sie ihre Hand, mit der sie bereits ein drittes Glas gepackt hat, sinken, als wäre sie plötzlich von aller Kraft verlassen. Dann beginnt sie zu weinen. Lautlos laufen Tränen über ihr Gesicht.

„Warum?", will sie mit erstickter Stimme wissen. „Habe ich dir nicht alles gegeben, Maxim?" Er ist mit der Situation überfordert. „Hör zu", sagt er vorsichtig, wie zu einem bissigen Raubtier, „du hast nichts falsch gemacht, Kassandra. Du bist eine fantastische Frau, aber..." „Warum bleibst du dann nicht?!", schluchzt sie. „Es ist kompliziert", stammelt er, bevor er die Wahrheit endlich ausspricht. „Ich liebe dich nicht so, wie es sein sollte." „Das ist keine Antwort!" In ihrer Hilflosigkeit beginnt sie zu schreien. „Für sowas gibt es Gründe! Hast du eine Andere?" „Nein", erwidert er nicht ganz wahrheitsgemäß.

Kassandra sieht an seinem Blick, dass er nicht ehrlich ist. „So ist das also", sagt sie ernüchtert, verschränkt angriffslustig die Arme. „Wer ist es? Kenne ich sie womöglich?" „Es gibt keine Neue", beteuert er noch einmal viel zu schwach. Sie glaubt ihm kein Wort. „Du bist der größte Lügner, den ich je getroffen habe, Maxim Romanov." Ihre Stimme klingt matt. „Geh einfach." Sie deutet zur Tür. Er will noch was sagen, weiß aber nicht, was. Darum geht er, schwerfällig, in sich zusammengesunken.

Am nächsten Tag ist der Platz neben ihm leer. „Wo ist Kassandra?", raunt er in die Celli. „Ist sie krank?" Er könnte durchaus verstehen, wenn sie unter diesen Umständen ein paar Tage fehlen würde. „Nein", erklärt Marlon leise, sieht ihn merkwürdig an. „Sie hat gekündigt. Heute Morgen. Hast du das nicht mitbekommen?" Maxim wirkt verstört. Deshalb setzt Marlon hinzu: „Sie wollte schon immer nach New Orleans. Jetzt ist sie gegangen." „Oh", macht Maxim nur, schweigt betroffen. „Das... das freut mich für sie."

Dann lehnt er sich zurück, starrt mit leeren Augen an die Decke. Warum hat sie das nie erzählt, fragt er sich. War das ihre Alternative? Hat sie gewusst, dass sie eine brauchen würde? Marlon ist besorgt.

„Alles in Ordnung?", erkundigt er sich. Es lässt sich nicht mehr vermeiden, dass einige Kollegen neugierig zuhören. „Ich verstehe ja, dass dich das nicht kaltlässt", fährt er fort. „Ihr habt euch so gut verstanden." „Ich hätte ihr wirklich gerne *Auf Wiedersehen* gesagt", klagt Maxim voller Selbstmitleid. Ihm ist durchaus bewusst, dass er sie für immer verloren hat.

„Marquise, wir sollten reden." Immer und immer wieder spricht er sich diesen Satz vor. So einfach, so knapp, keine aufwändigen Entschuldigungen, kein langes Rumgestammel. Dennoch fürchtet er ihn mehr als alles andere. Er fragt sich, wie sie wohl regieren wird. Natürlich wird sie noch verletzt sein. Vielleicht wird sie auch gar nichts mehr von ihm wissen wollen. Er würde zu gerne mit Marlon darüber reden. Sein Freund hätte bestimmt einen guten Rat. Doch der unterrichtet heute nicht. Also muss er alleine zurechtkommen.

Schon von weitem hört er ihre Stimme. Geschmeidig und sanft ist sie, wie dunkler Honig. Er würde sie unter tausenden wiedererkennen, soviel ist sicher. Da kommt sie auch schon über den Flur, begleitet von namenlosen Bewunderinnen aus ihrer Gesangsklasse. Natürlich hat auch sie ihn längst gesehen. Maxim ist sich nicht sicher. Weiß sie ihre Gefühle gut zu verbergen oder empfindet sie einfach nichts mehr für ihn? Es ist die zweite Möglichkeit, vor der er Angst hat. Umso mehr Überwindung kostet es ihn, auf sie zuzugehen, sie vor den Augen der anderen anzusprechen.

„Marquise!" Sie erstarrt. „Hallo, Maxim", antwortet sie vorsichtig, sieht ihm fest in die Augen. Dabei wird sie von den Umstehenden genauestens beobachtet. Doch die erhoffte Szene bleibt aus. „Ich möchte mit dir sprechen, Marquise", beginnt Maxim schleppend, bemüht um einen sachlichen Tonfall. „Unter vier Augen… Ich… Äh…" Es fällt ihm schwer, sich zu konzentrieren. „Lass uns heute Abend weggehen. Ja?" Er atmet auf. Nun ist endlich gesagt, was gesagt werden muss. Gespannt wartet er auf ihre Antwort. Nach einer Weile sagt sie: „Also gut."

Maxim wartet im „Cosmopolitan", der Künstlerkneipe schlechthin. Ihre Einrichtung ist äußerst skurril. Abstrakte Gemälde schmücken die velourartig tapezierten Wände. In der Mitte befindet sich eine Tanzfläche. Schummrig rot beleuchtet. Daneben eine kleine Bühne mit weißem Flügel, der hier nicht lange auf einen begnadeten Pianisten warten muss. Jeden Abend gibt es live-Musik, meistens Jazz, aber auch Klassik. Wenn man möchte, lernt man die interessantesten Persönlichkeiten kennen: passionierte, aufstrebende Maler und Musiker bis hin zu abgewrackten, depressiven, ewig missverstandenen Künstlertypen.

Er hat schon Angst, dass sie nicht kommen würde. Doch sie kommt quer durch die Kneipe auf ihn zu. Ihr leuchtend roter Mantel beißt sich mit dem schummrigen Rot der Lichtanlage. „Hallo, Maxim", sagt sie überraschend sanft. „Hallo, Marquise." Sie hat sich herausgeputzt, stellt er fest, sieht zum Sterben schön aus. Ihr Blick und ihr Ausschnitt saugen ihn ein, lassen ihn unmissverständlich verstehen, dass sich die Dinge geändert haben. Marquise, kleine Marquise, denkt er. Du bist tatsächlich erwachsen geworden.

„Wir sollten uns setzen", bringt er mühsam hervor. „Da vorne ist unser Tisch." Sie nimmt Platz, sieht ihn erwartungsvoll an. Aus ihren schwarz umrandeten Rehaugen. Wunderschöne Augen, in denen er nur zu gerne versinken würde. „Ich denke, wir sollten reden", wiederholt er seine Worte vom Vormittag. Dabei fühlt er sich unbeholfen, fast ein wenig dämlich. „Ich weiß", erwidert sie, deutet mit ihren rotgeschminkten Lippen ein Lächeln an. „Das sagtest du bereits." „Ja... ja...", stottert er, weiß nicht, wie er ihr erklären soll, was in seinem Kopf vor sich geht.

Marquise, ich liebe dich. Aber du bist so jung, zu jung. Du erinnerst mich an meine verstorbene Schwester. Im Grunde will ich keine feste Beziehung. Und doch kann ich es nicht ertragen, wenn du mit einem anderen zusammen bist. Warum hast du was mit Freddie angefangen? Ich glaube, Marlon hat dich auch sehr gerne. Insgeheim natürlich. Es tut mir leid, dass ich mich auf die Sache mit Lydia eingelassen habe. Du bist wunderschön, machst mir Angst. Ich war dumm. Damals konnte ich noch nicht wissen, dass es einmal so kommen würde. Ich musste Kassandra verletzen, um heute hier sein zu können...

„Vielleicht sollte ich beginnen", bietet Marquise ihm schließlich an. „Wenn das einfacher ist." „Ja", presst er heraus, versucht verzweifelt das Chaos in seinen Gedanken zu ordnen. „Bitte."

„Ich kann nicht einfach so weitermachen wie bisher", beginnt sie. „Ich kann nicht ewig so tun, als ob nichts zwischen uns wäre. Ich liebe dich, seitdem ich dich zum ersten Mal gesehen habe. Damals war es eine kindliche Liebe, ja, doch sie war echt. Ich wusste immer, dass du der Richtige bist. Du und kein anderer. Du hast mich beeindruckt, Maxim. Ich habe dich bewundert. Deine Musik hat mich berührt. Wenn du nicht in meiner Nähe warst, fühlte ich mich einsam und unglücklich. Wie kannst du das all die Jahre nicht bemerkt haben?"

„Ich habe es verdrängt", antwortet er ehrlicherweise. „Du warst sehr jung damals, ein Kind noch. Ich schon ein Mann. Ich habe in dir so was wie eine kleine Schwester gesehen, die ich um alles auf der Welt beschützen musste." „Musst du das nicht immer noch?" Sie sieht ihm fest in die Augen. „Ich weiß es nicht." Nervös verschränkt er die Hände. Ihm ist durchaus klar, dass seine Antwort entscheidend ist. „Ich... ja, ich fühle mich für dich verantwortlich, wenn du das meinst. Das war schon immer so. Auch ich habe dich schon immer geliebt, irgendwie..." Er stockt.

Ihre Augen. Wie sie ihn ansehen. Dunkel und glühend wie eine arabische Nacht. „Maxim, denkst du nicht, dass wir zusammengehören?", fragt sie nach einer Weile in die unangenehme Stille. „Doch... Ich denke schon", hört er sich wahrheitsgemäß sagen. „Ich spüre es auch... Dieses starke, unsichtbare Band zwischen uns. Es lässt sich nicht verleugnen. Nicht mehr."

Das Jahr der Dreisamkeit

„Wie fühlen Sie sich, François?" Weiße Wände, keine Bilder. Nichts, was ihn ablenken könnte. „Müde." „Das ist nicht unbedingt etwas Schlechtes." Doktor Harris fixiert ihn mit seinen eisgrauen Augen. „Sagen Sie mir, *wie* Sie denken." „Ich denke immer noch wie vorher." Die Stimme seines Patienten klingt matt. „Es ist so: Wenn ich über die Straße gehe… Ich habe es wirklich versucht… Frauen hinterher zu schauen. Doch ich kann es nicht. Sie interessieren mich nicht. Immer noch nicht." „Ist dem so?" Harris Augen hinter den kantigen Brillengläsern werden größer, deuten einen leisen Zweifel an.

„Sagen Sie mir, François, was empfinden Sie, wenn Sie sich zwingen, Frauen hinterher zu schauen?" „Ich finde sie abstoßend." Er vergräbt seinen Kopf in den Händen. „Ihre Körper ekeln mich an. Ich kann mir nicht vorstellen, jemals einen von ihnen zu berühren. Es fühlt sich falsch an, verstehen Sie." „Ach ja?" Obwohl ein leiser Vorwurf mitschwingt, klingt Harris' Stimme nicht wirklich tadelnd. „Haben Sie mal darüber nachgedacht, François, ob sie sich das alles nur einreden?" „Ich weiß, was ich fühle, Doktor." François hebt den Kopf, sieht ihn mit glasigem Blick an. „Ich finde *Männer* anziehend."

Harris räuspert sich. „Haben Sie mal darüber nachgedacht, ob es einen Auslöser gibt?" „Ich glaube nicht an einen Auslöser." François lässt sich nicht verunsichern. „Ich glaube, dass es vorherbestimmt ist. Wissen Sie, ich war schon als kleiner Junge anders als alle anderen. Ich konnte gut tanzen, hatte einen ausgefallenen Kleidungsstil und eine hohe Stimme, die nach dem Stimmbruch nicht verschwand. Meine Mutter erzählte mir, dass meine Bewegungen bereits früher viel weicher gewesen sind als die meiner Brüder."

Doktor Harris ist still geworden. „Nein, so etwas ist nicht vorherbestimmt", sagt er schließlich. „Man hat *es* niemals von Anfang an. *Es* entsteht mit der Zeit. Meistens durch unangenehme Begegnungen mit Frauen." „Dann gibt es keine Erklärung, Doktor. Meine Mutter war gut zu mir. Bis klar war, dass ich *es* habe." „Keine Sorge." Harris lächelt überlegen. „Ich werde Ihnen helfen. Heute werde ich Ihnen etwas verschreiben, das wahre Wunder vollbringen kann. Sie werden sich bald wieder auf das Wesentliche konzentrieren können. Es wird Ihnen sehr schnell besser gehen."

Er schreibt ein Rezept, drückt es ihm in die Hand. „Sie werden sehen, ich kuriere Sie, François. Es ist nur eine Frage der Zeit. Zweimal täglich eine von denen. Die werden Ihr Problem aus der Welt schaffen." „Statt der anderen?" François sträubt sich innerlich gegen den weiteren Chemiecocktail. „Ich bitte Sie… Natürlich zusätzlich." Harris steht auf, schüttelt ihm die Hand zum Abschied, lächelt ihn aufmunternd an. „Machen Sie sich keine Sorgen. Denken Sie einfach nicht mehr so viel nach. Bis nächste Woche."

„Hey, Montiniere! Warte mal!" Marquise seufzt, bleibt aber stehen. „Hey, Freddie." Wie immer hat er sie auf dem Campusgelände abgefangen. „Sag mal, hast du nichts Besseres zu tun, als mich zu verfolgen?" „Stimmt es, was die anderen sagen?" Seine Stimme klingt heute nicht ganz so selbstsicher wie sonst. „Das über dich und Maxim?" „Was sagen die anderen denn?" Sie hebt die Brauen, bemerkt, dass Freddie nervös ist. „Na, dass ihr jetzt ein Paar seid." Er rückt viel zu schnell mit der Sprache heraus. „Ja, das ist wahr", bestätigt Marquise gerne.

„Oh… Haha… Das… Das freut mich für dich. Euch. Wirklich. Ja… Du hast es also geschafft, Montiniere. Ihn für dich zu gewinnen. Wie konnte ich das jemals bezweifeln. Ich meine, er wäre ein Idiot, wenn er dich nicht nehmen würde. Ist also doch nicht so ein verdammter Volltrottel, für den ich ihn immer gehalten habe. Haha." Sein Lachen klingt nicht wirklich überzeugend, eher deprimiert. „Ich gratuliere,

Montiniere. Dann hast du jetzt wohl das, was du wolltest." „Ja." Verstört beobachtet sie, wie er in sich zusammensackt. „Ich schätze schon."

„Gut… Gut für mich... Dann bin ich wieder frei." Er sieht sie nicht an. „Ich meine, was mache ich hier? Ich bin schon viel zu lange an diesem Ort, muss weiter, verstehst du? Ja genau, in die Welt. Die wartet auf Freddie. Ich hatte nie vor zu studieren, denke, ich reise was rum, verdiene Geld, irgendwie. Mache vielleicht eine eigene Kneipe auf. Oder ein Striplokal. Den ganzen Tag Alkohol und schöne Frauen. Das könnte mir gefallen." Sie will ihn überreden zu bleiben, ihm sagen, dass er nicht gehen soll. Doch das wäre nicht fair. Sie weiß, dass er Abstand braucht.

„Ja, Freddie", sagt sie darum traurig. „Du hast Recht. Du musst weiter." „Ja, ja, ich muss gehen", wiederholt er, vergräbt die Hände in den Taschen seiner viel zu weiten Hose. „Wahrscheinlich werden sich alle freuen, mich los zu sein." „*Ich* werde dich vermissen, Freddie", entgegnet sie leise, aber ehrlich. „Du warst immer so…" Ihr fehlen die Worte. „Irgendwie habe ich dich über die Jahre doch ins Herz geschlossen. Du bist einer der coolsten Menschen, denen ich bisher begegnet bin."

„Dummerweise hat das nicht gereicht, um der Kerl an deiner Seite zu werden." Seine Stimme knarrt beim Sprechen. Er atmet schwer. „Es wäre eh nicht gutgegangen. Mit uns. Ich meine… Du bist jemand, zu dem man höflich sein sollte. Und ich bin eben ich. Freddie. Nicht lange nett zu Frauen. Maxim passt besser zu dir. Eindeutig." „Ich bin froh, dass du die Sache so siehst." Sie bemerkt einen Kloß im Hals. „Bevor du gehst, möchte ich dir noch sagen, dass du ein wirklicher Freund bist. Einer der wenigen wirklichen Freunde, die ich hier habe. Wenn du weg gehst, bleibt mir nur noch Celia."

„Und Pferdegesicht." Freddie grinst. „Meine Trostnummer." „Du hast…" Marquise schnappt nach Luft. „Oh mein Gott, Freddie!" „Ich wollte schon immer wissen, wie es mit Pferden ist." Mit einem unschuldigen Jungenblick versucht er, sie milde zu stimmen. „Sorry, Marquise." „Du bist unmöglich", poltert die. Gegen ihren Willen muss sie lachen. „Ich hoffe, du schämst dich." „Jaja, die Studentinnen hier sind echt nett", schließt Freddie das Thema sachlich. „Machen mich aber fertig mit all ihrem Wissen. Im Grunde stehe ich eher auf Frauen, die nicht so viel in der Birne haben. Das weiß ich jetzt." Er wirkt geknickt. „Wir werden uns nie mehr sehen, Montiniere."

„Im Ernst Freddie... Was hast du vor? Wo wirst du wohnen?" „Ich dachte, ich schaue mal bei meiner Mum vorbei. Die freut sich bestimmt, nach so langer Zeit mal wieder was von mir zu hören. Ich sage ihr, dass ich mich gebessert habe, dass ich sie liebe, haue sie dann um Kohle an und verschwinde über alle Berge. Dann eröffne ich dieses Lokal… Ja, ich glaube, das werde ich tun." „Ist sie wirklich Künstlerin?" Marquise nutzt die Gelegenheit, um in Erfahrung zu bringen, was sie schon immer wissen wollte. „Ist sie so berühmt, wie man hört?"

„Haha." Er lacht blechern. „Das wird wohl immer eines der vielen Geheimnisse von Freddie Allington bleiben. Ich verrate nur so viel: Sie ist noch jung, weiß nicht, wer mein Vater ist, hat ein besseres Verhältnis zu ihren Farbkästen, Drähten und Nägeln als zu mir. Dreimal hat sie mich schon rausgeschmissen. Angeblich bin ich der größte Fehler ihres Lebens. Ich bin schuld daran, dass sie angefangen hat zu trinken. Tja… das mag sich vielleicht im ersten Moment verwerflich anhören, aber ich kann sie verstehen. Ich versaue nun mal ihr perfektes, erfolgreiches Leben." Marquise schluckt. „Das tut mir leid." „Es ist ok." Er zuckt fast hilflos mit den Schultern. „Ich wollte selbst nicht meine Mutter sein."

Dann wird er wieder ernst. „Ich werde dich vermissen, Montiniere. Du bist wirklich was Besonderes. Maxim wäre der größte Trottel im gesamten Universum, wenn er dich jemals loslassen würde... Ich… Ich werde jetzt gehen." Er nimmt sie in den Arm. „Mach's gut. Und denk hin und wieder mal an mich, ok?" „Ja", sagt sie, merkt, wie sich eine einsame Träne in ihre Augenwinkel drängt. „Ja, das werde ich. Versprochen." „Also gut." Er lässt sie los. „Ich werde jetzt meine Sachen packen."

„Weißt du was Glück ist, François?" Als er ihre strahlenden Augen sieht, muss er unwillkürlich lächeln. „Nein, erzähle es mir." „Glück ist, die Menschen an seiner Seite zu haben, die man liebt." „Hm." François nimmt ihre Hand. „Dann musst du wohl sehr glücklich sein." „Und wie. Es ist so, als ob ich alles Glück dieser Welt für mich gepachtet hätte. Bestimmt ist nie jemand glücklicher gewesen, als ich es in diesem Moment bin." „Das freut mich für dich, chérie." Er geht in die Küche, um eine Flasche Sekt zu holen. „Darauf müssen wir anstoßen!"

Während er weg ist, bemerkt sie seine Tabletten auf dem Tisch. Schlagartig ändert sich ihre Miene. „Was ist das, François?", fragt sie als er zurückkommt. „Tabletten!" Er versucht den Unschuldigen zu spielen. „Das sieht man doch." „Das weiß ich auch." Ihr ist im Augenblick nicht nach Scherzen zumute. „W*ofür* sind die?" „Für alles." Er grinst verzerrt. „Mein Therapeut hat sie mir verschrieben." „Du bist schon wieder in Therapie?" Nur zu gerne würde sie François ständig wechselnden Quacksalbern den Hals umdrehen. Bisher hat jeder versucht ihm einzureden, dass Homosexualität eine Krankheit sei.

„Es wird helfen", erklärt François matt. „Normaler zu werden. Nicht mehr so viel nachzudenken. Besser zu schlafen." „Sie geben dir *Beruhigungspillen*?" Marquise ist sprachlos. „Naja, das Zeug wirkt nicht mal richtig", winkt François ab. „Ich werde davon nur wahnsinnig müde, habe dann keine Lust mehr zu irgendwas, will einfach nur schlafen." „Ah ja... Schlafen. Das hilft natürlich gegen *Probleme*." Marquise ist außer sich. „Herrje, der setzt dich unter Drogen! Hörst du! Du musst diese Therapie abbrechen, François. Sofort!" „Ich muss ihr eine Chance geben." Er öffnet die Flasche. „Das habe ich meiner Mutter versprochen."

„Gib mir die Nummer von diesem Doc!" Ihre Stimme klingt so aggressiv, dass er sie verwirrt ansieht. „Gib sie mir!" „Was hast du denn?" „Es wird doch immer mehr. Siehst du das denn nicht?" Wütend steht sie auf, geht unruhig im Atelier auf und ab. „Am Anfang war es nur ein Präparat. Mittlerweile sind es unzählige Wirkstoffe, die du jeden Tag in dich hineinstopfst. Das kann nicht gut sein. Dieser Typ setzt dich außer Gefecht, François, macht dich willenlos. Das ist es, was er tut. Du wirst diese Therapie abbrechen, hörst du? Du musst es tun!"

„Mrs. Montiniere, Mr. Montiniere? Ich bin Maxim. Es freut mich, Sie kennenzulernen." Marquises Eltern sind begeistert von Maxim Romanov. „Er ist so gebildet und vornehm", schwärmt Marquises Mutter abends, als Maxim gegangen ist. „Warum hast du ihn erst jetzt mitgebracht?" „Ich bitte dich, Maman." Seufzend lässt sich Marquise in einen Sessel fallen. „Wir sind erst ein halbes Jahr zusammen. Außerdem hatte ich Sorge, dass ihr ihn zu alt findet." „Zehn Jahre sind natürlich beachtlich, aber in Ordnung", erwidert die Mutter. „Völlig in Ordnung."

Sie sieht Marquise direkt in die Augen. „Warum wolltest du nicht, dass Annabelle ihn kennenlernt?" fragt sie. „Wie kommst du denn darauf?" Ihre Tochter stellt sich dumm. „Heute ist seit langem mal wieder ein Tag, an dem sie außer Haus ist", stellt Maman scharfsinnig fest. „Du musst dir was dabei gedacht haben." „Das... äh... ist purer Zufall", entgegnet ihre Tochter, nicht ohne rot zu werden. „Ach, mein Täubchen." Dünne Sorgenfalten bilden sich auf Mrs. Monti-nieres Stirn. „Warum hegst du immer so einen Groll gegen deine Schwester? Ich verstehe dich nicht."

Weil sie alles haben will, was ich habe. Nur zu lebhaft kann Marquise sich vorstellen, was gottlob noch nicht geschehen ist: Auf der einen Seite des Tisches ihre Schwester, die Maxim beim Essen kokett in ein Gespräch verwickelt, ihre Augenlider flattern lässt, ihren viel zu tiefen Ausschnitt unter seine Nase hält. Auf der anderen Seite Ma-xim, der ihr Spiel *nicht* durchschaut, versucht, einen guten Eindruck zu machen.

„Und ich verstehe *dich* nicht." Eigentlich möchte Marquise nicht an-fangen, zu streiten, kann sich den bissigen Kommentar jedoch nicht verkneifen. „Warum bist du so blind?" Das Gesicht der Mutter er-starrt. „Wie meinst du das?" „Du willst nicht sehen, was aus ihr ge-worden ist!" Wütend springt Marquise auf. „Seit sie auf diese Privat-schule geht, wird sie von euch bewundert. Das steigt ihr zu Kopf. Sie hält sich für was Besseres, hat keinen Respekt mehr vor mir. Ist euch nicht aufgefallen, wie sie sich schminkt und kleidet? Sie schleicht sich nachts aus dem Haus, trifft sich mit irgendwelchen Männern. Und sie hat sich… sie hat sich… herrje, sie war gottverdammt schwanger und hat sich kurzerhand eine Stricknadel in den Unterleib gerammt. Annabelle ist verdorben, Maman."

Es wird still im Wohnzimmer. Aus Madame Montinieres Gesicht ist jegliche Farbe gewichen. Schließlich räuspert sie sich. „So denkst du also über deine Schwester?", ist alles, was ihr noch über die Lippen kommt. „Liebst du sie denn gar nicht?" „Natürlich. Irgendwie." Marquises Stimme klingt kalt. „Trotzdem wirst du verstehen, dass ich in solchen Situationen gerne auf ihre Gegenwart verzichte." Dann verlässt sie das Zimmer. „Sie möchte doch nur so leben wie du", hört sie ihre Mutter noch sagen, ehe die Tür ins Schloss fällt.

„Wie stellst du dir deine Zukunft vor?" Sie sind in Maxims Wohnung, sitzen nebeneinander auf dem Sofa. Er raucht. Marquise hat den Kopf an seine Schulter gelehnt. „Unsere Zukunft?", fragt er zurück. Bei diesen Worten huscht ein Lächeln über ihr Gesicht. „Du bist dir also sicher? Dass es eine Zukunft gibt? Für uns?" Maxim dreht sich zu ihr um, sieht ihr fest in die Augen. „Marquise, ich war ein Narr. Wie sonst hätte ich es so lange ohne dich aushalten können." Er nimmt ihre Hand. „Ich will dich niemals mehr loslassen." „Du meinst, wir werden heiraten? Irgendwann?"

Sie bemerkt, dass sich nun auch seine Mundwinkel heben. „Willst du denn heiraten?" „Ja, sicher", gesteht sie, beobachtet vorsichtig sein Mienenspiel, um keine Reaktion zu verpassen. Doch Maxim schmunzelt nur. „Dann werden wir eben heiraten", verspricht er. „Kirchlich oder standesamtlich?" „Kirchlich." Bei dieser Vorstellung beginnen ihre Augen zu leuchten, „und standesamtlich natürlich." „Also gut." Er überlässt ihr die Entscheidung. „Du wirst ganz sicher die schönste Braut Londons sein."

„Ich will deine Familie kennenlernen", fordert sie in diesem Zusammenhang nicht zum ersten Mal. „Deine Mutter, deinen Bruder und deine Schwester." Wie immer versucht er auszuweichen, wenn sie darauf zu sprechen kommt. „Ich weiß nicht, ob das eine gute Idee ist, Marquise", sagt er leise, hofft, dass sie sich damit zufrieden gibt. „Sie wohnen nicht gerade um die Ecke." „Warum willst du nicht über sie reden?" Marquise versteht ihn nicht. „Es ist deine Familie, Maxim." „Warum willst *du* nicht über deine Schwester reden?" fragt er zurück. „Das kann man nicht vergleichen", protestiert sie. „Annabelle ist ein Miststück."

„Das Verhältnis zwischen mir und meiner Familie ist auch nicht das beste", rechtfertigt er sich. „Sie hätten mich damals wirklich gebraucht, weißt du? Doch ich bin einfach fortgegangen. Mit meiner Geige." „*Warum* hätten sie dich denn gebraucht?" „Mein Vater ist gestorben, als wir noch klein waren. Dann ist meine Schwester krank geworden… Ich hätte arbeiten gehen, Geld ran schaffen sollen, wie Sascha. Stattdessen habe ich Geige gespielt. In London. Meine Mutter hat mir das nie verziehen." Er drückt seine Zigarette aus. „Sie liebt dich ganz sicher noch", hält Marquise mit Nachdruck dagegen. „Immerhin ist sie deine Mutter." Sein Blick verdüstert sich. „Selbst wenn sie mir vergeben hätte… *Ich* werde *mir* niemals vergeben. Niemals." Mitfühlend drückt sie seine Hand.

Da ihr die Worte ausgegangen sind, versucht sie, das Thema zu wechseln. „Wenn wir heiraten, werden wir dann auch Kinder haben?" „Ja, sicher", stimmt er ganz in Gedanken versunken zu. „Wie viele willst du?" „Drei oder vier." Sie scheint sich jetzt schon sicher zu sein. „So viele?" Er lächelt ungläubig. „Eine richtige Rasselbande also. Dann brauchen wir ein großes Haus mit viel Platz." „Genau", stimmt sie zu, „aber nicht hier in der Stadt. Irgendwo auf dem Land." „Das machen wir, mein Herz." Er küsst sie zärtlich auf die Wange. „Alles, was du willst."

„Hey!" Annabelle ist empört, als Marquise ohne anzuklopfen in ihr Zimmer stürmt. „Was soll das?!" „Wie kann es sein, dass mein Parfüm fast leer ist, ohne dass ich es benutze?" „Ich habe es mir hin und wieder geliehen, ok?" „Nein, nicht ok! Du fragst!", faucht Marquise. „Oder hältst dich von meinen Sachen fern! Klar?" „Von deinen Sachen?" Annabelles Augen verengen sich. „Ist Maxim auch so eine *Sache?*" Ihre Schwester ist sprachlos. „Ich… Das…" Sie schnappt nach Luft. „Das ist…" „Du hast ihn mir noch gar nicht vorgestellt." Annabelle zieht eine Schnute. „Und dabei hätte ich das Schnuckelchen so gerne mal kennengelernt."

Marquise wird schlagartig bewusst, dass Annabelle viel gefährlicher ist, als sie bisher angenommen hatte. „Du wirst Maxim in Ruhe lassen", fordert sie barsch. „Du wirst ihn nicht kennenlernen, nicht mit ihm sprechen, ihn nicht berühren. Andernfalls werde ich dir sehr weh tun!" Ihre Drohung lässt Annabelle kalt. „Och, hat die arme Marquise Angst, dass ihr geliebter Maxim bei meinem Anblick schwach wird?", höhnt sie. „Nein, ich habe keine Angst vor dir", erwidert Marquise. „Maxim weiß, warum er mit *mir* zusammen ist." „Tja, das solltest du aber", erwidert Annabelle bissig, „Angst haben. Denk nochmal darüber nach!"

„Es wird eine Oper geben." Madame Chevaliers Augen strahlen sie an. „Eine Oper?", fragt Marquise erstaunt. Sie hat noch nichts davon gehört. „Ja, am Coliseum Theatre!" Chevalier wirft ihr einen tadelnden Blick zu. „Don Juan. Sag nur, du weißt das nicht? Der Regisseur will die Rolle der Donna Anna mit einer unserer Studentinnen besetzen?" „Nein, das hat mir noch niemand gesagt", erwidert Marquise. „Seltsam", findet ihre Lehrerin, „dass Lydia es nicht erwähnt hat… Wie dem auch sei… Ich denke, niemand wird dafür besser geeignet sein als du."

„Ich?" Marquise schnappt nach Luft. „Das ist eine große Ehre, Madame." „Sicher ist es das", entgegnet Chevalier. „Doch selbst, wenn du die Rolle so gut wie in der Tasche hast, wirst du vorsingen müssen." Ihre Schülerin ist immer noch sprachlos. „Das werde ich", bringt sie schließlich hervor. „Gut", Madame wirft ihr einen gnädigen Blick zu. „Ich weiß, dass du mich nicht enttäuschen wirst. Du wirst deine Sache gut machen." Ihre Gedanken schweifen ab. Eine so talentierte Sängerin wie Marquise würden sie auf die Schnelle nirgendwo sonst finden können. Sie lächelt. Ja, ihre Marquise würde groß rauskommen. Dafür würde sie schon sorgen.

„Sie sind fantastisch, Marquise!" Gianni ist begeistert von dem blutjungen, wunderschönen Ding auf der Bühne. „Ihre Stimme ist… phänomenal. Sie sind genau das, was wir suchen!" Ein Lächeln stiehlt sich auf ihr Gesicht. Chevalier hat Recht behalten. Niemand kann mithalten. „Ich sehe Sie jetzt schon vor mir", schwärmt Gianni weiter, „in einem reizenden Kleid. Ich denke in Rot. Ja, das ist Ihre Farbe." Marquise missfällt seine Art, sie anzusehen. „Wissen Sie, Rot steht für Gefahr, aber auch für Erotik", fährt er fort. Ihr wird unwohl. Er ist Mitte dreißig, hat schwarze, angegelte Haare, ein schmieriges Lächeln. Seine braunen, starren Augen scheinen ihren Körper zu scannen.

„Ein rotes Kleid also", erwidert sie hastig, um den Raum so schnell wie möglich wieder verlassen zu können. „Wunderbar. Wann soll ich zur Probe kommen?" „Alles Weitere besprechen wir bei mir zuhause." Er sagt es viel zu harmlos für das, was sich hinter seinen Worten verbirgt. „Bei Ihnen zuhause?", fragt sie, völlig vor den Kopf geschlagen. „Ja, in meiner Wohnung. Und… Nennen Sie mich Gianni. Ich darf doch auch Marquise sagen?" Er zündet sich eine Zigarette an. „Du hast Potential, Marquise. Du bist schön, hast eine Stimme die man nur alle hundert Jahre findet. Ich mache dich berühmt. Also Montag um 20:00 Uhr bei mir."

Marquise ist innerlich längst erstarrt. Sie versteht sehr gut, was er von ihr will. „Du wirst schnell merken, Marquise", fährt Gianni ungeachtet ihres erschrockenen Gesichtsausdrucks fort, „dass es sich lohnt, Opfer zu bringen. Wenn du erst mal ein Star bist, wirst du es nicht mehr bereuen, wirst anfängliche Skrupel vergessen. Genau so funktioniert das Business." Damit ist er zu weit gegangen. Marquise verliert jeglichen Respekt. Zornig verschränkt sie die Arme, verwehrt ihm so den Blick auf ihren Oberkörper. „Ich werde singen und auf der Bühne Rot tragen, wenn Sie das wünschen. Mehr nicht."

Sie ist stolz auf sich, findet, dass sie das gut gesagt hat. Kurz und knapp. Sie würde singen, aber keine Affäre mit ihm beginnen. Er würde nicht auf die Idee kommen, dass sie ihn abstoßend und schmierig findet. Trotzdem scheinen ihm ihre Worte nicht ansatzweise zu gefallen. „Was glaubst du, wer du bist?", zischt er. „Du kannst dir nicht erlauben, so ein Angebot auszuschlagen! So läuft das nicht, Marquise. Das ist ein Spiel. Die Regeln macht immer der, der am längeren Hebel sitzt. In diesem Falle sitze *ich* am längeren Hebel. Du wirst meinen Anweisungen folgen, oder aber… deine Chance verspielen."

„Dann werden sie auf meine *Jahrhundertstimme* verzichten müssen", erwidert Marquise fest, „und mit einer weniger guten Sängerin vorlieb nehmen müssen. Auf Wiedersehen, Gianni." Hoch erhobenen Hauptes rauscht sie an ihm vorbei. „Das wird dir noch leidtun, Marquise Montiniere!", hört sie ihn hinter sich her rufen. „Du bist schöner als gut für dich ist! Diese Welt wird von Männern regiert, verstehst du? Du wirst deinen Stolz ablegen müssen, um den Aufstieg zu schaffen! Mit Tugendhaftigkeit ist noch niemand weiter gekommen!" Obwohl sie sich dagegen wehrt, brennen sich seine Sätze tief in ihr Hirn.

Vor dem Theater trifft sie Lydia. Eigentlich will Marquise nicht mit ihr sprechen. Soll sie doch an ihrem schlechten Gewissen kaputtgehen, denkt sie. Trotzdem hält sie inne, macht nach anfänglichem Zögern ein paar Schritte auf sie zu. „Warum bist *du* denn hier?", fragt sie, während Lydia sich darum bemüht, ihrem Blick auszuweichen. „Ich werde vorsingen", murmelt sie, hebt ruckartig den Kopf und sieht ihr in die Augen. „Glaub ja nicht, dass ich mich von dir verdrängen lasse! Wenn es drauf ankommt, kann ich sehr fleißig sein! Ich werde alles tun, um an diese Rolle zu kommen."

Marquises Magen krampft sich zusammen. Ihr ist klar, dass Lydia gewinnen wird. Dieses eine Mal. „Ach, Lydia", erwidert sie dementsprechend in einem gefährlich sanften Tonfall, während sie langsam den Kopf schüttelt, „du brauchst gar nicht *alles* dafür zu tun. Du musst nur die Beine breit machen. Das ist ja nichts Neues für dich, nicht wahr?" Dann stolziert sie an ihrer Rivalin vorbei.

Erst als sie zu Hause ist, kann sie sich den Frust von der Seele weinen. *Du bist zu stolz!* Giannis Worte schwirren permanent durch ihren Kopf. *Du wirst nicht berühmt, wenn du deinen Stolz nicht ablegst!* Ist das denn wirklich so?, fragt sie sich. *Es gibt doch sicher auch Stars, die berühmt geworden sind, ohne sich nach oben zu schlafen!* Sie überlegt. *Oder hätte ich mich an die Regeln halten sollen...* Diese Gedanken machen sie so wütend, dass sie ihren Kopf am liebsten gegen die Wand rammen würde. Nein, so darf sie nicht denken. So denkt eine Marquise Montiniere nicht. Sie würde andere Wege finden, andere Chancen bekommen. Ganz sicher.

Plötzlich geht die Tür auf. Annabelle platzt ins Zimmer. „Kann ich mir deine goldenen Ohrringe…" Sie verstummt abrupt, als sie in das verheulte Gesicht der großen Schwester blickt. „Oh", murmelt sie betroffen, scheint verunsichert zu sein. „Das Vorsingen hat wohl doch nicht so geklappt, wie du es dir vorgestellt hast, was?" Noch nie hat sie Marquise so am Boden gesehen. Selbst die Kraft, wegen der Ohrringe herumzuschreien, scheint ihr zu fehlen. „Nimm dir, was du willst", erwidert sie niedergeschlagen. „Und dann geh einfach."

„Wie konnte das denn passieren?" Annabelle macht keine Anstalten zu gehen. „Hattest du einen schlechten Tag?" „Nein", entgegnet Marquise, die selbst nicht genau weiß, warum sie sich auf diese Unterhaltung einlässt. „Der Regisseur wollte…" Ihre Schwester hat schon verstanden. „Er wollte eine Affäre, richtig?" Marquise antwortet nicht, tupft sich stattdessen über die Augen. „Wie dämlich bist du?", braust Annabelle auf. „Jede andere an deiner Stelle hätte es getan. Du wirst es nie nach oben schaffen! Nie!" Sie schaut verächtlich auf Marquises herab, verlässt dann das Zimmer.

In der nächsten Unterrichtsstunde ist Madame Chevaliers Stimmung auf dem Tiefpunkt. „Lydia hat die Rolle bekommen", beschwert sie sich mit Grabesmiene, während sie ihre Lieblingsschülerin so kalt ansieht, dass diese erschrocken den Kopf einzieht. „Wie konnte das passieren, Marquise?" Die steht nur da, senkt verunsichert den Blick. „Antworte mir!", herrscht ihre Lehrerin sie an. „Wie konnte das passieren?" „Es war nicht meine Schuld", flüstert Marquise, eingeschüchtert von dem einzigen Menschen, dessen Meinung ihr wichtig ist. „Gianni... Er wollte... Er hat mir ein unehrenhaftes Angebot gemacht."

„Ach ja?" Madame Chevalier zieht die Augenbrauen hoch. „Was für ein Angebot denn?" „Er wollte...", stottert Marquise, während ihr die Röte ins Gesicht steigt. „Er wollte Gegenleistungen." „Na und?" Madame Chevalier ist nicht annähernd so entsetzt, wie sie gehofft hat. „Mein liebes Kind..." Sie zündet sich eine Zigarette an, lässt sich anschließend resigniert in ihren Sessel sinken. „Das wollen sie doch immer. Regisseure sind so." Marquise ist außer sich. „Sie meinen, ich hätte das Angebot annehmen sollen?" „Ach, Marquise", seufzt Chevalier, „denkst du, ich wäre berühmt geworden wenn ich mich nicht mit den richtigen Männern verbündet hätte? Wir sind Frauen. Uns bleibt keine andere Wahl."

„Das ist nicht wahr", kontert Marquise überraschend selbstbewusst. „Sie sind berühmt geworden, weil Sie eine fantastische Stimme hatten... Und weil Sie attraktiv waren." „Ja. Auch." Chevalier lässt sich von der Wut ihrer Schülerin nicht aus der Ruhe bringen. „Aber auch weil ich..." „Nein, ich will das nicht hören!" Marquise hält sich die Ohren zu. „Ich glaube das nicht." „Du kannst dir das ruhig anhören! Du musst es dir anhören!" Gefasst drückt Chevalier ihre Zigarette aus. „Denn es ist die Wahrheit." Marquises Unterlippe bebt, während sie jegliche Ehrfurcht vor ihrer Lehrerin verliert.

„Ich habe Sie *bewundert*", schließt sie nach einer kurzen, unangenehmen Stille. „Bitte, Marquise!" Chevalier versucht ein letztes Mal, die Dinge besser zu reden als sie sind. „Es ist doch nur..." „Ich habe Sie *verehrt*." Eine Träne kullert über Marquises Wange. „Sie waren mein größtes Vorbild. Ich wollte unbedingt so sein wie Sie." Dann verlässt sie den Raum, schlägt die Türe lautstark hinter sich zu. Chevalier sieht ihr fassungslos hinterher.

„Deine Entscheidung war richtig." François streicht ihr mitfühlend über den Arm. „Völlig richtig. Du musst dich *nicht* mit schmierigen Regisseuren einlassen, um auf die Bühne zu kommen." Sie sitzt wie ein Häuflein Elend neben ihm auf dem Sofa. „Du wirst auch so berühmt." Er reicht ihr ein neues Taschentuch. „Für *so* was willst du deine Beziehung doch nicht gefährden." „Natürlich nicht", schluchzt Marquise, denkt an Maxim, der noch nichts von dem ganzen Trubel weiß. „Trotzdem bin ich enttäuscht", erklärt sie. „Ganz besonders von Madame Chevalier." „Ich weiß, chérie." Er seufzt. „Das war ein harter Tag für dich."

Bevor sie wieder geht, erkundigt sie sich nach seinem Befinden. „Gestern habe ich meine Medikamente abgesetzt." Der Maler zieht eine Grimasse. „Schlimm, das Zeug." „Du hast die Therapie beendet!" Marquise frohlockt. „Du hast es endlich geschafft, diesem Idioten zu sagen, dass er…" „Nein", bekennt François. „Ich habe die Medikamente abgesetzt. Das ist alles." „Du musst sie abbrechen!", beharrt Marquise wütend. „Dieser Harris labert dummes Zeug. Das weißt du doch." „Ja, ich weiß." Deprimiert lässt François den Kopf sinken, „Ich bin zu feige, traue mich nicht es ihm zu sagen." „Soll ich mit ihm reden?", bietet sie an. „Ich habe keine Angst vor diesem Mann."

Ganz nebenbei bemerkt sie blaue Flecken auf seinen Armen, ist alarmiert. „Woher kommen die, François?" Ihre Stimme überschlägt sich. „Ach das…", winkt er ab, „ist nicht so tragisch. Das waren bloß ein paar Skinheads, die was gegen Schwule hatten." „Du bist verprügelt worden?" Schon öfter ist François auf der Straße beleidigt worden. Zu körperlichen Übergriffen ist es bisher noch nicht gekommen.

„Verprügelt würde ich das nicht nennen." Er zündet sich eine Zigarette an. „Eher rumgeschubst." „Du musst diese Kerle anzeigen", fordert Marquise. „Du darfst dir nicht alles gefallen lassen."

„Ob du es glaubst oder nicht, Marquise", erwidert François. „Es tat weniger weh, als von der eigenen Mutter als schwule Sau bezeichnet zu werden. Die tiefsten Wunden werden nicht von Fäusten verursacht." Das erscheint ihr gleichermaßen bedrückend wie plausibel. „Weißt du", fährt der Maler fort, „diesen Typen habe ich längst verziehen. Es sind nur bemitleidenswerte, ungeliebte Geschöpfe. Sie können wahrscheinlich nicht mal was dafür, dass sie so sind. Meine Mutter ist eine kluge Frau. Sie hätte versuchen müssen, mich zu verstehen. Ihr kann ich nicht vergeben." „Du hast Recht", erwidert sie, während ihre Kehle trocken wir. „Das ist wirklich schlimmer!"

Es ist bereits Abend, als sie François verlässt, um noch bei Maxim vorbeizuschauen. Der sitzt mit einem Glas Wein vor dem Fernseher, beschäftigt sich ausnahmsweise mal nicht mit Üben. „Heute ist *ihr* Geburtstag", sagt er undeutlich. Sie setzt sich neben ihn. „Heute hat *Anna* Geburtstag." *Anna.* Seine Schwester. „Wie alt wird sie?" Maxim sieht alles andere als glücklich aus. „Zwanzig." Er sagt es so leise, dass sie ihn kaum versteht. „Sie wird zwanzig." „Sie ist fast so alt wie ich?" Er hat schon oft erwähnt, dass sie Anna äußerlich sehr ähnlich sieht. Dass sie auch ungefähr gleichalt ist, hat sie nicht gewusst. „Ja", murmelt er, vergräbt den Kopf in den Händen.

„Warum bist du traurig, Maxim?" Marquise greift vertrauensvoll nach seiner Hand, bemerkt, dass er weint. „Himmel… Maxim… Was ist los?" Ihr Freund antwortet nicht, schluchzt nur stumm vor sich hin. Sie denkt an François' Worte: *Er ist ein Wolf, Marquise. Ein einsamer Wolf, der flieht, wenn es brenzlig wird.* „Maxim", flüstert sie vorsichtig. „Was es auch ist, du kannst es mir sagen!" Er reagiert nicht, starrt weiter vor sich hin. Marquise ärgert sich darüber, dass er ihr nicht erzählen will, was los ist, sagt schließlich wütend: „Dann ist es wohl besser, wenn ich jetzt gehe!"

Sie nimmt sein Weinglas, leert es in einem Zug. Dann erhebt sie sich wortlos. Er räuspert sich leise. „Marquise…" Sie bleibt im Türrahmen stehen, dreht sich noch einmal zu ihm um. „Anna ist tot, nicht wahr?" Maxims Gesicht wird aschfahl, doch er antwortet nicht. „Du willst nicht darüber reden? Nicht mal mit *mir*?", erwidert Marquise ungewollt kalt. „Ok. Wie du meinst. Wenn du der Ansicht bist, dass Reden überflüssig ist, werde ich hier nicht gebraucht. Ich komme erst wieder, wenn du mir endlich sagst, wer du bist, Maxim Romanov. Wenn du mir die Wahrheit über Anna erzählst. Ich hasse Ratespiele, wenn es um wichtige Dinge geht!"

Es dauert zwei Tage, bis sich Maxim bei ihr meldet. „Marquise, bitte, komm vorbei!" Seine Stimme klingt flehend, aber müde durch den Hörer. „Es tut mir leid, Marquise. Wenn du die Wahrheit hören willst, werde ich sie dir erzählen. Die ganze Wahrheit. Ok? Ich will dich nicht verlieren." „Na schön", lenkt sie ein. „Wir sehen uns nachher." Obwohl sie immer noch verärgert ist, könnte ihre Stimmung nicht besser sein. Der Wolf will nun also doch sprechen, triumphiert sie innerlich.

„Anna war mein Ein und Alles", beginnt Maxim, als sie bei ihm ist. „Ich liebte sie wie keinen anderen Menschen. Sie nahm mich ernst. Im Gegensatz zu Mutter und Sascha sah sie nicht auf mich herab, weil ich lieber Geige spielte als auf den Bau zu gehen. Anna verstand mich. Sie war ein fröhliches Kind, hörte mir gerne beim Spielen zu… Bis sie diese Flecken bekam. Überall am Körper. Von da an war nichts mehr wie früher. Sie litt unter einer seltenen Krebserkrankung, magerte ab, wurde bleich. Die einst so glänzenden Augen verblassten. Es brach mir das Herz, sie so zu sehen.

Meine Familie war völlig überfordert. Mutter schrie wegen jeder Kleinigkeit. Sascha suchte andauernd Streit mit mir. Als Anna nicht mehr kämpfen wollte, spitzte sich die Situation zu. *Ich werde die nicht mehr nehmen*, sagte sie, als ich mit ihren Tabletten kam. *Ich will das nicht mehr, Maxim.* Ich redete ihr gut zu, versuchte sie umzustimmen, doch sie stellte sich stur. Sascha respektierte das nicht, flößte sie ihr mit Gewalt ein. Er tat ihr weh. Ich schlug ihn so lange, bis Mutter uns auseinander riss.

In diesem Moment beschloss ich zu gehen. Ich beschloss, mein Stipendium anzunehmen. Bisher hatte ich das nicht getan. Wegen Anna. Doch nun wollte ich Russland verlassen. So schnell wie möglich. Ich redete mir ein, dass es sein muss, dass es für die anderen besser ist. *Ohne mich.* Das machte die Sache leichter. Anna würde sterben. Soviel war klar. Im Gegensatz zu Sascha und Mutter hatte ich mich längst damit abgefunden. Selbst Anna wusste es.

Am Abend, bevor ich die Familie für immer verließ, besuchte ich sie. *Ich werde nach London gehen*, sagte ich ihr. *Schon morgen. Mit Cecilia... Wegen Cecilia...* Sie lächelte traurig. *Ich werde sterben, wenn du fort bist,* gab sie zu bedenken. *Kannst du nicht warten? Es wird nicht mehr lange dauern.* In ihren Augen lag dieses Flehen. Ein Flehen, das mich bis heute verfolgt. *Ich muss gehen,* erwiderte ich ungeachtet dessen. *Wenn ich das Stipendium nicht annehme, verfällt es.* Sie nickte, konnte meine Entscheidung verstehen. Eine Woche später war sie tot."

Als er geendet hat, greift er mit zitternden Fingern nach seinen Zigaretten. „So... Jetzt weißt du, was du schon immer wissen wolltest, Marquise", sagt er, während er raucht. „Ich habe meine todkranke Schwester im Stich gelassen, um meinen Lebenstraum zu verwirklichen. Ich war *nicht* bei ihr, als sie starb. Was kann schlimmer sein? Ich bin ein Egoist. Ich bin fortgelaufen. Vor Annas Krankheit. Vor meiner Familie. Dafür gibt es keine Entschuldigung. Darum spiele ich mir vor, dass sie noch lebt."

„Es war richtig zu gehen", findet Marquise, nachdem sie eine Weile schweigend über Maxims Worte nachgedacht hat. „Du gehörst hierher. Nach London. Auf die Bühne. Zu mir. Denkst du nicht, dass Anna dir längst verziehen hat?" „Doch", stimmt er zu. „Trotzdem vergeht kein Tag, an dem *ich* mir keine Vorwürfe mache. Ich kann sie nicht loslassen." Marquise nickt. Dann sagt sie: „Genau das musst du aber, Maxim. Sie loslassen. Damit du wieder frei bist. Für mich. Ich will nicht mit Anna konkurrieren."

Für kurze Zeit ist es still. Dann fügt sie hinzu: „Es war nicht deine Schuld, dass Anna gestorben ist…" „Ich habe sie im Stich gelassen, war nicht bei ihrer Beerdigung", unterbricht er sie, versucht das Problem noch einmal auf den Punkt zu bringen. „Ich habe nicht mal Blumen in ihr Grab geworfen." Sie nickt. „In Zukunft sollten wir über so was reden, Maxim", erwidert sie, sieht ihn sanft an. „Das meine ich ernst. Es ist wichtig." „Ok", kommt es schwach, jedoch überraschend einsichtig zurück. „Du hast Recht…"

Nachdem er sich beruhigt hat, kommt er auf einen anderen Gedanken. „Wie war dein Vorsingen? Hast du die Rolle?" Verwirrt bemerkt er, dass sich ihre Miene verdüstert. „Nein. Lydia hat sie." „Was?" Maxim kann das nicht glauben. „Warum Lydia? Wer nimmt denn Lydia, wenn er dich haben kann?" Erst im Nachhinein wird ihm bewusst, dass dieser Satz eine gewisse Zweideutigkeit in sich trägt. „Das ist eine gute Frage!" Die Schärfe ihrer Worte verrät, dass auch sie es bemerkt hat. „Die Antwort darauf bist du mir noch schuldig, Maxim." Sie sieht im direkt in die Augen. Er seufzt.

„Nun?", hakt sie nach. Maxim zuckt hilflos mit den Schultern, will auf keinen Fall, dass sie wieder sauer wird. „Es hatte nichts zu bedeuten, Marquise", sagt er nur. „Schon gut." Sie beruhigt sich langsam. „Ich versuche ja, es zu vergessen. Aber das ist nicht so einfach. Sie war meine beste Freundin." Er versteht sie, hat gleichzeitig Angst, dass diese Sache auf Dauer zwischen ihnen steht. „Du wirst mir das ewig vorhalten, stimmt's?" „Nein." Sie schüttelt den Kopf. „Nicht ewig."

„Sei nicht traurig..." Er klopft ihr aufmunternd auf die Schulter. „Du wirst andere Angebote bekommen, Marquise." Sie lächelt vorsichtig. „Glaubst du?" „Ich liebe dich", beteuert er. „Natürlich glaube ich an dich. Wenn Gianni dir in die Quere kommt, schlage ich ihn wie ich Sascha geschlagen habe."

Das Jahr des Ruhmes

„Hallo, ich bin Marianne. Ich könnte deiner Karriere ein wenig auf die Sprünge helfen."

Verdutzt sieht Marquise auf eine blonde Frau hinunter, die nach dem Konzert unaufgefordert in der Künstlergarderobe erschienen ist. Obwohl die Person mit blondem Pagenschnitt und schwarzem Anzug einen ganzen Kopf kleiner ist als sie, fühlt sie sich eingeschüchtert. Marianne hat eine knabenhafte Figur, ist jedoch nicht gerade zierlich gebaut. Dennoch könnte man sie attraktiv finden, wäre da nicht dieser eisige Blick, der ihrem Gesicht einen unsympathischen, nahezu herrischen Ausdruck verleiht. Herrisch ist auch ihre Stimme, hart, mit einem distanzierten, kühlen Klang.

„Ein Manager ist wichtig. In deinem Geschäft", schwatzt die Fremde weiter, ohne auf Marquises verwirrten Gesichtsausdruck zu reagieren. „Ich habe dir zugehört. Du bist fantastisch. Dir fehlen lediglich Verbindungen, um den Weg nach oben zu schaffen. Nun… die habe ich. Ich kann dafür sorgen, dass du die *richtigen* Auftritte bekommst, dass deine Artikel in den *richtigen* Zeitungen erscheinen, dass die ganz Großen auf dich aufmerksam werden. Na, was sagst du?" Marquise ist sprachlos. „Du brauchst noch keine Entscheidung zu treffen", fährt Marianne unbekümmert fort. „Nimm einfach meine Karte. Du solltest mich anrufen, wenn du darüber nachgedacht hast." Dann geht sie.

„Eine Managerin?" Maxim gefällt dieser Gedanke gar nicht. „Manager sind Aasgeier, die nur den eigenen Profit sehen. Denen ist der Mensch egal." „Ich will mich trotzdem bei ihr melden", erwidert Marquise, die sich bereits entschieden hat. „Vielleicht macht sie mich tatsächlich mit den richtigen Leuten bekannt." Maxim ist verstimmt. „Bist *du* noch nie von einem Profi angesprochen worden?", fragt sie vorsichtig, bemerkt, wie er augenblicklich in ein betroffenes Schweigen verfällt. „Nein", gibt er nach einer Weile zu. *Das ist es also.* „Du bist neidisch", schlussfolgert sie prompt. „Richtig?" „Unsinn!" Seine Stimme bekommt einen aggressiven Unterton. „Ich würde dir alles gönnen. Das weißt du doch. Ich halte die Sache nur für keine sonderlich gute Idee."

„Ich glaube, sie ist das Beste, was mir passieren konnte", hält Marquise dagegen. „Jeder Star hat einen Manager. Es wäre ein großer Schritt in die richtige Richtung." „Du bist naiv, Marquise…" Mit gekränkter Miene verschränkt er die Arme. „Das Erste, was diese Managerin tun wird, ist, alles aus dem Weg zu räumen, was zwischen *dir* und *ihr* steht. Und das bin *ich.* Sie wird einen Keil zwischen uns treiben. Sie wird dich von Konzert zu Konzert jagen. Wir werden uns voneinander entfernen." Jetzt muss Marquise gegen ihren Willen lächeln. „Du machst dir Sorgen?" „Ich mache mir immer Sorgen, Marquise." Er zündet sich eine Zigarette an. „Wenn du meinst, dass du es tun musst, dann ruf diese Frau an. Lass aber nicht zu, dass sie dich total vereinnahmt."

„Du bist also zweiundzwanzig?" „Ja." Marquise ist in Mariannes Büro. Die Möbel sind schwarz, elegant, haben zweifellos einen Stil, der zu ihr passt. „Single?" „Nein." Die Managerin verzieht keine Miene, während sie mit wichtigtuerischen Gesten eine vor ihr liegende Liste abarbeitet. „Wohnst du alleine?" „Nein. Bei meinem Freund." „Hm." Ihr Kugelschreiber bewegt sich rasend schnell über das Papier. „Ist sie groß? Die Wohnung?" „Nein", sagt Marquise wieder. „Dann müssen wir etwas Angemessenes finden." Marianne sieht nicht von ihrem Papier auf. „Was macht er? Dein Partner?" „Er ist Geiger", antwortet sie stolz, „ein fantastischer Solist…" „Wirklich?" Die blonde Frau wird hellhörig. „Wie heißt er?" „Maxim." „Weiter?" „Romanov." „Das sagt mir leider gar nichts." Marianne wirkt ernüchtert, wendet sich wieder ihrer Arbeit zu.

„Du bist Schülerin von Clarice Chevalier?" „Ja." „Nun, das sind gute Voraussetzungen." Mariannes Mund verzieht sich zu einem kalten Lächeln. „Chevalier war früher selbst mal ziemlich groß im Geschäft. Es wundert mich nicht, dass sie dich unterrichtet. Du hast Gold in der Kehle, Marquise." Dann wird sie ernst. „Ich will dir keine Illusionen machen… Dir muss bewusst sein, dass dein Leben ab jetzt nicht leichter wird. Verstehst du?" „Ja", erwidert Marquise einsichtig, während sie mit ungutem Gefühl an das Gespräch mit Maxim zurückdenkt. „Du wirst mehr tun müssen, wirst dich noch mehr anstrengen müssen."

„Ich werde mein Bestes geben." Marquises Fingerspitzen trommeln nervös auf die Tischplatte. „Ja wirklich, ich kann sehr streng mit mir sein. Ich habe Disziplin." „Gut", Marianne legt ihren Kugelschreiber zur Seite, sieht ihr direkt ins Gesicht. „Du kannst es schaffen. Sonst wärest du nicht hier. Es wird jedoch nicht ohne Opfer gehen. Der Weg zum Ruhm ist nun mal ein Weg voller Qualen." „Ich weiß." Trotz der rosigen Zukunftsaussichten bemerkt Marquise einen Kloß im Hals, überlegt, ob nicht alles zu schnell geht. „Gut", schließt Marianne zufrieden, „das hier musst du ausfüllen. Ich werde mich in den nächsten Tage bei dir melden."

Marquise Montiniere, der Paradiesvogel Englands

Gebannt verfolgt Maxim die Schlagzeile über dem Bild seiner Liebsten. Marquise sieht entzückend aus in ihrem roten Kleid. Gianni hat Geschmack, denkt er. Das muss man ihm lassen. Rot ist ihre Farbe. *Londons neues Gesicht*, liest er. Im Artikel darunter: *Marquise Montiniere heißt die junge Sängerin, die schon bald die Opernbühnen Englands ihr Eigen nennen darf. Sie überzeugt nicht nur mit ihrer dramatischen, einfühlsamen Stimme, sondern auch mit ihrer Schönheit…* Schönheit? Er legt die Zeitung beiseite. Etwas in ihm sträubt sich dagegen, Marquises Ruhm so einfach hinzunehmen.

Schönheit? Was erlaubt sich dieser Schmierfink? Der Text ist doch ganz sicher von einem Mann geschrieben... Er greift erneut nach der Zeitung, wirft einen Blick auf den Verfasser. Ja, natürlich.

Obwohl ihm bewusst ist, dass er nicht der Einzige ist, dem Marquise gefällt, will er nicht, dass demnächst unzählige, schmachtende Reporter lüsterne Artikel über seine Partnerin schreiben. Ob das immer so ist, wenn eine Sängerin berühmt wird?, überlegt er. Sicher. Und das wird sie nun mal. Berühmt. Marquise hat in ihren letzten Rollen brilliert. Zweifellos. *Eine Stimme*, hat die Presse zutreffend gejubelt, *wie dunkler, süßer Honig*. Maxim seufzt, steht auf, nimmt seine Geige in die Hand. Nein, er wird sich *nicht* aufregen. Marquise hat gerade eine Glückssträhne, und er wird sich selbstverständlich für sie freuen.

„Weißt du noch, Cecilia", sagt er, sieht seine Geige melancholisch an, „wie es früher war? Du warst die einzige Frau in meinem Leben. Natürlich gab es da noch die ein oder andere... Doch die konnten nicht mithalten. Nicht mit dir. Das hat sich geändert, Cecilia. Jetzt bist du nur noch Nummer zwei. Nicht deshalb, weil du all die Jahre keine vortreffliche Partnerin gewesen wärest... Du warst geduldig... Kein bisschen zickig... Es ist nur so, dass ich mit dir weder reden noch streiten kann. Verstehst du das? Mit Marquise schon. Ich bin ihr verfallen. Sie hat mein Leben um so viel bereichert..."

Er hält inne, denkt an den Moment zurück, als Marquise ihre Gefühle offenbart hat. In diesem Moment ist etwas in ihm erwacht. Etwas, dass er nun nicht mehr missen will. „Sie entgleitet mir, Cecilia", klagt er. „Ich weiß nicht, ob ich sie halten kann. Sie wird mir über den Kopf wachsen. Dauernd ist sie fort. Ich habe keine Ahnung, wo sie gerade steckt. Was soll ich..." Maxim unterbricht sich abrupt. Die Lösung scheint urplötzlich auf der Hand zu liegen. Auch er wird sich um seine Karriere kümmern, seine Ziele von früher verfolgen. Was Marquise kann, kann er schließlich auch.

Marianne ist, wie Maxim ein paar Monate später neidlos anerkennen muss, Meisterin ihres Fachs. Marquises Stimme ist gefragter denn je. Die Kulturblätter sprechen von nichts Anderem mehr. Seine eigene Kariere läuft dagegen eher schlecht als recht. Er hat ein paar exzellente Konzerte gegeben, ja. Die Reihen sind jedoch nicht voll besetzt gewesen. Nüchtern betrachtet ist er nicht mehr so jung wie Marquise, doch auch nicht zu alt, um ein Star der klassischen Musik zu werden. Er ist erst knapp über dreißig, steht seiner Freundin weder im Können noch in der Bühnenpräsenz nach.

Es ist wieder mal tief in der Nacht, als Maxim wach im Bett liegt, neben ihm Marquise, die fest schläft. Der Gedanke, ein Versager zu sein, treibt ihn um. Was ist der Unterschied zwischen ihm und seiner Freundin? Warum können sie nicht beide erfolgreich sein? Ist es ein Naturgesetz, dass immer nur einer nach oben kommt? Marquise hat bereits gemerkt, dass irgendwas nicht stimmt, hat sich große Mühe gegeben herauszufinden, was es ist. Doch er hat es nicht gesagt. Mal wieder nicht. Zu groß ist die Angst gewesen, nicht richtig verstanden zu werden.

Natürlich ist er stolz auf sie und ihre Karriere… Trotzdem will er nicht ständig in ihrem Schatten stehen. Warum hat sie es geschafft? Am Talent alleine kann es nicht liegen… Woran sonst? Mit einem Mal fällt es ihm wie Schuppen von den Augen. Marianne. Natürlich. Sie ist die treibende Kraft hinter alledem. Ihr hat Marquise viel zu verdanken. Auch wenn Maxim professionelle Manager für sich bisher abgelehnt hat, sein Schicksal nicht in die Hand eines Fremden legen wollte, so muss er doch einsehen, dass dies ein entscheidender Punkt ist. Die Agentur. Vielleicht, so überlegt er, ist dieser Schritt unausweichlich.

Maxim betrachtet Marquise. Ihr Atem geht langsam und gleichmäßig. Auch schlafend und ungeschminkt ist sie noch wunderschön. Ich bin ein Glückspilz, denkt er, lächelt, streicht ihr vorsichtig über das Haar. Direkt morgen würde er es tun. Sich einen Manager suchen. Auch wenn ihm nicht wohl bei dem Gedanken ist.

„Hast du schon davon gehört?" „Was?", irritiert sieht Marianne von ihrem Computer auf. „Dass Maxim jetzt auch einen Manager hat?" „Ja." Sie wendet sich erneut dem Bildschirm zu. „Es ist David, ein Kollege von mir. Völlig unfähig, wenn du mich fragst. Mach dir keine Gedanken." „Warum sollte ich mir Gedanken machen?" Verständnislos sieht Marquise sie an. „Na, weil du völlig aufgewühlt bist." Marianne klingt genervt. „Sonst wärest du jetzt wohl nicht hier. Du machst dir Gedanken darüber, dass Maxim bekannter werden könnte als du. Das wird er nicht. Nicht mit David. Also brauchst du nicht weiter darüber nachzudenken."

„Ich mache mir keine Gedanken…", murmelt Marquise, setzt sich auf einen Stuhl vor Mariannes Tisch. „Ich verstehe nur nicht, warum er das jetzt doch tut. Er hat immer gesagt, er will das alleine schaffen. Ohne Manager. Ich weiß noch, was für einen Aufstand er gemacht hat, als ich zu dir gegangen bin…" „Er ist ein Mann, Marquise." Mariannes Finger hämmern im Akkord auf die Tastatur. Eine leichte Bissigkeit liegt in ihren Worten. „Wenn ich dir eines über Männer sagen kann, dann das: Sie vertragen es nicht, wenn die Frau überlegen ist. Deswegen habe ich keinen."

Als sie nach einer Weile aufblickt und bemerkt, dass Marquise sich immer noch Sorgen macht, wird sie wütend. „Herrje, jetzt geh schon! Kümmere dich um deine Stimme!", faucht sie. „Halte mich hier nicht auf. Ich plane deine Tournee. Das ist viel Arbeit, klar? Singe oder was du sonst so tust, aber geh!" Auch wenn Marquise den harten Ton ihrer Managerin gewohnt ist, zuckt sie unwillkürlich zusammen. „Es ist nicht so, wie du denkst", entgegnet sie vorsichtig, versucht sich klarer auszudrücken. „Ich habe das Gefühl, dass wir uns entfremden." „Und wenn…", erwidert Marianne geistesabwesend.

„Marianne, ich…", unternimmt Marquise einen letzten Versuch, ihre Bedenken loszuwerden, doch die Managerin fährt ihr hart über den Mund. „Verdammt, Marquise! Er ist doch nur ein Mann! Männer sind ersetzbar. Eine Karriere nicht. Wenn du jetzt keine Opfer bringst, ist der Zug abgefahren. Schon vergessen? Willst du nun eine Karriere oder nicht?" Marquise schluckt mühsam, wirkt hin- und hergerissen. „Ja", flüstert sie dann. „Schon." „Gut", Mariannes Stimme wird noch kühler als sonst. „Dann darfst du es Maxim wohl nicht verübeln, dass er auch eine will. Und jetzt geh endlich, in Dreiteufelsnamen."

Maxim Romanow - Gefühl ist alles

Ein Interview mit dem Newcomer des Jahres

Von unserem Reporter James Gardner

James:
Maxim, wären Sie zu einem kurzen Interview bereit?
Maxim:
Natürlich.
James:
Sie gelten als der aufsteigende Stern der Klassikszene. Und das, obwohl vor einem Jahr noch fast niemand Ihren Namen kannte. Wie kam es dazu?
Maxim:
Vieles verdanke ich meinem Manager. David. Er hat mir dabei geholfen. Ohne ihn, wäre ich heute nicht hier.
James:
Die Kritiker loben insbesondere ihre gefühlsvolle Spielweise…

Maxim:

Glücklicherweise. Gefühl ist das Wichtigste in der Musik.

James:

Sind Sie denn ein gefühlvoller Mensch, Maxim?

Maxim:

Ich denke schon.

James:

Sie denken?

Maxim:

Fragen Sie mein Umfeld. (grinst)

James:

Ihre Freundin, Marquise Montiniere?

Maxim:

Sie kann das am besten beurteilen. Sie muss es schließlich mit mir aushalten. (lacht)

James:

Was halten Sie von dem Spitznamen, den die Presse Ihnen Beiden verpasst hat?

Maxim:

Maxquise? Das finde ich wirklich reizend. (lacht wieder) Klingt ein wenig wie exquisit.

James:

Würden Sie ihre Beziehung so bezeichnen?

Maxim:

Marquise ist mein ganzes Glück. (ernst)

James:

Ist es denn nicht schwierig, jetzt, wo Sie beide so erfolgreich sind?

Maxim:

Sicher ist es nicht immer einfach. Wir haben beide viel zu tun. Sind oft unterwegs. Doch das sollte kein Hindernis sein. Oder? Für die Liebe des Lebens?

James:

Und das ist sie?

Maxim:

Das ist sie. Marquise ist die Einzige für mich. Abgesehen von meiner Geige natürlich. Die wird auch immer einen Platz in meinem Herzen haben.

James:

Cecilia, richtig? Wie beschreiben Sie die Beziehung zu Ihrer Geige?

Maxim:

Es gab dieses Band zwischen uns. Von Anfang an. Genau wie bei Marquise.

…

Aufgebracht schlägt Marianne die Zeitung zu. „Verdammter Scheißkerl!" „Was hast du?" Marquise sieht sie fragend an. „Das hört sich doch ziemlich gut an. Maxim hat es endlich geschafft. Ich freue mich für ihn. Jetzt sind wir beide im Rampenlicht. Wer hätte gedacht, dass es so kommt. Seit neuestem haben wir sogar einen eigenen Namen…" „Ich meine nicht *Maxim*. Ich meine *David*!" Marianne ist rot vor Zorn. „David hat noch nie was zustande gebracht. Doch jetzt sieht es ganz so aus, als ob auch er mal die richtige Strategie angewendet hätte. Jetzt haben wir beide einen Newcomer hervorgebracht, was heißt, dass sein Standing deutlich besser geworden ist. Er wird künftig eine ernstzunehmende Konkurrenz sein."

Marquise lacht über ihre Befürchtungen. „Für mich ist es jetzt viel einfacher. Es scheint so, als ob David alle Probleme aus dem Weg geräumt hätte." „Ach, Schätzchen." Marianne schüttelt missbilligend den Kopf. „Du bist so naiv. Eure Probleme werden bald erst richtig anfangen." „Wie meinst du das?" hakt Marquise nach. „Ich meine gar nichts." Marianne, die keine Lust auf eine weitere Maxim-Diskussion hat, macht einen Rückzieher. „Du hast Recht. Alles ist wunderbar so, wie es ist." „Warum belügst du mich?" Marquise weiß, dass sie nicht ehrlich ist. „Weil du es nicht verstehen würdest", erwidert Marianne, während sie aufsteht, um die Zeitung auf dem Couchtisch abzulegen.

„Eine schöne Suite übrigens"; stellt sie im Vorbeigehen fest. „Sehr geschmackvoll. Sicher war sie sündhaft teuer." „Versuche nicht, meiner Frage auszuweichen!", beharrt Marquise verärgert. Marianne zündet sich eine Zigarette an, sieht ihr fest in die Augen. „Früher oder später wirst du verstehen, was ich meine… Wenn ihr beide erst einmal erfahren habt, was es heißt, ganz oben im Showbiz zu sein… Wenn überall Verlockungen winken…" Marianne wendet sich zum Gehen. „Die roten Vorhänge sind geschmacklos", erwähnt sie noch, bevor sie durch die Tür verschwindet. „Ihr solltet sie ersetzen!"

François staunt nicht schlecht, als Maxim vor seiner Tür steht. „Hallo Maxim", grüßt er verwirrt. „Kann ich dir helfen…?" Ihm ist durchaus bewusst, dass sie noch nie unter vier Augen miteinander geredet haben. „Darf ich reinkommen?" Maxim wirkt nervös. „Aber sicher." François lässt ihn vorbei. „Dann mal los. Hier ist mein Atelier. Mein Königreich, sozusagen."

Dass es nach Farbe riecht, ist das Erste, was Maxim feststellt. Das Zweite, was ihm auffällt, ist die altmodische Einrichtung. Alte, abgewetzte Möbel geben dem Raum ein antikes Flair. Diffus fällt das Licht durch ein riesiges Fenster in der Decke. Wahrscheinlich muss es so sein, denkt Maxim. Es ist ein Atelier. An den Wänden stehen Staffeleien mit halbfertigen Kunstwerken. Ein paar von ihnen gefallen Maxim. Aber nur ein paar. Alle anderen findet er gruselig. Mit verzerrten, grotesken Fratzen kann er nichts angefangen. Ob man so was überhaupt Kunst nennen darf? Er ist sich nicht sicher.

Obwohl er gerne darüber diskutiert hätte, beschließt er, diese Frage lieber nicht zu stellen, will Marquises besten Freund auf gar keinen Fall verärgern. Außerdem hat er großen Respekt vor dem Maler.

Trotz der Ablehnung durch die Gesellschaft ist er seinen Weg gegangen. Soviel Kampfgeist ist bewundernswert. Zweifellos. Maxim geht zu einem der samtartig bespannten Sofas, setzt sich und sieht sich um. Je länger er hier ist, desto eher kann er verstehen, dass dieser Ort für Marquise von großer Bedeutung ist. Natürlich. Hier scheint die Zeit still zu stehen. Hier kann man sich und die Welt da draußen vergessen.

François setzt sich ihm gegenüber, sieht ihn fragend an. „Was verschafft mir die Ehre, Maxim?" „Du bist ein wichtiger Mensch in Marquises Leben. Sehr wichtig", versucht Maxim zu erklären, „und ich habe bisher kaum ein Wort mit dir geredet. Das ist nicht richtig. Das ist so, als würde ich kein Interesse an ihrem Leben zeigen, als würde es mich nicht interessieren, mit wem sie sich trifft. Das ist nicht so." François legt den Kopf schief. Auf den Pressebildern sieht Maxim nicht halb so gut aus wie in Wirklichkeit. „Wow, das…" Krampfhaft versucht er diesen Gedanken wieder zu verdrängen.

„Wer hätte damit gerechnet? Dass du einmal hier sein würdest?", sagt er schnell, ist froh, dass Maxim nichts gemerkt hat. „Was bist du für ein Mensch, François?", fragt der unbekümmert, während er den fremden Mann ihm gegenüber unentwegt beobachtet. „Ich will wissen, was Marquise seit Jahren hierherzieht." „Marquise ist der einzige Mensch, der mich versteht", erwidert François ruhig, zündet sich eine Zigarette an. „Auch eine?" „Ja, bitte", erwidert Maxim verwirrt. „Und ich verstehe sie. Alles." Die beiden rauchen eine Weile schweigend, bis François fortfährt.

„Im Grunde kann ich Frauen nicht ausstehen. Sie erinnern mich an meine Mutter. Schon deswegen gehe ich ihnen aus dem Weg. Bei Marquise ist das anders. Ich fand sie in dieser Bar… Es ist schon lange her… Sie war stockbetrunken, ganz allein. Ich sah sie am Tresen liegen, wie einen jungen Vogel, der gerade erst flügge geworden ist, der mit den Gefahren dieser Welt noch nicht vertraut ist. Ich konnte sie dort nicht liegenlassen. Es war zu gefährlich. Früher oder später hätte jemand diesem wehrlosen Ding etwas angetan. Also schleppte ich sie hierher." Er macht eine ausschweifende Geste mit der Hand. „In mein Atelier."

Maxim glaubt, nicht recht gehört zu haben. Marquise? Besinnungslos betrunken in einer Bar? Unwillkürlich muss er grinsen. Kein Wunder, dass sie ihm diesen Teil der Geschichte verschwiegen hat. „Und dann?", fragt er neugierig weiter, will unbedingt noch ein paar Details erfahren. „Sie kotzte auf den Bürgersteig, schlief danach ein paar Stunden hier. Am nächsten Morgen brachte ich sie nach Hause. Da wusste sie endlich wieder, wo sie wohnte." François schmunzelt. „Ich habe sie nie wieder so gesehen wie an jenem Abend. Es war ein einmaliger Ausrutscher." „Das glaube ich auch", stimmt Maxim zu.

„Sie kam am nächsten Tag wieder", erzählt der Maler weiter, „um sich zu bedanken. Ich schenkte ihr reinen Wein ein, erklärte, was ich bin, in der Hoffnung, es würde sie abschrecken. Als sie später ging, dachte ich, ich würde sie niemals wiedersehen. Doch so war es nicht. Schon am Tag darauf stand sie wieder vor der Tür. Anfangs sah es so aus, als täte sie es aus Pflichtgefühl. Doch irgendwann merkte ich, dass sie kam, weil sie mich mochte." „Ja", erwidert Maxim. „Sie mag dich wirklich."

„Marquise versteht mich", wiederholt François. „Sie sieht die Menschen, wie sie wirklich sind. Sie sieht auch den Menschen, der ich wirklich bin. Bei ihr brauche ich mich nicht zu verstellen, kann einfach ich selber sein. Deshalb brauche ich sie. Um mich selbst zu spüren. Aber ich begehre sie nicht, verstehst du. Sie braucht also keine Angst davor zu haben, dass ich sie früher oder später bedränge." Er macht eine Pause. „Gesellschaftlich betrachtet sind wir Randfiguren: Ich fühle mich falsch, sie fühlt sich nur wegen ihres Aussehens begehrt, nicht verstanden."

„Wenn das so ist…" Maxim wirkt erleichtert. „Jetzt kann ich euch verstehen…" Er weiß nicht mehr, warum ihm diese Beziehung insgeheim Sorgen gemacht hat. Offensichtlich tut Marquise die Freundschaft zu dem Maler gut. Er ist für sie da, denkt Maxim, wenn ich keine Zeit habe. Das ist eine Erleichterung. Außerdem findet er nur an Männern Gefallen, sodass ich mir auch in dieser Hinsicht keine Sorgen machen muss. „Ich finde es gut, dass sie sich mit dir trifft", sagt er laut. „Marquise braucht jemanden wie dich. Jemanden, der sie nicht verletzen wird."

„Was gibt es außerdem?", fragt François, der schon vermutet, dass Maxim ihm noch mehr zu sagen hat. „Ich liebe Marquise", erklärt der freimütig, drückt seine Zigarette aus. „Ich liebe sie wirklich. Sie ist die Frau, die ich heiraten will. Schon bald." Nervös zündet er sich eine neue an, fährt erstaunlich entschlossen fort: „Ja, ich will sie wirklich heiraten. Deshalb wird es Zeit, ihren besten Freund kennenzulernen. Und ihre Familie. Meiner Familie muss ich sie auch noch vorstellen. Ich möchte, dass es ernster wird."

„Ich freue mich für euch, aber…" François sieht ihn nachdenklich an. „Du hast sehr viel Macht über sie, weißt du das? Versaue es nicht!" „Macht?" Maxim ist verwirrt. „Wie meinst du das?" „Für sie bist du alles, Maxim", erwidert François. „Mal abgesehen vom Singen. Sie wollte immer nur dich. Ihr Glück ist somit vollkommen. Gleichzeitig ist ihre Welt zerbrechlich geworden. Durch dich ist sie verwundbar geworden. Du bist ihre einzige Schwachstelle. Eine unüberlegte Handlung wird ihr Ende sein."

„Ich habe nicht vor, ihr Ende zu sein." Maxim ist erschrocken. „Was denkst du von mir?" „Ich will dir eine Warnung mit auf den Weg geben." François sieht ihn eindringlich an. „Du musst wissen, worauf du dich einlässt. Ich bin bereit, dir meinen kleinen Vogel anzuvertrauen, wenn du versprichst, ihn nicht zu verletzen." „Natürlich verspreche ich das", sagt Maxim aufrichtig. „Um nichts in der Welt will ich Marquise verletzen." „Entscheidend ist nicht, was du *willst*, Maxim", entgegnet François mit Nachdruck. „Entscheidend ist, was du *tust*."

„Wie läuft es bei dir und Maxim, chérie?" will François wissen. „Wie sonst auch", erwidert Marquise, schenkt sich ein Glas Wein ein. „Warum fragst du?" „Er war hier!" „Was?" Sie kann das nicht glauben, wirkt unsicher. „Warum war er *hier*? Bisher hat er dein Atelier gemieden wie der Teufel das Weihwasser. Immer wenn ich ihn gefragt habe, ob er mitkommen will, hat er abgelehnt. Ich dachte schon, es wäre was Persönliches... Also warum war er hier?" „Er wollte mich kennenlernen, wissen, warum wir befreundet sind." François lächelt, als er den Rubinanhänger an ihrem Hals entdeckt. „Warum interessiert ihn das plötzlich?" Marquise ist verwirrt.

„Er sagte, dass es bei euch ernster würde... und er sich deswegen mit deinem Umfeld beschäftigen sollte. Du auch mit seinem. Da das ja so üblich wäre, wenn es... na du weißt schon... auf den letzten Schritt zugeht." François beobachtet sie genau, ist neugierig auf ihre Reaktion. „Das ist... ich bin überwältigt." Ein seliges Lächeln breitet sich auf ihrem Gesicht aus. „Marquise Romanov... wie klingt das?" „Na so, als ob eine Französin einen Russen heiratet", grinst François. Dann wird er sachlich: „Hast du mit Marianne darüber geredet? Rechnet sie mit diesem Schritt? Weißt du, wie sie darüber denkt?" „Du hast Recht", erwidert Marquise nachdenklich. „Gleich morgen werde ich bei ihr vorbeigehen."

„Heiraten?!" Marianne ist entsetzt, bringt das Wort nur verächtlich heraus. „Warum das denn? Es gibt doch gar keinen Grund." „Wir lieben uns!" „Ach, wie süß!" Sie schlägt die Hände über dem Kopf zusammen. „Du klingst wie ein hormonverseuchter Teenager!" „Was hast du gegen eine Heirat? Warum regst du dich so auf?", will Marquise wissen. „Sieh es doch mal so: Wenn wir heiraten, wird es positive Schlagzeilen geben. Wir werden auf jedem Cover zu sehen sein.

Außerdem werden unsere Fans endlich eine Traumhochzeit bekommen, über die sie noch jahrelang reden können. Das ist doch großartig!"

„Morgen, Marianne!" Wie bestellt erscheint David im Wohnzimmer, beendet damit die Diskussion. „Ich sehe, du bist auch schon hier." „*Ich* sehe, dass du deine Krawatte immer noch nicht richtig binden kannst", entgegnet Marianne kühl. David lächelt überlegen. „Es ist so schön, dich näher kennengelernt zu haben", erwidert er. „Anderenfalls wäre mir nie aufgefallen, was für eine liebenswürdige Person du bist." Dann geht er zielstrebig an ihnen vorbei in Maxims Arbeitszimmer, aus dem schon den ganzen Tag Geigentöne zu hören sind.

„Warum kannst du ihn nicht in Ruhe lassen?" Marquise hasst unterschwellige Spannungen. „Du hattest genug Zeit, dich an ihn zu gewöhnen!" „Wir sind Konkurrenten. Schon vergessen?", erklärt Marianne bissig. „Und so, wie es aussieht, werde ich ihn nie mehr los." Die Managerin seufzt theatralisch. „Aber bitte… Wenn du mir das antun willst…" „Du bist also einverstanden?" Marquise grinst. „Das heißt es nicht, es heißt nur…" Marianne sucht krampfhaft nach den richtigen Worten. „…Tu, was du nicht lassen kannst! Du wirst schon sehen, was du davon hast. Verheiratete Frauen werden unglücklich und fett! Jammer also nicht rum, wenn du es später auch bist!" Dann rauscht sie aus der Wohnung.

Jack Rumor:
Marquise Montiniere? Wären Sie zu einem kurzen Interview bereit?
Marquise (gestresst):
Wenn Sie sich beeilen.
Jack Rumor:
Sie wirken gestresst.
Marquise:
Es ist nicht einfach, plötzlich gefragt zu sein. Ich muss mich erst daran gewöhnen.

Jack Rumor:

Sie sind sehr gefragt. Wie geht Maxim damit um?

Marquise:

Maxim hat seine eigene Karriere. Er weiß, wie schwer es im Show-business sein kann.

Jack Rumor:

Sie weichen meiner Frage aus.

Marquise:

Wie ich schon sagte, er versteht es.

Jack Rumor:

Wie würden Sie Ihre Beziehung zu Maxim bezeichnen?

Marquise:

Als eine perfekte Symbiose.

Jack Rumor:

Klingt, als liefe bei Ihnen alles rund.

Marquise:

Ja. Wir werden bald heiraten.

„Das hast du in einem Interview gesagt?!" Marianne ist entsetzt. „Du nimmst ein lausiges Interview, um das zu verkünden?" „Es ist mir rausgerutscht", erwidert Marquise leise, ist sich durchaus klar darüber, dass sie einen Fehler gemacht hat. „Er hat mich fürchterlich genervt, mich in die Enge gedrängt." „Und als Dank gibst du *ihm* die Story des Jahres?" Marianne kann über so viel Dummheit nur den Kopf schütteln. „Es tut mir leid", beteuert Marquise. „Ich wollte den Fernsehauftritt abwarten. Ehrlich. Es tut mir Leid, ok?" Sie stützt den Kopf in die Hände, wirkt kraftlos. „Es ist zu viel, Marianne", sagt sie dann. „Es sind zu viele Termine, zu viele Auftritte, zu viele Menschen um mich herum…"

„Du siehst das falsch", erwidert Marianne kalt. „Du bist jetzt ein Star. Du brauchst die Termine, die Auftritte und die Menschen um dich herum. Die Bühne ist dein Zuhause. Klar?! Das wolltest du doch, oder?" Sie kommt Marquise unangenehm nahe. „Inzwischen bist so weit nach oben geklettert, dass es nur noch zwei Möglichkeiten gibt: Du kannst dich zusammenreißen, die Spitze erklimmen… oder dich fallenlassen. Dabei solltest du jedoch bedenken, dass der Fall nach unten frei ist, Marquise. Er wird wehtun. Sehr weh. Davon wirst du dich nie mehr erholen."

„Du verstehst mich nicht." Marquise presst den Handrücken gegen ihre Stirn, als habe sie Migräne. „Maxim ist unterwegs. Ich halte das nicht mehr aus. Ich brauche ihn, sehe ihn aber kaum noch. Das macht mich fertig." „Reiß dich zusammen, Herrgott!", schnauzt Marianne, packt sie hart an der Schulter. „Würde Maxim sowas für dich tun? Sich fallenlassen, nur damit ihr euch öfter sehen könnt?" Marquise bleibt stumm. „Einen Dreck würde er tun", zischt Marianne. „Also hör auf dich selbst zu bemitleiden." Dann geht sie, während die Diva hinter ihrem Rücken leise zu schluchzen beginnt.

„Maxim Romanow?" „Ja?" Verwirrt sieht Maxim sich um. Irgendwoher kennt er die blonde Frau, weiß aber nicht, woher. „Ich habe dich spielen gehört", sagt sie. „Du bist fantastisch. Doch das wusste ich ja schon. Ich habe dir auch früher schon gerne zugehört…" Sie ist groß gewachsen, hat die Beine eines Mannequins, langes glattes Haar und ein schmales Gesicht. Äußerlich ist sie attraktiv, bis auf ihre Augen. Die gefallen Maxim nicht. Ein helles Blau, ganz anders als die warmen, braunen Augen von Marquise. „Verzeihung, kennen wir uns?", fragt er. „Ich kann mich nicht mehr erinnern!"

„Lucinda Williams." Sie reicht ihm ihre Hand mit langen filigranen Fingern, die zu ihrem Gesicht passen. „Die Tochter von Albert Williams." Der Name Williams sagt Maxim tatsächlich etwas. Albert Williams, Multimillionär, Gründer der Williamsbank, wohnhaft in London. Doch woher sollten Lucinda und er sich kennen? „Ich habe an der gleichen Akademie studiert wie du. Kulturwissenschaften", fährt Lucinda fort, beantwortet damit seine Frage. „Du hast regelmäßig im großen Saal gespielt. Ich habe deine Musik schon damals bewundert… Ich wusste schon damals, dass du es schaffen würdest."

Deshalb kam sie ihm also bekannt vor. Offensichtlich hat sie ihn schon früher aus der Ferne bewundert. Maxim fühlt sich geschmeichelt. „Du bist extra hierhergekommen, um mir zuzuhören?", will er wissen. „Nicht nur", erwidert sie, sichtlich begeistert mit ihm zu sprechen. „Ich wollte dich sehen." „Mich sehen?" Das Gespräch geht in die falsche Richtung, denkt Maxim. Ihm wird unwohl. Bewunderinnen wie sie sind schön und gut, solange sie ihm nicht auf die Pelle rücken. Diese hier trägt jedoch ein viel zu tiefes Dekolleté für einen harmlosen Fan.

„Maxim… Ich würde mich wahnsinnig gerne ein wenig mit dir unterhalten", fährt Lucinda fort. „Mich interessiert, was du in den letzten Jahren gemacht hast, was du tun musstest, um es zu schaffen…" „Ach ja?" Eigentlich hat er keine Lust mit ihr zu reden. Andererseits ist sie den weiten Weg hierhergereist, um ihn zu hören. Oder zu sehen. Oder beides. Hat sie sich damit nicht wenigstens ein Gespräch verdient? „Na schön", gibt er schließlich nach, „von mir aus." Ein strahlendes Lächeln erscheint auf ihrem Gesicht, erreicht die Augen aber nicht. „Wunderbar. Ich kenne ein nettes Lokal gleich hier um die Ecke."

Lucinda bestellt einen Wodka. Für beide. „Ich nehme an, du hast nichts dagegen", sagt sie dann. „Ich meine, du bist Russe. Wodka ist doch euer Nationalgetränk." „Sicher", erwidert er nur, wartet darauf, dass sie endlich anfängt. Das tut sie auch. „Damals an der Akademie", beginnt sie, während sie schwärmerisch an die alten Zeiten zurückdenkt, „warst du der Held. Alle Frauen waren in dich verliebt. Heimlich natürlich. Wahrscheinlich wusstest du das nicht mal." Maxim genießt ihre Schmeicheleien, obwohl seine innere Stimme ihn zur Achtung ruft. „Ach wirklich. Und heute?" „Einige sind es immer noch", verrät Lucinda mit geröteten Wangen.

Der Wodka kommt. Eine Weile trinken sie schweigend. Dann fragt Maxim neugierig: „Hast du früher auch für mich geschwärmt, Lucinda?" Sie sieht ihm tief in die Augen. „Ich tue es heute noch." Sowas hat er bereits geahnt. „Wie kann es sein, dass du mir nie aufgefallen bist?", fragt er deshalb, betrachtet sie genauer. „Du bist eine attraktive Frau." Lucinda verzieht den Mund. „Da war diese Kleine, ein paar Jahre jünger als ich. Du konntest die Augen nicht von ihr lassen." „Meinst du Marquise?" Maxim zündet sich eine Zigarette an. „Ja… Du hast dich mit ihr verlobt?" Eine leichte Bitterkeit liegt in ihrem Worten. „Ja", seufzt Maxim. „Ja das ist wahr."

„Du wirkst nicht besonders glücklich", erwidert sie, legt behutsam eine Hand auf seinen Arm. Obwohl er es nicht will, lässt er sie gewähren. „Wir haben beide unsere Karriere", erklärt er unnötigerweise. „Das ist nicht einfach… Ich liebe Marquise. Zurzeit sehen wir uns jedoch kaum. Im Leben gibt es nun mal Höhen und Tiefen." „Im Moment sind es wohl eher Tiefen", schlussfolgert die blonde Frau, gibt ihm noch einen Wodka aus. Er trinkt bereitwillig. „Ja." Maxim merkt, dass der Alkohol wirkt. „Ja, das kann schon sein."

„Vielleicht ist sie nicht die Richtige für dich", überlegt Lucinda laut, während ihre Finger von seinem Arm zu seiner Hand wandern, wo sie liegenbleiben. „Ich fand schon immer, dass sie nicht gut genug für dich ist, Maxim." „Ach ja?", erwidert er benommen. „Ja", beharrt Lucinda. „Sie ist eine Diva. Sie wollte schon damals bewundert werden. Du brauchst jemanden, der dich unterstützt, Maxim. Jemanden, der nicht selbst ins Rampenlicht will. Du bist so ein toller Mann… Warum bist du mit dieser Frau zusammen, wenn sie dich unglücklich macht?"

„Sie macht mich nicht unglücklich. Es sind die Umstände", will Maxim erklären, doch Lucinda unterbricht ihn. „Maxim, du brauchst sie nicht zu entschuldigen. Sie ist nicht für dich da, oder? Und das wird sich nicht ändern, wenn du sie heiratest!" „Es ist nicht nur Marquise, die keine Zeit hat." Maxim versucht erneut, die Situation zu erklären, merkt, dass seine Zunge immer schwerer wird. Lucinda fällt ihm erneut ins Wort. „Du versuchst schon wieder, sie in Schutz zu nehmen. Lass das, Maxim. Fakt ist doch, dass sie sich nicht so um dich kümmert, wie du es verdienst."

„Wenn du meinst", sagt er leise. „Das meine ich." Lucinda lächelt triumphierend. „Du bist so ein toller Mann, so ein fantastischer Musiker und du arbeitest so hart… du solltest dir eine Frau suchen, die dich unterstützt." „Hm…", macht er nur, sieht deprimiert in sein Glas. Im Grunde stimmt es, was sie sagt. Marquise ist in der letzten Zeit wirklich nicht gerade aufmerksam gewesen, was ihn anging. Ob es umgekehrt genauso gewesen ist? Vermutlich schon. Vielleicht ist es doch keine so gute Idee, denkt er, wenn sich zwei Königstiger zusammentun. Vielleicht ist jedes Ego für sich zu groß?

„Es ist wirklich heiß hier drin, findest du nicht?" Lucinda zieht ihren Mantel aus, setzt ihren beeindruckenden Ausschnitt in Szene. Sie hat größere Brüste als Marquise, stellt er fest, ist sich jedoch auch sicher, dass es sich hier nicht um ein Naturprodukt handelt. Sie bemerkt seinen Blick, zieht ihre Augenbrauen hoch. „Gefällt dir, was du siehst, Maxim?" Ertappt wendet er den Blick ab. „Was meinst du?" „Na, ob dir meine Brüste gefallen." Widerstrebend sieht er ein zweites Mal hin. „Die sind nett… schätze ich." „Schätzt du?" Sie zieht eine Schnute. „Naja…im Detail kann ich es nicht beurteilen…"

Maxim merkt noch, dass gerade etwas völlig schiefläuft, fragt sich, wie es überhaupt dazu gekommen ist. War er etwa schon betrunken? Jetzt? Vor zwölf? Von zwei Gläsern Wodka? Er ist so damit beschäftigt, seine Gedanken zu ordnen, dass er gar nicht mitbekommt, dass Lucinda inzwischen auf seinem Schoß sitzt. Hatte er die Mutmacher vor dem Konzert nicht mitgezählt? „Maxim", dringt es wie durch Watte in seine Ohren. „Ich würde dich besser behandeln als sie. Maxim, ich würde dich so behandeln, wie du es verdienst. Ich wäre immer für dich da…"

„Lucinda." Sein Versuch, sie abzuwehren, ist viel zu schwach. „Ich denke nicht, dass…" Sie weiß genau, dass nur noch eine Kleinigkeit fehlt, um ihn willenlos zu machen. „Keiner muss davon erfahren." Sie greift nach seinen Händen, zieht sie zu ihren Brüsten und lässt sie dort liegen. Dann spürt er ihre Zunge auf seinem Hals. „Es kann unser Geheimnis bleiben, wenn du willst", säuselt sie, will ihre einzige Chance auf gar keinen Fall vertun. „Gib es zu, du willst es doch auch." „Ich glaube nicht…", murmelt Maxim noch. Was dann geschieht, hat er nicht mehr in der Hand. Er weiß nur, dass es ein riesengroßer Fehler ist. Vielleicht der größte seines Lebens.

Als Maxim am nächsten Morgen mit Kopfschmerzen erwacht, bemerkt er, dass er sich in einem fremden Raum befindet. An der Tür hängt eine Nummer, die Nummer eines Hotelzimmers. Großer Gott, wer hat ihn hiergebracht? Verunsichert sieht er sich weiter um, erkennt mit Entsetzen die blonde Frau neben sich im Bett. Sie scheint zu schlafen. Bei einem Blick unter die Decke stellt er fest, dass sie nackt ist, genau wie er. Es trifft ihn wie ein Schlag: Lucinda. Die Bar. Der Alkohol... Bruchstückhafte Erinnerungen drängen sich in sein Bewusstsein. Ja… Sie haben die Bar zusammen verlassen. „Komm mit mir, Maxim. Nur für heute", hat sie gebettelt. Dann ist er ihr in dieses Hotel gefolgt. Was hat er nur getan?

In Eile sammelt er seine Sachen zusammen, zieht sich hastig an, verlässt fluchtartig das verhängnisvolle Zimmer, die Kapuze tief ins Gesicht gezogen. Draußen auf der Straße ist ihm furchtbar elend zumute. Sein schlechtes Gewissen verfolgt ihn auf Schritt und Tritt. Was soll er nur tun? Soll er Marquise davon erzählen? Nein. Das kann er nicht. Es ist nicht die Angst vor einer Szene. Es ist die Angst, sie zu verletzen. Besser ist es also, den Abend zu vergessen. Dann würde alles so sein, als wäre das nie geschehen. Ja. So könnte es funktionieren. Trotzdem… wirklich wohl bei dem Gedanken ist ihm nicht.

Je länger er sich mit seiner furchtbaren Lage beschäftigt, desto wütender wird er. „So ein Mist!" Mit voller Kraft tritt er gegen eine Mülltonne am Wegrand. Dann setzt er sich auf eine Bank, bricht hemmungslos in Tränen aus. Er kommt sich vor wie ein Versager. Das Mädchen neben ihm bemerkt er erst später. Sie starrt ihn neugierig an. Verwirrt schaut er zurück. Sie ist etwa zehn, hat dunkles Haar und braune Augen. Wie Marquise. „Warum weinst du?", fragt sie plötzlich, reicht ihm, als er nicht antwortet, mit ernster Miene ein Taschentuch. „Hier. Damit du nicht mehr so traurig bist." „Danke…" Er greift zu, wischt sich die Augen trocken.

Schließlich wiederholt sie ihre Frage: „Warum weinst du?" „Ich habe etwas Furchtbares getan", antwortet Maxim eher unwillkürlich als überlegt. Irgendwie erinnert auch sie ihn an Anna. „Was hast du getan?" Noch immer sieht das Mädchen ihn aufmerksam an. „Ich… ich…", stammelt Maxim, sucht nach den richtigen Worten. „Ich habe die Frau, die ich liebe, betrogen." „Was heißt das? Betrogen?" „Das wirst du erst verstehen, wenn du erwachsen bist", vertröstet er sie leise. „Kinder tun sowas nicht." „Ist das was Schlimmes?" Maxim seufzt. „Warum sollte ich sonst weinen?"

„Dann ist es sehr schlimm", stellt sie sachlich fest. Maxim nickt. „Es wird die Frau, die ich liebe, sehr unglücklich machen. Wenn ich es sage, geht sie womöglich weg. Zumindest wird sie mich hassen." „Ich glaube nicht, dass sie dich hassen wird", entgegnet das Mädchen mit sanfter Stimme, „solange du ehrlich bist." „Du kannst das nicht verstehen", behauptet er. „Du bist ein Kind. Kinder dürfen Fehler machen. Man sieht es euch nach, erwartet sogar, dass ihr Fehler macht, weil ihr jung seid. Wenn Erwachsene Fehler machen, ist das anders." „Trotzdem musst du es sagen", beharrt das Mädchen. „Sonst bist du ein Lügner." „Ich kann es nicht!" In seinem Kopf dröhnt es. „Hörst du? Ich. Kann. Nicht!"

Das Mädchen wirkt enttäuscht. „Du tust es schon wieder", sagt sie dann. Dieser Blick… Maxim wird flau. „Anna?" Sie reagiert nicht auf diesen Namen. „Du läufst schon wieder davon, Maxim", fährt sie stattdessen unbeirrt fort. „Anna?", fragt er noch einmal. Auch jetzt bekommt er keine Antwort. Bin ich nun endgültig durchgedreht? Maxim ist sich nicht sicher. „Renn nicht weg, Maxim." Vorsichtig nimmt die Kleine seine Hand. Ihre Haut ist kalt. „Du wirst gebraucht. Ganz egal, was du getan hast. Sei kein verdammter Feigling! Nicht dieses Mal!" „Anna?" Er fasst sich an die schmerzende Stirn, stellt fest, dass das Mädchen neben ihm verschwunden ist.

„Verdammte Paparazzi!", schimpft Marquise, als sie François' Atelier endlich erreicht hat. „Die haben mich verfolgt. Ich musste den Weg durch die Gasse nehmen, um sie los zu werden." „Denkst du nicht, dass es langsam an der Zeit wäre, einen Leibwächter zu engagieren?", gibt François zu bedenken. „Du bist berühmt. Da ist sowas durchaus angebracht." „Ich weiß", stöhnt sie. „Marianne will sich darum kümmern." „Die denkt wohl an alles." François kann nicht verbergen, dass er ihre Weitsicht bewundert. „Tut sie das?", fragt Marquise lustlos nach. „Ich nehme sie gar nicht mehr richtig wahr, obwohl sie ständig um mich herumschwirrt."

„Was ist los, chérie?" François sieht sie besorgt an. „Warum lässt mein Vögelchen den Kopf so hängen?" Sie schaut betrübt ins Leere. „Maxim und ich... Wir leben uns auseinander", rückt sie dann schließlich doch mit der Sprache heraus. „Wir sehen uns kaum noch. Und wenn wir uns sehen, dann streiten wir wegen jeder Kleinigkeit. Aber es ist nicht nur das... Wir vernachlässigen unsere Beziehung in allen Bereichen. Letzte Woche haben wir unseren Jahrestag vergessen. Beide. Außerdem spüre ich, dass Maxim etwas verheimlicht. Er ist so wortkarg, weicht meinem Blick aus." Dann fängt sie hemmungslos an zu weinen.

Das Jahr der Tränen

„Du trinkst zu viel!" Missbilligend betrachtet sie die leeren Weinflaschen auf dem Tisch. „Außerdem rauchst du zu viel." François' Zunge ist schwer. Er ist alles andere als nüchtern. „Das mag sein", räumt er ein. „Trotzdem bin ich noch Herr meiner Lage." „Deine Pupillen sind so groß wie Untertassen. Was ist es dieses Mal?" Sie ahnt bereits, dass er mal wieder experimentiert hat. „Zauberpilze." Ein irres Lachen folgt. „Die Farben meines Gemäldes verschwimmen zu einem Fluss. Ist das nicht fantastisch?" Die Leinwand vor ihm ist leer. „Die ganzen Wiesen und Felder… Sie verschwimmen im Fluss."

„Ich sehe keine Wiesen und Felder. Und keinen Fluss!" Sie muss sich zusammenreißen, um nicht die Beherrschung zu verlieren. „Scht", macht er nur, legt ihr beruhigend einen Finger auf die Lippen. „Natürlich siehst du sie nicht. Aber du wirst sie schon bald sehen, chérie. Weil ich sie zeichnen werde." „Sicher, dass es dir gut geht?" Langsam macht sie sich ernsthafte Sorgen. Ob er übertrieben hat? „Ich war gestern Abend schon mal hier. Du warst nicht da." „Ich weiß, ich weiß, chérie…" Er lacht über irgendetwas. Sie versteht nicht, worüber.

„Wo warst du gestern, François?", hakt sie nach. „Ich… ich weiß nicht genau." Sein Gestotter scheint der Wahrheit zu entsprechen. Sie seufzt. „Das glaube ich dir gerne. Hast du dich wieder durch deine Schwulenkneipen gesoffen?" „Ich habe viele interessante Leute kennengelernt, Marquise", lallt er. „Du glaubst gar nicht, wie viele Künstler man da trifft." „Ja, schön. Und? War jemand für dich dabei?" „Ich weiß nicht… Sie haben gemeint, diese Pilze helfen bei Blockaden." Er wankt, klammert sich haltsuchend an seine Staffelei. „Marquise, der Fluss ist ein reißender Strom. Und dieser Strom… Er reißt mich mit sich fort."

„Jetzt reicht es mir aber!" Wütend stapft sie auf ihn zu, packt ihn am Arm und schleift ihn hinter sich her zu seinem Sofa. „Wenn du keine Inspirationen mehr hast, dann solltest du dir eine Auszeit gönnen! Alles andere ist Quatsch!" Sie drückt ihn mit Gewalt auf einen der Sitze, zündet sich eine Zigarette an. Nur mit Mühe und Not widersteht sie dem Drang, ihn ordentlich durchzuschütteln. Vielleicht würde ihn eine kleine Ohrfeige wieder zur Besinnung bringen. „Marquise", flüstert er plötzlich, Schweiß glänzt auf seiner Stirn, „ich weiß nicht, was mit mir ist. Das Malen, weißt du, es läuft nicht." „Schon gut", sagt sie, drückt mitfühlend seine Hand. „Sowas kann vorkommen."

„Nicht bei mir." Seine Stimme klingt niedergeschlagen. „Ich habe so was noch nie erlebt." Er legt seinen Kopf auf ihre Schulter. „Du bist die Beste" „Und du riechst wie eine deiner Kneipen!", beschwert sie sich. Doch er hört ihr gar nicht zu. „Du bist meine beste Freundin, Marquise", redet er einfach weiter, zeichnet mit dem Finger unsichtbare Figuren in die Luft. „Du bist so... fantastisch. Perfekt. Und ich ein Idiot. Ein schwuler, versoffener, zugedröhnter Idiot." Gegen ihren Willen muss sie lächeln. „Schwul, versoffen und zugedröhnt, vielleicht... Aber du bist kein Idiot, François. Du bist der größte Feingeist, den ich kenne." „Der größte Feingeist und der größte Idiot", beharrt er.

„Mein Leben ist ein Desaster." Er scheint erst richtig in Fahrt zu kommen, will sich selbst in Grund und Boden reden. „Was genau ist dein Desaster?" fragt sie besorgt. „Sieh mich an, Marquise. Ich bin ein... Verdammt, hörst du das?" Offensichtlich nimmt er Laute wahr, die nur in seiner Fantasie existieren. „Ein Donnergrollen wie aus weiter Ferne, gleichzeitig so nah, dass es hier... Hörst du das nicht?" Sie seufzt. „Du solltest erst mal schlafen." „Gib dich nicht mit mir ab, Marquise!", beschwört er sie. „Du solltest nicht mit deinem ewig deprimierten Künstlerfreund abhängen." „Mein Yin, dein Yang", erwidert sie vorwurfsvoll. „Erinnerst du dich?"

„Ich bin ein miserabler Freund." Er lächelt verzerrt. „Ich habe immer nur Malen, Trinken und Vögeln im Kopf. Du solltest dich mit anderen treffen. Mit seriösen Leuten. Sie laufen dir scharenweise hinterher, hört man. Die ganze Welt will dein Freund sein, Marquise." „Du bist der einzige Freund, den ich habe", beteuert sie. „Der Einzige, dem ich vertrauen kann. Der Einzige, mit dem ich befreundet sein kann, ohne dass es am Ende Scherben gibt. Außerdem will *mich* niemand außer dir." Er lacht. „Du hast so viele Fans…" „Es sind nur Fans", entgegnet sie abgeklärt. „Ich brauche jemanden, der weiß wer ich bin." Überraschend wird er still. Ein paar Minuten später ist er eingeschlafen.

Es ist noch früh am Morgen, als Maxims Telefon klingelt. Stöhnend rappelt er sich auf. Nur Marquise darf ihn um diese Zeit wecken. Aber es ist nicht Marquise. Es ist Lucinda. „Was willst du?", seufzt er, als er ihre Stimme erkennt. „Ich habe dir doch gesagt, dass es kein Treffen mehr gibt." „Das, was *ich* dir zu sagen habe, kann man schlecht am Telefon bereden, Maxim!" Sie klingt hochgradig gereizt. „Es betrifft uns beide. Komm also vorbei, wenn du wieder in London bist!" Dann bricht sie das Gespräch abrupt ab. Er ist verwirrt, weiß nicht, was er davon halten soll, nur, dass er keine Wahl hat.

„Also, was gibt's?" Sie sitzen sich in ihrem Wohnzimmer gegenüber. Die Einrichtung ist pompös. An der Decke hängt ein Kronleuchter. In den Vitrinen stehen so viele, zweifellos kostspielige Gegenstände, dass es jedem Besucher den Atem verschlägt. Lucinda sieht aus wie immer. Fast. Bis auf den Gesichtsausdruck. Der ist ernst. Sehr ernst. „Ich bin schwanger, Maxim." Ihre Worte bleiben im Raum hängen, verfliegen nicht wie sonst. Maxim erstarrt. „Du bist was?", fragt er ungläubig. „Whisky?", fragt sie zurück. „Ja", sagt er. Sie schenkt ihm ein Glas ein, verzichtet selber. Es scheint also wahr zu sein. Er leert es in einem Zug.

„Schwanger?" „Ja… Maxim…" Sie fährt sich unruhig durch die blonden Haare. „Weißt du, was das heißt?" „Sicher weiß ich das. Ich werde dir den Aufenthalt in der Klinik bezahlen müssen", entgegnet er. „Das ist kein Problem. Du kannst mir die Rechnung schicken." „Klinik?" Sie wird bleich. „Du willst es *wegmachen lassen*?" Ihre Stimme klingt ungewohnt spitz, fast hysterisch. „Maxim, du musst mich *heiraten*." „Heiraten?!" Jetzt ist er es, der blass wird. „Das ist absurd. Ich kann dich nicht heiraten." „Was spricht dagegen, Maxim?", will sie wissen. „Himmel!" Er springt auf, läuft unruhig im Zimmer umher. „Ich halte es nicht lange mit dir aus. Niemand hält es lange mit dir aus. Du bist so… verdammt anstrengend."

„Was für eine nette Art, über die Mutter seines Kindes zu reden!", faucht sie. „Bedauerlicherweise geht es hier nicht nur um dich, Maxim. Ausnahmsweise mal nicht. Es geht auch um mich. Und um meine Familie. Mein Vater ist ein angesehener Mann, *nicht* nur in London. Ein uneheliches Kind wäre ein Desaster." „Siehst du, es muss weg!" Maxim ist froh, ihre Argumentation für sich nutzen zu können. „Ich werde das nicht tun, Maxim!", erklärt sie wild entschlossen, legt schützend eine Hand auf ihren Bauch. „Mein Dad hat sich immer einen Enkel gewünscht. Er wird ihn bekommen."

„Du bist eine durchtriebene Schlampe, Lucinda. Du hast mich reingelegt", stellt Maxim emotionslos fest, zieht seinen Mantel an. „Ich habe dir nichts mehr zu sagen." „Das ist doch nicht dein Ernst, Maxim?! Du gehst?!" Sie schreit, springt wütend auf. „Sieht ganz so aus", erwidert er, ehe er ihr den Rücken zukehrt. „Für mich ist alles gesagt, Lucinda." „Für mich nicht!", ruft sie ihm hinterher. „Maxim, bleib gefälligst!" Doch da fällt die Tür schon ins Schloss. „Du verdammter Idiot!", hört er ihre Stimme hinter sich. „So wird das nicht laufen, Maxim! So einfach kommst du da nicht raus. Es ist noch lange nicht vorbei!"

Um halb zwei in der Nacht wird Marquise vom Klingeln ihres Telefons geweckt. Mühsam erhebt sie sich, blinzelt verschlafen. Wer kann das sein? *Maxim ist es ganz sicher nicht. Der hat noch eine After-concert-Feier.* Sie hebt den Hörer ab. „Hallo?", fragt sie vorsichtig. „Hey, Montiniere." Die Stimme kommt ihr bekannt vor. Ein bisschen rau, doch durchaus jungendlich. Wie nie wirklich erwachsen geworden. Reibeisenstimme. Klar. „Hallo, Freddie", sagt sie. „Weißt du wie spät es ist?" „Ich… ok…ich bin ein bisschen betrunken. Und da dachte ich, ich rufe dich mal an. Frage mal nach, wie es dir geht. Schon seltsam… Normalerweise rufe ich nie irgendwelche Frauen an, nur um zu fragen, wie es ihnen geht… Habe mitbekommen, dass du jetzt berühmt bist."

„Ach bitte, Freddie… Also, berühmt…" „Kein Grund, bescheiden zu sein, Montiniere", entgegnet er belustigt. „Tja… Du hast es geschafft. Wovon alle anderen nur träumen. Ich würde mich jetzt vor dir verbeugen, aber…" Unwillkürlich muss sie grinsen. Er ist also immer noch der Alte, denkt sie. „Wie man hört, hast du deinen Traumprinzen noch?" Alarmiert versucht sie, ein verstecktes, zweideutiges Interesse herauszuhören, findet aber nichts. Es ist ganz einfach nur eine Frage. „Ja", sagt sie erleichtert „Da hast du richtig gehört." „Dann hast du auch das richtig gemacht, Montiniere." stellt Freddie sachlich fest. „Gratuliere!"

„Wie sieht es bei *dir* aus?", versucht sie das Thema zu wechseln, „Bist du inzwischen solide geworden?" Am anderen Ende der Leitung ist es erst mal still. „Die Frau, bei der ich bleibe, muss mit Handschellen umgehen können", flachst er dann. „Zum Festketten, verstehst du? Haha!" Sein Lachen, wenngleich es ungezwungen wirken soll, klingt aufgesetzt. „Du kennst mich doch, Montiniere. Du weißt, dass meine zahlreichen Eroberungen das Einzige sind, auf das ich stolz bin." Etwas ernster fügt er hinzu: „Dich habe ich wirklich gemocht. Verstehe das jetzt nicht falsch… Du warst was Besonderes,

Montiniere." „Du *bist* was Besonderes, Freddie", erwidert sie. „Du bist… einzigartig. Ein Original."

„Das ist zu viel der Ehre", wimmelt er verlegen ab „Wenn die große Marquise Montiniere mir sagt, ich wäre einzigartig, muss ich später meinen Enkeln davon erzählen." „Willst du das, Freddie? Kinder?", fragt sie erstaunt. „Im Augenblick bin ich selbst noch ein Kind", gibt er unumwunden zu. „Ich bin stehengeblieben, Montiniere. Früher war ich mit meinen Freunden feiern. Jeden Tag gab es irgendeine beschissene Feier. Wir haben uns abgefüllt, uns zugedröhnt und alles gevögelt, was uns über den Weg gelaufen ist. Jetzt sind sie alle in einer Partnerschaft. Ein paar haben Kinder. Natürlich tun sie alles, was wir früher getan haben nicht mehr. Ich schon."

Er klingt bekümmert. „Mit mir geht es nicht weiter, Montiniere. Ich trete auf der Stelle." „Das musst du nicht, Freddie", wirft sie ein. „Doch. Ich muss. Ich wollte dieses Leben. Schon immer", erklärte er. „Mehr als alle anderen. Irgendwie ist es *mein* Leben. Mein Leben macht mich zu Freddie. Wenn ich es ändern würde, wäre ich nicht mehr ich selbst." „Vielleicht ist es an der Zeit, jemand anderes zu werden", gibt Marquise zu bedenken. „Alles im Leben hat seine Zeit. Wenn du immer so weiter machst, verpasst du was." „Vielleicht", räumt er ein. „Aber das kann ich nicht. Jemand anderes werden. Montiniere… Ich…" Plötzlich wirkt er nervös. „Ich wünsche dir alles Gute." Dann legt er auf.

„Maxim, was ist los?" Marquise ist besorgt. Seitdem Maxim von seiner Tournee zurückgekehrt ist, wirkt er verändert. Abweisend und wortkarg ist er, weicht ihrem Blick aus. Wie jetzt. „Nichts ist los", murmelt er, kommt zu ihr, küsst sie pflichtbewusst auf die Stirn. „Es ist alles in Ordnung, mein Engel." Sie glaubt ihm nicht. „Irgendetwas stimmt hier nicht", beharrt sie. „Sag mir, was es ist." Er seufzt, wendet sich von ihr ab, versucht zu flüchten. Vergeblich. „Maxim!" In ihrer

Stimme liegt ein Flehen. „Sag mir die Wahrheit. Bitte!" „Es ist nichts",
wiederholt er stoisch. „Wirklich nicht. Alles ist gut, Marquise."

„Gar nichts ist gut, Maxim!" Überraschenderweise schreit sie ihn an.
„Du verhältst dich anders, seitdem du zurückgekommen bist. Ich habe das Gefühl, ich kenne dich nicht mehr." Tränen der Enttäuschung
glitzern in ihren braunen Augen. „Ich weiß, dass du hin und wieder
melancholisch bist oder auch schweigsam. Ein Lügner warst du bisher jedoch nicht, Maxim! Also, was ist auf dieser Tournee passiert?"
„Nichts." Maxim greift vorsichtig nach ihrer Hand. „Es ist nichts passiert. Alles ist gut, Marquise. Ich bin jetzt hier, ja? Das ist alles was
zählt." Dann nimmt er sie sanft in den Arm. Sie lässt ihn gewähren,
glaubt ihm jedoch nicht.

„Hallo, Marquise." Marianne steht in ihrem Apartment. „Es gibt gute
Neuigkeiten. Alle wollen deine Stimme. Wir haben drei Verträge von
verschiedenen Opernhäusern, außerdem eine Anfrage aus Vero-
na…" „Toll!" Marquise wirkt teilnahmslos. „Ja, nicht?", übergeht Marianne ihre schlechte Laune, setzt mit einem kritischen Blick auf die
Zigarette in der Hand hinzu: „Wollten wir das nicht lassen?" „Was?"
Marquise verfolgt ihren Blick. „Ach so… ja… entschuldige. Eine alte
Gewohnheit." Artig legt sie den Glimmstängel zur Seite. Marianne
seufzt lautstark. „Ich bin nicht streng genug mit dir."

„Maxim meldet sich nicht. Das ist es, verstehst du. Ich habe Angst.
Ich glaube, ich verliere ihn." Wie so oft platzt Marquise ohne Vorwarnung heraus, was sie bedrückt. Zunächst scheint Marianne genervt
zu sein. Dann wirkt sie besorgt. „Denkst du, er hat eine andere?", will
sie wissen. „Wir brauchen jetzt keinen Skandal, Marquise. Deine Karriere ist auf dem Höhepunkt. Ich lasse es nicht zu, dass er alles zerstört." Marquise sieht ein, dass Marianne in diesem Punkt nicht zu
gebrauchen ist. „Ich kann mir nicht vorstellen, dass er eine andere

hat", beschwichtigt sie deshalb, obwohl sie längst ein ungutes Gefühl hat.

Marianne ist zufrieden, bis Marquise völlig unkontrolliert zu zittern beginnt. Argwöhnisch beobachtet sie ihren Schützling. „Was hast du, Marquise?" Die zittert immer noch, kauert sich auf einem Sofa zusammen. „Kann ich dir was zu trinken bringen?", fragt Marianne aufgeregt. „Ein Glas Wasser vielleicht?" „Whisky", ächzt Marquise, hält sich den Kopf, wie bei einer Migräne. Marianne sucht die Whiskyflasche, findet sie im Wohnzimmer auf dem Fernsehtisch, füllt ein Glas. „Danke", flüstert Marquise, leert es in einem Zug. Das Zittern verebbt. Marianne ist Profi genug, um die Situation zu verstehen. Sie weiß, dass diese Sache nur schwer in dem Griff zu bekommen ist.

„Er betrügt mich. Das ist es. Er hat eine andere. Ich weiß es", gesteht Marquise dann doch noch. „Himmel!" Marianne ist geschockt. „Also gut", erwidert sie nach einer Weile, „dann musst du das angehen. Sowas macht einen nur kaputt, wenn man es vor sich herschiebt." „Ich weiß", flüstert Marquise, während eine einsame Träne über ihre Wange rollt. „Ich brauche dich, Marquise", ermahnt Marianne. „Die Welt braucht dich. Lass dich jetzt nicht hängen." „Und ich brauche Maxim", krächzt Marquise. „Ich kann ohne ihn nicht leben." „Das ist Unfug!", schimpft Marianne. „Du kannst sehr gut ohne ihn leben."

Sie ist im Aufbruch. „Klär das, Marquise", fordert sie, während sie ihren Mantel holt. „Ich an deiner Stelle würde ihn zum Teufel jagen." Zum Abschied klopft sie Marquise ein wenig zu fest auf die Schulter. „Ich muss jetzt gehen. Ich bin kein guter Seelentröster. Heute Abend hast du mit ihm geredet! Klar! Dann besprechen wir, wie es weitergeht." Sie deutet auf die mitgebrachten Papiere. „Wenn du dich wieder gefangen hast, kannst du dir die Verträge durchlesen. Es wäre sicher nicht schlecht, ein festes Einkommen zu haben. Wenn du lieber selbständig bleiben willst, ist das auch in Ordnung. Glücklicherweise hast du die Wahl." Dann geht sie.

Maxim spielt gerade seine neueste *Für-Marquise*-Komposition, als das Telefon klingelt. Notgedrungen legt er Cecilia zu Seite, nimmt den Hörer ab. „Du hast eine andere?" Marquise Stimme klingt zerbrechlich. Wie ein Windspiel. Sein Gesicht erstarrt. „Natürlich nicht", erwidert er hastig, merkt, dass er ein schlechter Schwindler ist. „Du weißt doch, dass ich nur dich lieben kann." „Du lügst!" Sie klingt traurig, so, als hätte sie geweint. „Marquise…", beteuert er viel zu schwach, „es gibt wirklich nur dich. Hör mir zu… Ich liebe dich. Ich will dich nicht verlieren." Der letzte Satz klingt aufrichtig. „Na gut", lenkt sie ein, „dann komm vorbei und sag es mir nochmal. Ich würde dir so gerne glauben, Maxim." Dann legt sie auf.

„Es gibt keine andere", verkündet Marquise, als Marianne anruft. „Ach! Ich dachte, du wärest dir da so sicher." Die Stimme auf der anderen Seite des Hörers klingt kein bisschen überzeugt. „Warum lässt du das mit dir machen, Marquise?", schimpft sie. „Glaubst du dir selbst nicht mehr?" „Maxim hat mich noch nie belogen", rechtfertigt sich Marquise, hofft, dass es auch stimmt. Umsonst. Marianne kommt jetzt erst richtig in Fahrt. „So was Dummes hab ja ich noch nie gehört", schimpft sie. „Es gibt immer ein erstes Mal. Männer sind so. Lügner allesamt." „Sind sie nicht", kontert Marquise. „Es gibt *nicht* immer ein erstes Mal. Das sagst du nur, weil du Männer hasst!" Abrupt beendet sie das Gespräch.

Auf dem Weg nach Hause wird er von Lucinda abgefangen. „Wohin gehst du?", erkundigt sie sich bissig. „Willst du warten, bis sie dich rauswirft?" „Was willst *du*, Lucinda?" Er wirkt sichtlich gereizt, möchte, dass sie wieder verschwindet. „Ich dachte, wir hätten alles geklärt." „Nichts haben wir geklärt." Sie hakt sich bei ihm ein, als wäre es das Selbstverständlichste auf der Welt. „Ich will dieses Kind, Maxim. Was wäre so schlimm daran, mich zu heiraten? Sieh mal: Eine Verbindung mit meiner Familie würde deinem Ruf guttun. Wir wären überall in den Zeitungen. *Die Millionärstochter und der Stargeiger.*

Mein Daddy würde dafür sorgen, dass du auf die größten Bühnen der Welt kommst..."

Die Vorstellung kommt ihm so absurd vor, dass er lachen muss. „Du verstehst das nicht, Lucinda? Marquise bleibt meine einzige große Liebe. Für nichts in der Welt würde ich sie aufgeben." Sie lächelt überlegen, weiß, dass es nicht mehr lange dauern wird, bis sie ihn in der Hand hat. Auch er scheint es zu ahnen. Argwöhnisch schaut er sich um. „Wir werden beobachtet, Lucinda", raunt er ihr zu, hat es auf einmal eilig. „Wir müssen hier weg." „Das ist doch nur ein Paparazzo", erwidert sie gelassen. „So einen habe ich immer im Schlepptau."

Sie bleibt stehen, strahlt den Mann an. *Ein Blitz.* „Was verdammt noch mal tust du da?"

Maxim packt sie unsanft am Arm, zerrt sie in eine dunkle Gasse. „Wo ist dein Problem, Maxim?" Wütend sieht sie ihn an. „Das fragst du noch?", schreit er sie zornig an. „Ich habe eine Freundin, Lucinda. Eine berühmte Freundin. Und jetzt gibt es ein Bild von mir mit *dir*. Bist du zufrieden? Ist es das, was du wolltest?" „Was ist an dem Bild so schlimm?", fragt sie mit gespielter Ahnungslosigkeit. „Das weißt du genau." Er kocht vor Wut. „Es ist nicht schlimm, Maxim", entgegnet sie „Immerhin erwarten wir unser erstes gemeinsames Kind." „Es gibt kein verdammtes Kind", zischt er. „Es gibt in meinem Leben nur mich und Marquise." „Wenn du meinst…"

Sie ist so schnell, dass er keine Zeit hat, sie daran zu hindern. Stürmisch umschlingt sie ihn mit ihren Armen, zerrt seinen Kopf zu ihrem Gesicht, presst ihre Lippen auf seinen Mund.

Blitz.

Maxim erstarrt. Der Paparazzo ist ihnen gefolgt. Unbemerkt. Abwechselnd wird ihm kalt und warm. „Hey!", ruft er dem Kerl hinterher. „Wie viel willst du für das Bild?" Er bekommt keine Antwort, weiß sehr genau, dass sein Wert unbezahlbar ist. „Jetzt", entgegnet Lucinda kühl, freut sich über seine Verzweiflung, „bin ich zufrieden, Maxim."

Marquise hat ihr bestes Kleid an. Feuerrot. Es passt perfekt zu François' Rubinanhänger. Sie weiß, dass sie begehrenswert aussieht, hofft, dass sie heute in die Normalität zurückkehren wird. Dass Maxim kommen und sagen wird, dass es keine Andere gibt. Dass sie die Einzige ist. Seine große Liebe. Seine Königin. Dass seine Augen dabei die Wahrheit sprechen werden. *Ganz sicher werden sie die Wahrheit sprechen.* Das hat sie sich die ganze Nacht eingeredet. Dass ihr Maxim so was niemals tun würde. Nein, heute werden sie sich versöhnen, und alles wird wie früher sein. Ganz sicher.

Es klopft an der Türe. Sie atmet auf, öffnet. Maxim. Hilfesuchend wie eine Ertrinkende fällt sie ihm um den Hals. Als sie ihm in die Augen sieht, erstarrt sie. Schlagartig ist ihr klar, dass alles anders kommen wird. Ihre Hoffnung stirbt von einer Sekunde zu anderen. „Marquise, ich…" Wie so oft in letzter Zeit, weicht er ihrem Blick aus. „Es tut mir leid, ok? Ich bin ein verdammter Idiot. Ich flehe dich an… Schau morgen nicht in die Zeitung."

„Warum?", fragt sie wie in Trance, bekommt fast keinen Ton heraus. Alles um sie herum ist zerbrochen. Überall liegen Splitter. Splitter von dem, was mal war. „Glaub mir, Marquise…" Er hört sich verzweifelt an. „Was auch immer passieren wird, vergiss niemals, dass ich dich liebe." Er küsst sie, sachte wie man eine Rose küsst, dann verschwindet er.

„Marquise!" Marianne stürmt ins Zimmer. Ihre Stimme klingt hysterisch. „Hast du das schon gesehen?" „Nein", erwidert die Diva abwesend. „Was auch immer es ist… Ich will es nicht wissen. Maxim hat mich darum gebeten, es nicht zu lesen." Vor Wut über so viel Naivität schießt Marianne das Blut in den Kopf. „Du willst es nicht wissen, du dumme Gans?! Dann erfährst du es von mir. Hör zu…" Marquise hält sich die Ohren zu. „Bitte, Marianne, tu das nicht…" Die lässt sich nicht beirren, zieht wild entschlossen eine Zeitung aus ihrer Handtasche, hält sie ihr so dicht vor Augen, dass sie nicht umhinkommt, einen Blick auf das Titelblatt zu werfen.

Das Titelblatt. Mit einer Großaufnahme. Maxim, eng umschlungen von einer blonden Frau, die ihn leidenschaftlich auf den Mund küsst. *Es tut mir leid, ok? Ich bin ein verdammter Idiot!* Ihr wird übel. Sie ärgert sich maßlos darüber, dass sie das Gesicht der Frau nicht erkennen kann. Sicher steht es in den Schlagzeilen.

Lucinda Williams und Maxim Romanov:

Wir erwarten unser erstes Kind und werden bald heiraten.

Die Welt um sie herum versinkt im Dunkel. In einem Loch, das alles einsaugt. *„Marquise?"* Der Sog ist stark, nimmt ihr alles, was ihr jemals etwas bedeutet hat, alle Freude, alles Glück, jegliches Gefühl. Allein der Schmerz bleibt. Wie durch einen Schleier sieht sie Mariannes Gesicht. Besorgt beugt es sich über sie. „Whisky", ist alles, was sie jetzt noch sagen kann. Dann löst sich die Welt um sie herum endgültig auf.

Aufgeregt sucht Marianne François in seinem Atelier auf. Eigentlich hat sie sich geschworen, das niemals zu tun. Weil sie Männer nicht ausstehen kann. Schwule eingeschlossen.

„Marianne?" Spöttisch zieht François einen unsichtbaren Hut. „Was verschafft mir die Ehre?" „Lucindas Geständnis", erwidert die schnippisch, quetscht sich an ihm vorbei durch die Tür. „Hast du es gelesen?" „Nein. Ich lese keine Zeitung. Das deprimiert mich." „Wie kann

Zeitunglesen deprimieren?", fragt Marianne verständnislos. „Es ist immer das Gleiche." François schließt seufzend die Tür. „Kinder, die ihn Afrika verhungern, machthungrige Politiker, Promiskandale..." „Wird es besser, wenn du keine Zeitung liest?" Marianne hält ihn schon jetzt für völlig durchgeknallt. „Es wird besser, wenn ich male." Er wirft einen liebevollen Blick auf seine Staffelei. „Aber bitte... Setz dich doch."

Er nimmt neben ihr auf dem Sofa Platz. „Was führt dich hierher, Marianne? Dieser Besuch muss dich Überwindung gekostet haben. Es ist kein Geheimnis, dass du mich nicht ausstehen kannst." „Hast du was zu trinken?", fragt sie, bevor sie antwortet. „Hast du Gin?" „Sicher." Er füllt ihr ein Glas. „Es ist ein Skandal", beginnt sie dann. „Das, was Lucinda in diesem Interview gesagt hat. Marquise hat einen Schock erlitten. Sie liegt im Krankenhaus." „Sie liegt im Krankenhaus?!" François ist entsetzt. „Wer ist Lucinda? Was hat sie gesagt?" „Dass sie schwanger ist. Von Maxim. Und ihn heiraten wird." Marianne leert das Glas in einem Zug.

„Was? Das ist unmöglich, Maxim hätte niemals..." Marianne sieht in eindringlich an, bringt ihn damit zum Schweigen. „Marquise braucht dich jetzt, François. Mehr denn je. Deshalb bin ich hier." François antwortet nicht. Stumm hängt er seinen Gedanken nach. „Er hat sie geliebt", murmelt er dann. „Maxim... Er hat Marquise geliebt. Ich bin mir sicher. Ich verstehe das nicht." „Ich verstehe es auch nicht", erwidert Marianne. „Niemand versteht es." „Warum können Menschen sowas tun?" Hilfesuchend sieht François zu ihr rüber. „Weil die Menschen Egoisten sind, François", behauptet Marianne trocken. „Jeder denkt nur an sich selber."

„Das ist deprimierend." François schenkt sich ebenfalls ein Glas Gin ein. „Wirklich deprimierend." „Ja." Marianne nickt langsam. „Das ist es." „Bei Maxim hätte ich das nicht für möglich gehalten..." Immer noch ungläubig schüttelt François den Kopf. „Ich verstehe nicht, wie er das tun konnte. Sie gehören zusammen. Jeder weiß das. Sie sind zwei verwandte Seelen. Also, warum hat er das getan?" „Das kann nur er selbst wissen", erwidert Marianne verbittert. „Ich hoffe, dass er wenigstens ansatzweise versteht, was er angerichtet hat, dass er Tag und Nacht darunter leidet."

Maxquise nach Affäre getrennt

Hat Marquise nichts bemerkt?

„Maxim, du widerlicher Hurenbock!" Als er Mariannes zorngeladene Stimme am anderen Ende der Leitung hört, begreift er, dass es ein Fehler war, ans Telefon zu gehen. „Ich mache dich fertig, Maxim! Hörst du?" „Bitte, warte doch…", versucht er sie zu beruhigen. „Ich soll warten?", schreit sie wütend. „Marquise ist im Krankenhaus. Ich muss ihre Auftritte absagen. Und *ich* soll warten?! Wie lange geht das schon? Mit dir und dieser Millionärstochter?" Ihre Stimme ist so aggressiv, so schrill, dass er den Hörer weiter weg halten muss, um sie zu verstehen. „Das Meiste davon hat Lucinda erfunden", verteidigt er sich. „Ich habe weder vor, sie zu heiraten, noch will ich dieses Kind. Ich will sie gar nicht in meinem Leben. Gerade deswegen hat sie… Herrje. Sie hat die Situation ausgenutzt!"

„Sie ist schwanger. Von dir!", faucht Marianne. „Und du versuchst tatsächlich, die Schuld von dir zu schieben?!" „Marianne, es tut mir leid. Wirklich." Seine Kehle wird trocken, fühlt sich an, wie zuge-schnürt. „Ich liebe Marquise. Ich würde alles tun, um es wieder gut zu machen." „Gar nichts wirst du tun. Du wirst sie in Ruhe lassen!", zischt Marianne durch die Leitung. „Sonst werde ich dich eigenhän-dig kastrieren, du verdammter Vollidiot!" Am anderen Ende ist es still. „Hast du nie einen Fehler gemacht, Marianne?", fragt Maxim dann. „Nein", entgegnet Marianne kalt. „Ich mache sowas nicht. Natürlich nicht."

Als Marquise die Augen aufschlägt, hat sie keine Ahnung, wo sie ist. Alles ist weiß. Es ist nicht das Ende. So kann das Ende nicht aussehen. Ein weißer Raum mit weißen Möbeln. Unmöglich.

„Bist du wach, chérie?" François' Gesicht rückt ins Blickfeld. Er sieht mitgenommen aus. Sie öffnet den Mund, will etwas sagen. Doch alles, was herauskommt, sind verzerrte, krächzende Laute. Vor Schreck reißt sie die Augen noch ein wenig weiter auf. „Schon gut", beschwichtigt François, der ihre Sorge verstehen kann. „Du warst lange weg. Überanstrenge dich nicht, ma chère. Deine Stimme wird wiederkommen. Fürs Erste besorge ich dir Stift und Papier, dann können wir uns so unterhalten." Ein paar Minuten später kommt er mit Block und Kugelschreiber zurück. „Hier, versuch mal." Sie nimmt den Stift, überlegt kurz, schreibt dann. *Du siehst fertig aus,* steht da. François lächelt.

„Ich sah bestimmt schon mal besser aus, doch glaube mir, es geht mir besser als dir." Ihre Miene verdüstert sich. Wieder nimmt sie den Stift. *Presse?* „Das willst du nicht wissen." Er weigert sich, mit ihr über die Einzelheiten zu sprechen. *Marianne?* „Die ist verzweifelt." François verzieht das Gesicht. „Weil sie euch gnadenlos auseinandernehmen." *Euch.* Sie zögert kurz, dann formt sie mit dem Mund den Namen: „Maxim?" „Der hat sich verkrochen. Will wahrscheinlich warten, bis der Rummel vorbei ist. Hat dir Blumen geschickt. Jeden Tag." „Er ist *nicht* gekommen", bringt sie mühsam über die Lippen. „Nein", erwidert der Maler. „*Ich* werde für dich da sein, in Ordnung? Ich werde deinen Entzug begleiten…"

Ihr Stift fliegt so schnell über den Block, dass er Schwierigkeiten hat, seinen Bewegungen zu folgen. *Entzug?!* „Ja", antwortet François „Die sagen, dass deine Leberwerte katastrophal sind. Die sagen, dass du vom Alkohol weg musst. Sofort. Marianne hat es angeordnet." Marquise beginnt zu weinen. „Nicht doch." François schlingt seine Arme um sie, drückt sie an sich. „Alles wird gut, Prinzessin. Ich weiß, wie schwer das für dich ist. Trotzdem stehen wir es durch, ok? Wir schaffen das, Marquise. Du wirst lernen, ohne ihn auszukommen. Er ist wankelmütig. Du nicht. Du bist stark. Ich werde auf dich achtgeben, mein Herz."

„Ich…" François kann sie kaum verstehen. „Ich will sterben. Einfach nur sterben." Obwohl sie ganz leise spricht, klingt ihre Stimme schaurig, genau wie ihre Worte. „Sowas", erwidert er ernst, hebt ihren Kopf, damit sie ihn ansehen muss, „darfst du nie mehr sagen, Marquise, verstehst du? Du bist nicht wie ich. Du hattest immer Spaß am Leben… Du warst der lebenslustigste Mensch, den ich kenne. Also bitte… sag so was nie mehr." „Mein Leben", wagt sie einen erneuten Versuch zu sprechen, „hat keinen Sinn ohne Maxim." „Der ist nur ein Teil deines Lebens", hält François dagegen. „Du hast immer noch den Gesang, mich und deine Familie."

Er ist weit weg. Am anderen Ende der Welt. In seinem geräumigen Hotelzimmer fühlt er sich einsam, wie immer, wenn *sie* nicht bei ihm ist. Seine Marquise. Er hat sie vertrieben. Weil er naiv gewesen ist, mit dem Feuer gespielt hat. Weil er den Frauen nicht gewachsen ist. Ununterbrochen klingelt das Telefon, ein Monstrum, das keine Ruhe geben will. Doch er hebt nicht ab. Wer kann das schon sein? Marianne, die ihm den Kopf abreißen will, Aasgeier von der Boulevardpresse oder Lucinda, dieses Biest, das sein Leben in kürzester Zeit zerstört hat. Niedergeschlagen schenkt er sich ein Glas Whisky ein. Schon das vierte an diesem Tag.

Jetzt, wo seine Zukunft zerstört ist, hat er jegliches Maß verloren. Nicht nur beim Whisky. Auch der Aschenbecher quillt über. Er will sich ablenken, greift zur Geige, spielt seine neueste Komposition, das *Für-Marquise*-Stück. Bis vor wenigen Tagen hat er darauf gehofft, sie an ihrem Geburtstag zu sehen. Doch nun… Nun kann er froh sein, wenn er sie überhaupt jemals wiedersehen darf. Marquise wird ihm nicht verzeihen können. Die Presse hat sie förmlich zerfetzt. Wieder und wieder ist Lucinda an die Öffentlichkeit getreten, hat sie an den Pranger gestellt. Als dumme Gans, die nicht gemerkt hat, dass Maxim längst nicht mehr ihr gehört, dass er still und heimlich eine Familie gegründet hat. Mit einer anderen Frau. So hat sie es dargestellt. Nicht, wie es wirklich war.

Lange hat er überlegt, ob er mit Marquise in Verbindung treten, ihr die Wahrheit sagen soll. Ja, er hat sie betrogen. Im Rausch. Und ja, Lucinda hat ihm ein Kind untergeschoben. Alles andere entspricht nicht der Wahrheit. Aber das würde die Sache wohl auch nicht besser machen. Er hat sich alles versaut. Nicht nur, dass er Marquises Ruf ruiniert hat… Auch der Druck der Öffentlichkeit, Lucinda zu heiraten, ist groß. Er hat die Wahl. Entweder kann er sie als Lügnerin darstellen, sich anschließend von der Bühne verabschieden, weil er die Tochter eines mächtigen Mannes geschwängert und dann im Stich gelassen hat. Oder er kann nachgeben, sie tatsächlich heiraten. In diesem Falle würde es mit seiner Karriere steil nach oben gehen.

Sie wollte mich genau an diesem Punkt haben, denkt er. An diesem verdammten Scheideweg zwischen Leben und Tod. Er denkt daran, was er Marquise angetan hat. An seine Lügen, seinen Betrug und die Qualen, die er ihr bereitet hat. „Das mit uns konnte nicht gutgehen", sagt er, auch wenn niemand da ist, der ihn hört. „Ich war schon immer ein Narzisst, ein Egozentriker."

Der Alkohol tut seine Wirkung, rauscht durch sein Blut, lässt ihn müde werden. „Du bist alles für mich, Marquise", lallt er. „Du warst… alles. Ich habe dich einfach so hergegeben. Hergegeben für den Ruhm. Er hat mich geblendet, verstehst du?" Doch der Raum gibt keine Antwort, schweigt. „Ich konnte einfach nicht genug bekommen." Er wirft den Kopf zurück, lacht, während ihm Tränen über die Wangen laufen. „Es war alles nur Schein, Marquise. Nur Schein. Nur das mit uns war echt. Das einzig Wahre in all den Jahren. Wir waren echt, Marquise. Alles andere ist vergänglich, wertlos. Und ich Idiot versteh das erst jetzt."

Marquise Montiniere: So zerbrechlich ist ihre Welt.

Marquise Montiniere: Nach Betrug nun am Ende?

Maxquise: Was geschah wirklich?

So und noch viel schlimmer titeln die Zeitungen. Marquise bekommt nichts davon mit. Sie ist mit ihrem Entzug beschäftigt, will diese Sache so schnell wie möglich hinter sich bringen. Marianne hat die Klinik sorgfältig ausgewählt. Das Gebäude ist hell, außerdem freundlich eingerichtet. Sie kommt sich nicht wirklich wie eine Kranke vor. Das ist ihre schlimmste Befürchtung gewesen. Die Ärzte sagen, sie macht Fortschritte. Trotzdem hat man sie zu einem Psychologen geschickt.

„Warum muss ich zu diesen furchtbaren Sitzungen?", beschwert sie sich bei Marianne, als diese nach zwei Wochen zum ersten Mal vorbeikommt. „Ich bin nicht gestört." „Ich sehe nichts Falsches darin", erwidert Marianne ruhig, wirkt jedoch sichtlich angespannt. „Du brauchst jemanden, mit dem du über deine Probleme reden kannst, Marquise." „Ich habe François", entgegnet die störrisch. „Ich rede mit ihm." „Oh, bitte…" Marianne verdreht die Augen. „François würde für dich von der Brücke springen. Er ist nicht unparteiisch genug für solche Gespräche." „So ein Schwachsinn!", faucht die Diva. Die Muskeln an ihren Schläfen zucken, wie immer, wenn sie sich aufregt.

„Hol mich hier raus, Marianne. Ich bin längst trocken. Ich verspreche dir, dass ich nichts mehr trinken werde. Diese Isolation macht mich fertig." Marianne fällt auf, dass sich ihre Stimme verändert hat. Sie ist tiefer geworden, rauer. Gott bewahre, denkt Marianne. Hoffentlich kann sie noch so singen wie früher. „Bitte, hol mich hier weg", fleht Marquise erneut. „Ich werde auch immer auf dich hören!" „Du bleibst noch eine Weile", bestimmt ihre Managerin, mustert mit Missfallen den Körper ihres Schützlings. „Du bist abgemagert. Was sagen die Ärzte?" „Ich soll mehr essen." Hilflos zuckt sie mit den Schultern. „Das geht nicht, Marianne. Es ist zu früh. Ich habe keinen Hunger."

Mariannes Blick wird hart. „Sie müssen dein Essverhalten beobachten, Marquise", sagt sie schließlich mit einer Stimme, die keinen Widerspruch duldet. „Ich werde nicht zulassen, dass du wegen eines hirnverbrannten Geigers vor die Hunde gehst." Der Klang ihrer Worte lässt Marquise zusammenzucken. „Du wirst essen, Marquise!", wiederholt Marianne mit Nachdruck. „Und wenn ich dich füttern muss! Wir werden neu anfangen, hörst du?" „Neu anfangen", krächzt Marquise, während Tränen über ihre Wange rollen. „Das kann ich nicht." „Das wirst du", erwidert Marianne kalt. „Vertraue mir. Es wird so sein, als hätte es ihn nie gegeben."

„Weißt du", setzt sie ein wenig später noch hinzu. „Ein kleiner Exzess macht dich interessant. Bei dir sind es viele. Zu viele. Wir müssen dein Image aufpolieren, bevor dein Ruf völlig im Eimer ist." „Was für einen Ruf?" Marquises Blick geht ins Leere. „Sag es mir. Was für einen Ruf habe ich?" „Den Ruf einer gescheiterten, verkommenen, exzentrischen Diva", zischt Marianne. „Es gibt viel zu tun." „Du hast Recht", erwidert Marquise kraftlos, „vollkommen recht. Ich bin ein Nichts." „Du bist immer noch Marquise Montiniere." Marianne schaut ihr kämpferisch in die Augen. „Die große Sopranistin. Auch jetzt noch. Verstanden?"

Gegen Mittag klopft es bei Maxim. Der wohnt inzwischen alleine, liegt auf dem Teppich im Wohnzimmer, wo er seinen Rausch ausschläft. Neben ihm steht eine leere Flasche. Er hört das Klopfen nicht, ist immer noch zu benommen. Trotzdem öffnet sich die Tür. Irgendjemand betritt seine Wohnung.

„Maxim, wir müssen reden!" Ihr offenherziges Kleid ist zweifellos auf die Farbe ihrer Augen abgestimmt, ihre viel zu hohen Schuhe passend zur Handtasche ausgesucht. Als sie ihn auf dem Boden liegen sieht, verdüstert sich ihre Miene. Mit laut klackernden Schritten stakst sie in die Küche, sucht eine Flasche Wasser, die sie anschließend nicht ohne Genugtuung über seinem Gesicht entleert. Tatsächlich kommt er zu sich, versteht erst nicht, was ihm widerfahren ist. „Wie bist du hier reingekommen, Lucinda?", fragt er, als er die Situation begriffen hat. Er ist immer noch benommen, hat noch genügend Alkohol im Blut. Trotzdem ahnt er, dass sie wieder mal ein falsches Spiel spielt.

„Ich hab den Zweitschlüssel mitgenommen, als ich das letzte Mal hier war." Sie lächelt. „Wie du weißt, werden wir schon bald ein Kind haben. Dann werde ich sehr oft hier sein. Das ist doch kein Problem, oder?" „*Du* bekommst ein Kind, Lucinda. Nicht *ich*." Er rappelt sich auf, zieht sich am Sofa hoch. „Außerdem gibt dir das noch lange nicht das Recht, hier ein- und auszugehen, wie es dir passt." Stöhnend setzt er sich aufs Sofa, vergräbt den Kopf in den Händen. „Ich weiß, was du den Leuten von der Presse vorgelogen hast. Dass du nicht auch noch die genaue Anzahl der Rosen, die Farbe der Torte und den Namen der Band erfunden hast, bevor ich etwas von einer Hochzeit wusste, ist wohl alles."

„Sie ist unausweichlich, Maxim." Ihre hellen, blauen Augen sehen ihn eindringlich an. „Du würdest alles ruinieren, wenn du es nicht tätest. Darum wirst du es tun. Und du wirst sehen: Ein Leben mit mir ist gar nicht so verkehrt. Ich bin eine gute Partie." „Du bist mein Untergang", ächzt er, bekämpft die Übelkeit, die sich zunehmend in ihm ausbreitet. „Verrate mir eines, Lucinda… War das dein Plan? Hast du schon damals, als du mich in der Uni gesehen hast, beschlossen, dass es so kommen wird? So ist es doch, nicht wahr? Du bist jemand, der immer das bekommt, was er will. Irgendwann hast du mich gesehen, einen Geige spielenden Teddybären in der Kinderabteilung. Den musstest du unbedingt haben."

„Du hast Recht", erwidert sie. „Ich musste dich haben. Dich und keinen anderen. Doch du irrst, wenn du denkst, dass ich dich grundlos ausgewählt habe. Du hast mich berührt, Maxim. Deine Musik hat mich berührt. Als ich dich zum ersten Mal spielen hörte, wurde mir klar, dass du der Mann bist, den ich einmal heiraten werde." Er lächelt verzerrt. „Sieh mich an, Lucinda. Ich bin ein abgewrackter, versoffener Taugenichts." „Unsinn, du bist ein Jarhundertgeiger", entgegnet sie, wirkt dummerweise ganz und gar nicht verschreckt. „Bald wirst du noch berühmter... Wenn wir erst verheiratet sind." *„Verheiratet."* Er lacht bitter. „Mit Kind. Eine glückliche, kleine Familie."

„Was ist daran falsch, Maxim?" „Dass du nicht die Frau bist, die ich heiraten will", erwidert er. „Versteh doch, Lucinda: Du hast alles richtig gemacht. Du hast mich in dem einzigen Moment verführt, in dem ich verführbar war, hast dich schwängern lassen, meine Beziehung zerstört und mein Leben ruiniert. Doch das alles hat meine Liebe zu Marquise nicht verändert. Mein Herz gehört ihr. Es wird immer ihr gehören. Ganz egal, ob wir verheiratet sind oder nicht." „Marquise wird dir niemals verzeihen." Sie verschränkt starrsinnig die Arme. „Doch ich liebe dich, Maxim. Ich würde dir alles geben." „Mag sein", entgegnet er, „dass du es versuchen würdest. Können wirst du es nie."

„Marquise kannst du nicht mehr haben." In Lucindas Stimme liegt ein Flehen. „Mich und dein Kind schon. Du hast nichts mehr zu verlieren, Maxim." „Habe ich doch. Meine Freiheit." Er zündet sich eine Zigarette an. „Meine Selbstachtung... und meinen Stolz. Ich kann dich nicht heiraten, Lucinda. Aus dem ganz einfachen Grund, weil ich dich nicht liebe." „Deine Freiheit hattest du bereits verloren, bevor du dich mit mir eingelassen hast!", faucht sie. „Dann hast du deine ach so große Liebe betrogen, sie bis zum Ende belogen. Weil du zu feige warst, ihr die Wahrheit zu sagen. Du hast weder Stolz noch Selbstachtung, Maxim."

Sie hat Recht! Er ist ein schlechter Mensch, fast so verdorben wie sie selbst. Allmählich dämmert ihm, dass es kein Zurück mehr geben wird. Dafür ist zu viel passiert. Dummerweise kann man im Leben nicht alles ungeschehen machen. Das weiß jeder. Unzählige Opern handeln genau davon. Wenn er nicht auch noch seine Karriere verlieren will, muss er nach vorne schauen, die selbst verursachten Scherben hinter sich lassen. Er muss schleunigst eine andere Perspektive finden, wenn er leben will. Und das will er. Er will auf gar keinen Fall, dass es zu einem sinnlosen Ende kommt. „Du hast Recht, wir müssen reden", sagt er schließlich. Sie bringt ihm ein Glas. Sie reden.

„Du weißt, was das heißt?" David sieht ihn ernst an. „Oder, Maxim? Du weißt doch, was das heißt?" „Ich darf Marquise nie wieder sehen", sagt der leise. „Sehr richtig." Fast freundschaftlich legt David ihm seine Hand auf die Schulter. „Du und Montiniere, ihr geht von nun an verschiedene Wege. Lucinda wird fortan die Frau an deiner Seite sein." „Du bist nicht sauer?" Maxim ist überrascht. „Ich habe Marquise betrogen, die Presse hat sich das Maul zerrissen. Es gab so viel schlechte Publicity." „Nein." David schüttelt den Kopf. „Ganz sicher nicht. Überleg doch, wer Lucinda ist. Eine Heirat mit ihr ist so ziemlich das Beste, was uns passieren kann."

„Wenn du meinst", murmelt Maxim niedergeschlagen. „Wenn es das ist, worauf du gewartet hast." David sieht ihn verwundert an. „Warum so traurig? Du stehst kurz vor dem Durchbruch und jammerst rum?" „Ich liebe Marquise! Wie oft denn noch?", erwidert Maxim verbittert. „Du hast sie verraten." David sieht ihn kalt an. „Und soll ich dir sagen, warum, Maxim? Weil du es schaffen willst, oder? Du willst nach oben, nicht wahr? Zu den ganz Großen gehören. Nicht nur einer von vielen sein. Nun bist du auf dem besten Weg. Es ist nicht an der Zeit, das Vergangene zu bereuen, Maxim. Vergiss das Vögelchen Montiniere. Schau in die Zukunft. Sieh, was du noch alles erreichen kannst."

Mit Missbilligung sieht er, wie Maxim in sich zusammenfällt. „Lucinda ist eine tolle Frau", versucht er ihn aufzubauen. „Eine gute Partie für jemanden, der hoch hinaus will. Du darfst das alles nicht so eng sehen, Maxim. Hier, lies das!" Er hält ihm ein Buch vor die Nase. „Lies das!"

Der Weg zum Ruhm ist kein leichter, steht da. *Er ist steinig, steil und voller Dornen. Er ist niemals fair. Du wirst stolpern, hängenbleiben und bluten. Manche Wunden werden niemals heilen. Immer wieder wirst du aufstehen müssen, sonst wirst du ihn niemals zu Ende gehen. Du wirst Kraft brauchen; Menschen verlieren, die dir wichtig sind; Dinge über dich hören und lesen, die du weder hören noch lesen willst. Du wirst an Selbstzweifeln beinahe vergehen. Der Ruhm fordert einen hohen Preis. Wenn du den Weg gegangen und oben angekommen bist, wenn die Bühne dein Leben ist, dann wirst du denken, dass es sich gelohnt hat. Denn der Ruhm ist süß. Gierig wirst du ihn trinken. Er legt einen goldenen Schein auf dein Leben, spendet dir Applaus und Anerkennung. Wenn du einmal an diesem Punkt bist, hast du gewonnen. Sei stolz, dass du es geschafft hast, vergiss jedoch nie, was du bezahlen musstest.*

„Ich bin ein Narr." Er vergräbt den Kopf in seinem Kissen, weint, stellt sich vor, dass er schon bald vor dem Altar stehen wird, mit einer Frau, die nicht Marquise ist. In Gedanken sieht er Lucinda. Lange, grazile, kalte Lucinda mit ausdruckslosen, stahlblauen Augen. Cecilia liegt neben ihm. Sein einziger Halt. Wie gerne würde er sie eintauschen. Gegen sein altes Leben. Gegen Marquise. Doch das ist nicht möglich. Er braucht sie. Zurzeit kann er sich vor Anfragen kaum retten. Was für eine Ironie. Maxim steht auf, raucht bis der Aschenbecher voll ist, nimmt zwei Schlaftabletten. „Marquise", denkt er, während ihm langsam die Augen zufallen. „Sei stark, Marquise. Wir müssen beide stark sein."

„Habt ihr das gehört?" Annabelle sucht ihre Eltern im Wohnzimmer auf, wo sie die Nachrichten im Fernsehen verfolgen. „Was gehört, Liebes?", will der Vater wissen, ohne vom Bildschirm aufzusehen. „Dass Marquise und Maxim nicht mehr zusammen sind!", platzt sie heraus, wohlwissend, dass der Abend damit ruiniert ist. „Es steht in allen Zeitungen. Er *muss* eine andere heiraten. Eine, die er geschwängert hat." „Was?" Augenblicklich drehen sich die beiden zu ihr um. Natürlich sind sie schockiert. „Das… Das ist doch…", sucht die Mutter nach Worten, findet sie aber nicht. „Das ist nicht wahr, oder?" „Ich weiß es nicht." Annabelle zuckt mit den Schultern. „Ich schätze, schon."

Das Jahr des Schweigens

Die große Marquise:

So groß ist sie wirklich.

„Himmel, Marquise, sag doch endlich was!" Marianne ist verzweifelt. Ihr Schützling hat den Entzug erfolgreich hinter sich gebracht, ist ohne Aufsehen zu erregen, wieder in die eigene Wohnung zurückgekehrt. Als ihre Managerin hat sie gehofft, Marquise hätte vergessen, könnte sich wieder auf große Konzerte konzentrieren. Stattdessen ist ihr das *Ereignis des Monats*, wie es in der Presse genannt wird, auf die Stimme geschlagen. Seit drei Wochen hat sie kaum noch gesprochen. Wenn sie alleine ist, sitzt sie stumm vor dem größten ihrer Fenster und raucht.

François besucht sie fast jeden Tag. Er hat sein Studium überaus erfolgreich beendet, arbeitet jetzt als freischaffender Künstler. Viele denken, davon könnte er nicht leben, als Maler schon gar nicht. Doch François' Bilder sind gefragt, sodass er sich die Aufträge regelrecht vom Leib halten muss, um etwas Zeit für seine Freundin zu finden. Gerade wird er nicht gebraucht. Marianne sitzt neben ihr am Fenster, schaut *nicht* auf die Regentropfen hinter der Scheibe. Sie schaut auf Marquise. „So geht das nicht weiter", schimpft sie. „Deine Stimme wird verkümmern. Ich will nicht, dass es so endet. Hörst du? Die Welt hält noch so viel für dich bereit… Marquise, hörst du mir zu?"

Bei näherer Betrachtung fällt ihr auf, dass die Diva noch immer in schlechtem Zustand ist. Sie scheint sich nicht um ihr Aussehen zu kümmern. Auch nicht um ihre Ernährung. Ihre viel zu langen Fingernägel sind ungepflegt. Ihre blasse Haut ist durchscheinend wie Papier. Die einst so glänzenden, langen Haare fallen spröde und kraftlos über ihre Schultern. Auch die Augen wirken matt, funkeln nicht wie früher. Marianne ist klar, dass es noch nicht vorbei ist. Still hofft sie, dass Marquise die nächsten Tage übersteht. Dabei verflucht sie den unglückseligen Geiger. Schließlich ist er an allem schuld.

Maxim Romanov und Lucinda Williams:

Ganz England wartet auf die Traumhochzeit.

„Marquise", fährt Marianne seufzend fort. „Du darfst dich jetzt nicht hängenlassen! Du weißt genau, dass er dieses Miststück nicht heiraten will. Er heiratet sie nur, weil er sie heiraten muss, weil seine Karriere sonst am Ende wäre." Dann sieht sie ihr fest in die Augen. „*Er* verzichtet *nicht* auf den Ruhm. Nicht für *dich*. Also brauchst *du* das auch nicht zu tun. Im Gegensatz zu dir, scheint er sich mit seinem Schicksal abzufinden." Marquise zuckt zusammen. „Der Kerl muss dir egal werden", mahnt Marianne, die nun langsam aber sicher die Geduld verliert. „So egal wie *du ihm* bist."

Das Gesicht der Diva versteinert. Augenblicklich verflucht Marianne auch sich selbst. Sie weiß, was jetzt kommen wird. Marquise wird wortlos aufstehen, mit schnellen Schritten ins Schlafzimmer gehen, den Schlüssel umdrehen und die Fensterläden schließen. Dann wird sie in ihr Kissen heulen wie ein geprügelter Schlosshund. So, wie jetzt. Marianne springt auf, rennt ihr hinterher. Zu spät! Die Läden knarren. Sie hört ein herzzerreißendes Schluchzen. Jetzt wird Marquise den Raum vor morgen früh nicht mehr verlassen, wird ein paar Antidepressiva schlucken, ein paar Aspirin gegen Kopfschmerzen. Später wird sie Schlafmittel nehmen.

„Maxim, beruhige dich! Es ist doch nur ein Haus." „Das ist kein Haus, Lucinda. Das ist ein Schloss!" „Was spricht dagegen?" Verständnislos sieht sie ihn an. „Daddy meint, wir sollen uns eins suchen, das unseren Stand nach außen hin repräsentiert." „Und ich habe dir gesagt, dass ich *keinen* Luxusschuppen will!" Maxim findet die Welt der

Reichen abstoßend. „Wofür zum Teufel braucht man sieben Badezimmer? Lampen, die angehen, wenn man Licht sagt? Und dann der
Pool… Lucinda… Das ist kein Pool. Das ist ein privates Meer. Man
könnte mit einer Jacht darauf fahren." Sie zwinkert mit den Augen,
nimmt ihn nicht ernst. „Natürlich werden wir eine Jacht haben."

„Meine Wünsche sind dir bekannt, Lucinda!", erwidert er aggressiv.
„Ich wünsche mir ein kleines Haus im Grünen. Wenn ich von meinen
Reisen komme, brauche ich Ruhe." „Was stört dich an *diesem* Haus,
Maxim?", will sie wissen. Ihre Augen funkeln angriffslustig, wie so oft
in letzter Zeit. „Dass es *keins* ist!" Unbeabsichtigt ist er laut gewor-
den. „Schrei mich nicht an, Maxim! Das ist nicht gut für dein Kind!"
Vorsichtig fährt sie mit der Hand über ihren mittlerweile mehr als pral-
len Bauch. „Du willst doch nicht, dass es sich erschrickt... Dieses
Haus ist perfekt. Du wirst sehen. Schon bald wirst du nirgendwo anders mehr wohnen wollen."

Doch, denkt er verbittert. Ich werde ganz sicher woanders wohnen
wollen. In einem kleinen Haus am Waldrand, mit Kamin, einer Veranda… und mit Marquise. Laut erwidert er nichts. „Maxim!" Sie reißt
ihn aus seiner Lethargie. „Denkst du nicht auch, dass wir hier glücklich werden könnten?" Lucindas Stimme klingt wie aus weiter Ferne,
wie ein leises Flehen. Er liebt es, Lucinda flehen zu hören. Das ist
die einzige Genugtuung, die ihm bleibt. Natürlich wird er nie wirklich
nett zu ihr sein. Das weiß auch sie.

Marquise Montiniere:

Das Geheimnis ihres plötzlichen Abtauchens

Wo ist Marquise Montiniere?

Warum will der Paradiesvogel Englands nicht mehr singen?

So titeln die Blätter. Wie es ihr im Augenblick geht?

Als Marianne Marquises Apartment betritt, hört sie bereits im Flur die Stimme von François. „Ach chérie, wenn du doch nur ein Wort sagen würdest... Dieses Schweigen ist ja unerträglich. Mit mir hast du bisher doch über alles geredet, mein Täubchen. Also... Warum diese Sprachlosigkeit? Denkst du, dass du ihn damit bestrafst? Indem du stumm bleibst? Das geht nicht, ma chère. In Wirklichkeit bestrafst du mich. Himmel, jetzt schau mich nicht so traurig an. Es zerreißt mir das Herz, dich so zu sehen. Du bringst mich zum Weinen, wenn du mich so ansiehst, weißt du das?" Dann hört sie ihn tatsächlich weinen.

„Damals haben wir uns versprochen, dass wir immer füreinander da sein werden. Erinnerst du dich? Dein Ying, mein Yang? Das hier ist eine schlechte Zeit, Marquise, und ich werde mein Versprechen halten. Dummerweise scheinen alle meine Bemühungen umsonst zu sein. Es scheint so, als ob du innerlich stirbst, ohne dass ich etwas dagegen tun kann." „Hallo, François." Marianne findet, dass es an der Zeit ist, auf sich aufmerksam zu machen. Ihr Sorgenkind sitzt heute nicht am Fenster, sondern auf einem der roten Sofas. François ihr gegenüber auf einem Stuhl, tupft sich mit einem Taschentuch über die Augen. „Hallo, Marianne."

„Du kommst nicht weiter?" „Nein", erwidert François, beobachtet verzweifelt Marquises Augen, einst so ausdrucksvoll, nun völlig leer, die matt an ihm vorbeisehen. „Sie will nicht existieren." „So kann das unmöglich weitergehen!" Marianne packt Marquise hart an der Schulter. „Hörst du mich, Marquise? Mach endlich Schluss mit diesem Unfug! Dein Verhalten ist kindisch." „Nicht so feste", fährt François sie an. „Was Marquise braucht, ist unsere Fürsorge." „Und unseren Druck", entgegnet Marianne eisig, „damit sie sich zusammenreißt, versteht, dass man die Dinge nicht ändern kann... Dein Maxim heiratet in ein paar Tagen, Marquise! Seine Hure wird aussehen wie eine

Mastgans. Lach darüber, ok? Such dir jemand anderen. Von mir aus wieder einen Geiger. Wenn er besser ist als Maxim."

Daraufhin erhebt sich die Diva, verschwindet mal wieder in ihrem Zimmer. Der Schlüssel quietscht, die Fensterläden klappern. Man hört das Knistern von Tabletten, die aus ihren Verpackungen gedrückt werden. „Hast du keine Angst, dass sie sich da drinnen was antut?" François starrt bekümmert auf die verschlossene Tür. „Dass sie einfach ein paar Tabletten zu viel nimmt?" „Künstler muss man gewähren lassen. Das weißt du doch besser als ich", erwidert Marianne schulterzuckend. „Doch Spaß beiseite… Nein. Ich habe keine Angst. Ich kenne Marquise… Für so was wäre sie zu stolz... Glaube mir, allein in einem Schlafzimmer zu sterben, das wäre nichts für sie."

François ist nicht wirklich überzeugt, weiß aber, dass er gegen Marianne nicht ankommt. „Sag mal, gibt es hier irgendwo Cognac?", fragt er, um das Thema zu wechseln. „Bedaure", erwidert sie. „Seit Marquise aus dem Entzug zurück ist, habe ich alle Versuchungen aus der Wohnung geschafft." „Verstehe." François erhebt sich, zieht seinen Mantel an. „Dann werde ich jetzt ins Atelier gehen." Marianne erspart sich einen Kommentar, bewundert stattdessen seinen Geschmack. „Ist das ein Designerstück?" „Richtig", zwinkert er. „Bestimmt fragst du dich gerade, warum du mich nicht leiden kannst." Dann lacht er, wie nur Schwule lachen können. „Pass mir gut auf mein Herzstück auf, ok?" Eine große Wolke blumigen Parfüms folgt ihm auf dem Weg zur Tür.

Lieber Sascha,

ich werde bald heiraten. Sicher hast du darüber gelesen. Es ist nicht die Frau, von der ich dir geschrieben habe. Nicht Marquise, sondern

Lucinda Williams. Glaube bitte nicht alles, was in den Zeitungen steht...

Richtig ist, dass ich es vergeigt habe. Mit Marquise. Ja, ich habe sie betrogen. Mit Lucinda. Als ich betrunken war. Und ja, ich habe es verschwiegen, sodass Marquise es durch die Presse erfahren musste. Weil ich ein verdammter Feigling bin. Richtig ist auch, dass Lucinda schwanger ist, dass Marquise auch davon durch die Presse erfahren musste.

Nun stehe ich also da... Mit einer Frau, die ich heiraten muss, um nicht als Unmensch durch die Gassen getrieben zu werden, mit einem Kind, dass sich nicht wie meines anfühlt, weil ich es nicht wollte.

Das alles ist so furchtbar, Sacha, dass ich euch diese Hochzeit ersparen möchte. Lucindas Familie ist schrecklich. Reich und konservativ. Sie würden euch seltsam ansehen, weil ihr es nicht seid. Das will ich euch nicht antun. Ich will auch nicht, dass ihr mich an diesem Tag seht. Ich bin gescheitert...

Das Haus, in dem ich mit Lucinda wohne, würde euch nicht gefallen. Auch mir gefällt es nicht. Es hat nichts Gemütliches, nichts Liebevolles an sich. Letzten Endes sind alle meine Träume geplatzt. Bis auf den von Cecilia und mir. Wir können uns vor Auftritten kaum retten. Es scheint so, als ob die ganze Welt uns auf der Bühne sehen will.

Ich denke oft an Anna. Im Augenblick noch häufiger als zuvor. Marquise und sie haben viel gemeinsam. Es ist traurig, dass ich schon so lange nicht mehr an ihrem Grab war. Seit über 10 Jahren nicht mehr. Wachsen die wilden Rosen dort noch?

Wenn der ganze Trubel hier vorbei ist, möchte ich euch besuchen.

Bis dahin alles Gute und viele Grüße an Mutter,

Maxim

„Heute ist *der* Tag, Marquise." François betritt ihr Appartement, findet sie am Fenster sitzend. „Heute wird er heiraten." Sie ignoriert ihn, blickt stumm durch die Scheibe. „Also schön, Marquise." Er setzt sich seufzend neben sie. „Es ist nicht gut, wenn du an diesem Tag hier rumhängst. Heute Abend werden wir ausgehen. Tanzen, irgendwo Essen, Theater, Kino, was immer du willst."

Die Diva starrt ins Leere. „Ich will, dass mein Vögelchen wieder fliegt", fährt ihr Freund hastig fort, „Du wirst heute das Haus verlassen. Mit mir. Ich werde dich eigenhändig nach draußen schleifen! Es wird dir guttun, mal wieder unter Leute zu gehen." Noch hofft er, dass er sie überzeugen kann. „Ein guter Freund von mir ist Maskenbildner. Ein ganz lieber Kerl. Ich werde ihn bitten, hier vorbeizuschauen, bevor wir weggehen. Er wird dich hübsch machen. Und dann wirst du der Welt da draußen zeigen, dass Marquise Montiniere wieder zurück ist." Sie schüttelt stumm, fast monoton den Kopf, formt mit ihren Lippen das Wort „Nein".

„Doch, Marquise." François bleibt hart. „Heute Abend werden wir richtig Spaß haben. Wir können ja langsam machen. Du brauchst nicht zu reden, nur mitzugehen. Ok? Aber du fängst wieder an, zu leben." Sie weint. „Du musst wieder leben, Marquise", sagt er eindringlich, hebt ihr Kinn, sodass sie ihn ansehen muss. „Bitte. Geh raus. Hol dir dein Leben zurück, bevor du das von allen Menschen zerstörst, denen du etwas bedeutest." Dieses Argument scheint ihr einzuleuchten. Sie steht auf, nimmt sich eine von seinen Zigaretten, öffnet das Fenster und raucht. Schweigend. Als sie damit fertig ist, dreht sie sich um, sieht ihn an. Ein flüchtiges, verzerrtes Lächeln erscheint auf ihrem Gesicht. Dann nickt sie vorsichtig. François umarmt sie stürmisch. „Du wirst sehen", flüstert ihr er ins Ohr, „dass die Dinge viel einfacher werden, wenn du das alles endlich hinter dir gelassen hast."

Es ist sieben Uhr abends, als er mit seinem Freund bei ihr auftaucht. Marquise öffnet ihm, wirkt gefasst wie schon lange nicht mehr. Sie trägt ein rotes Kleid, im Ausschnitt den Rubin, dazu passend rote, hohe Schuhe. Er fragt sich, wie lange es wohl her ist, dass er sie so gesehen hat. Es kommt ihm vor wie eine Ewigkeit.

„Marquise, das ist Dimitri", stellt er den fremden Mann vor. „Er wird dich zurechtmachen…" Abrupt hält er inne, überlegt kurz, ob es jetzt angebracht ist, fährt dann aber doch fort: „Ich muss dir noch was sagen… Das solltest du wissen, bevor wir zusammen ausgehen." Auffordernd sieht sie ihn an. „Wir sind ein Paar!" François platzt die freudige Neuigkeit heraus. Seine Stimme überschlägt sich vor Begeisterung. „Ich weiß, ich weiß… Ich habe immer gesagt, dass ich mich nicht festlegen will... Aber… Es war Liebe auf den ersten Blick, chérie. Die ganz große Liebe. Jetzt weiß ich auch, dass es sie gibt. Und ich… Ich fühle mich gut."

Ein zaghaftes Lächeln legt sich auf ihre Lippen, während sie François' Begleiter genauer in Augenschein nimmt. Ein filigranes Gesicht, ausdrucksstarke, braune Augen, halblange nussbraune Haare, von der Statur her eher zierlich. Unwillkürlich stellt sie fest, dass sie genauso aussehen würde, wenn sie ein Mann wäre. Genau so. Sie ist nicht sauer, nicht mal an diesem Tag, gönnt ihm sein Glück von ganzem Herzen. François atmet auf.

„Die große Marquise Montiniere." Dimitri neigt hochachtungsvoll den Kopf. „Es ist mir eine Ehre." Sie nickt, deutet den beiden mit einer leichten Handbewegung an hereinzukommen. Auf dem Weg ins

Wohnzimmer hört sie die Männer hinter sich mit gedämpfter Stimme reden. „Sie sieht nicht mehr so aus wie früher." Dimitris Stimme klingt schockiert. „Sie ist so mager geworden. Isst sie nicht genug?" „Der Kummer", erwidert François entschuldigend. „Er hat sie mitgenommen." „Verstehe… Ich werde viel Puder brauchen, um die Schatten auf ihrem Gesicht zu überdecken."

Als sie da sind, setzt Marquise sich in ihren Lieblingssessel. Dimitri beginnt, seine Utensilien auszupacken. Spiegel, Makeup, Rouge, Lidschatten in allen Farben, eine bunte Vielfalt an Lippenstiften. „Hör zu, Marquise", sagt er langsam, um ihre Abneigung zu mildern, „du warst eine der schönsten Frauen Londons. Ich werde dir dabei helfen, es wieder zu werden, in Ordnung?" Sie erwidert nichts, hängt kraftlos im Sessel. „Ich werde deinem Gesicht Leben einhauchen, Marquise." Er greift zu einem der Pinsel. „Ich werde diesen Wangen, diesen Lippen und diesen Augen ihren alten Glanz zurückgeben." Er macht sich an die Arbeit. Sie lässt es geschehen.

„Voilà!" Dimitri ist fertig, betrachtet sein Werk. „Nun siehst du wieder aus wie früher, Marquise. Hier, schau selbst." Zufrieden mit seiner Arbeit reicht er ihr den Spiegel. Sie ist tatsächlich erstaunt. Ihr scheint zu gefallen, was sie sieht. „Wow", macht François, der nun auch einen Blick riskiert. „Du siehst fantastisch aus, Marquise. Das ist mein Täubchen." Sie starrt gebannt auf ihr Spiegelbild. Diese Frau kann nicht sie selbst sein. Oder doch? „Jetzt bist du wieder bereit für die Welt da draußen, Marquise", sagt François vorsichtig. „Für das Leben außerhalb dieser Wohnung." Ein zaghaftes Lächeln zeigt sich auf ihrem Gesicht. „Danke", sagt sie leise.

Paparazzi verfolgen sie heute nicht. Die haben Besseres zu tun. Vielleicht haben sie es auch aufgegeben, in der Hoffnung auf ein Foto mit dem man ihren Verfall dokumentieren kann, vor Marquises Wohnung herumzulungern.

Unbehelligt gehen sie erst ins Kino, dann zum Italiener. Eigentlich will Marquise nur einen Salat bestellen, lässt sich dann aber doch zu einer Pizza überreden. Anschließen kehren sie in einer von François' Stammkneipen ein, wo sie mit Rücksicht auf Marianne alkoholfreies Bier bestellt. Ein paar Leute aus François' Bekanntenkreis sind da. Sie erkennen Marquise, schütteln ihr die Hand, sagen, es wäre ihnen eine Ehre und wie hübsch sie aussähe. Einige sind Maler, wie François. Marquise versucht, sich auf die Gespräche einzulassen, schafft es leider nicht.

Missmutig überlegt sie gerade zu gehen, als die Tür aufgeht. Es trifft sie wie ein Blitz. „Maxim!", will sie schon rufen. Doch es ist nicht Maxim, der da den Raum betritt und sich in die hintere Hälfte der Kneipe setzt. Nicht ganz. Nur fast.

Elektrisiert erhebt Marquise sich, schwebt, grazil wie früher in ihrer Glanzzeit, zu dem fremden Mann, der gerade im Begriff ist, sich einen Drink zu bestellen. Die Gespräche in der Kneipe verstummen. Alle Aufmerksamkeit ruht auf ihr. Als sie ihn erreicht hat, zaubert sie das schönste Lächeln auf ihr Gesicht, das sie zu bieten hat. „Ich bin Marquise", stellt sie sich selbstbewusst vor, reicht ihm ihre Hand, die er zögerlich küsst. „Ich bin Niclas", antwortet er. Er hat eine dunkle Stimme, dunkler als die von Maxim, doch der Blick, mit dem er sie ansieht, ist derselbe. „Russe?", fragt sie. Als er nickt, muss sie lachen. „Ich denke, wir sollten uns kennenlernen."

François versteht nicht, was hier gerade vor sich geht, ahnt jedoch, dass dies ein Wendepunkt in ihrem Leben ist.

Es ist mitten in der Nacht, als Lucindas Wehen einsetzen. Kreidebleich steht sie da, mitten im Schlafzimmer, die Hände auf den Bauch gepresst, weinend vor Schmerzen. Maxim ruft einen Krankenwagen, begleitet sie bis ins Krankenhaus. Vor dem Kreißsaal weigert er sich beharrlich, weiter zu gehen. Emotionslos ignoriert er

Lucindas Flehen. Schließlich gibt sie auf. Draußen, auf dem Gang, hört er sie schreien, so, als würde sie sterben. Das dreht ihm fast den Magen um. Wenn es Marquise wäre, die jetzt da liegen würde… Dann hätte er ihre Hand gehalten. Dann hätte ihm all das Blut nichts ausgemacht.

Aber es ist nur Lucinda, die dort gerade mutterseelenallein ein Kind gebiert, das auch seines ist. Er hört die Wehenschreiber, das Plärren von Säuglingen, sieht Schwestern, die in den Kreißsaal eilen. Das ist ihm zu viel. Mit den Nerven am Ende flüchtet er nach draußen, bestellt sich ein Taxi und fährt.

„Es ist ein Junge." Lucindas Stimme klingt erschöpft, aber glücklich durch den Hörer. „Wie werden wir ihn nennen?" „Nenn ihn wie du willst. Du kannst es dir aussuchen." Maxim ist leidenschaftslos. „Freust du dich denn gar nicht, Maxim?" „Doch", erwidert er hastig, damit sie sich nicht wieder aufregt. „Sicher." „Maxim, du…" „Du solltest dich ausruhen", entgegnet er, bevor sie noch etwas sagen kann. Dann legt er auf.

Alles geht so schnell. Sein Leben kommt ihm vor, wie ein Zug, der an den Ereignissen vorbeizieht, unaufhaltsam, immer schneller werdend. Wie ein Zug, der alles zermalmt, was sich ihm in den Weg stellt. *Marquise.* Er nimmt Cecilia zur Hand, versucht, die Stücke für die bevorstehende Tournee zu spielen. Doch das Instrument klingt matt, so, wie er sich fühlt. Die Töne wirken ausgelaugt, ohne Klang, ohne Glanz. „Was ist los mit uns Cecilia?", fragte er leise, legt die Geige deprimiert in ihren Kasten zurück. „Hast du mich jetzt auch noch verlassen? Habe ich dich auch enttäuscht? So wie alle anderen?" Eine Antwort erhält er nicht.

„Der Weg zum Ruhm ist kein leichter, Cecilia", flüstert er. „Er ist steinig, steil und voller Dornen. Er ist niemals fair. Du wirst stolpern, hängenbleiben und bluten. Manche Wunden werden niemals heilen.

Immer wieder wirst du aufstehen müssen, sonst wirst du ihn niemals zu Ende gehen. Du wirst Kraft brauchen; Menschen verlieren, die dir wichtig sind, Dinge über dich hören und lesen, die du weder hören noch lesen willst. Du wirst an Selbstzweifeln beinahe vergehen. Der Ruhm fordert einen hohen Preis.

Wenn du den Weg gegangen und oben angekommen bist, wenn die Bühne dein Leben ist, dann wirst du denken, dass es sich gelohnt hat. Denn der Ruhm ist süß. Gierig wirst du ihn trinken. Er legt einen goldenen Schein auf dein Leben, spendet dir Applaus und Anerkennung. Wenn du einmal an diesem Punkt bist, hast du gewonnen. Sei stolz, dass du es geschafft hast, vergiss jedoch nie, was du bezahlen musstest."

Maxim legt sich auf sein Bett, schließt die Augen. Die Bettwäsche riecht nach Lucinda. Hart und kühl wie sie. Er denkt an das Kind, das vermutlich in diesem Moment in ihren Armen liegt. Blasses, kleines Ding, vielleicht noch blutbeschmiert, indem er immer nur Lucinda erkennen wird. „Dieser Preis ist zu hoch", denkt er, vergräbt das Gesicht in einem Kissen. „Viel zu hoch."

Seine Gedanken schweifen ab. Zu Marquise. Wunderschöne, geheimnisvolle Marquise, mit dunklen Rehaugen, abgestürzt, weil er sie gestoßen hat. Gefallen, ohne die Kraft, wieder aufstehen zu können. Hängengeblieben an den Dornen, die er ihr auf den Weg gelegt hat. *Seine Marquise.* Er findet keinen Schlaf, wälzt sich unruhig hin- und her. Er ist ganz oben, hat es geschafft. Doch zu welchem Preis, zu welchem Preis...

Es dauert nicht lange, bis Niclas bei ihr einzieht. Ihr Appartement ist schließlich groß genug für beide. Marianne ist alles andere als begeistert. „Ist das nicht etwas überstürzt, Marquise?" Ihre Stimme klingt aggressiv durch den Hörer. „Ihr kennt euch doch erst seit ein paar Monaten." „Niclas tut mir gut", erwidert Marquise trotzig. „Ich brauche ihn um mich. Seine Anwesenheit beruhigt mich." „Also gut." Marianne sieht ein, dass es nichts bringt, dagegen zu reden. *Diven muss man nun mal ihren Willen lassen.*

„Häng es aber nicht an die große Glocke, ok?" „Ja, sicher", verspricht Marquise, zieht eine Grimasse, „die Presse soll es auf gar keinen Fall mitbekommen, richtig?" „Richtig." Ihre Managerin seufzt theatralisch. „Wer weiß, wie lange er bei dir wohnen wird. Also: keinen Medienrummel, in Ordnung?" „Ok, ok", bestätigt Marquise noch einmal. „Kommst du nachher vorbei?" Mariannes Tonfall verrät, dass sie keine Frage stellt. „Wir haben ein paar wichtige Sachen zu besprechen." Sie verstummt kurz, bevor sie sich abschließend zu Wort meldet: „Marquise?" „Ja?" „Ich bin froh, dass es dir wieder besser geht." Dann legt sie auf.

Das Jahr mit dem Tod

Chérie,

ich habe lange nachgedacht. Meine Entscheidung steht fest. Ich werde mein Leben beenden. Schon bald. Die meiste Zeit fühle ich mich bereits tot. Es handelt sich also nur um eine logische Konsequenz. Ich möchte endlich sein, wer ich bin.

Nicht glücklich zu sein, ist doch nicht dasselbe, wie unglücklich zu sein. Was ich früher mal gedacht habe, ist falsch. Ich wollte nicht, dass es so weh tut. Doch die Schmerzen sind schlimmer geworden, überwiegen jetzt. Ich rede nicht nur von den Selbstzweifeln, der Homosexualität, den Depressionen... Ich rede auch von meinem Körper. Etwas ist in mir. Ich spüre es. Es zerrt an meinen Nerven, fühlt sich krank an. Es macht mich kaputt, zerstört mich innerlich. Ich habe einen übermächtigen Feind, der mich umbringen will.

Marquise, mein Ein und Alles, weine nicht um mich. Ich bin froh, dass ich dir begegnet bin. Ich wünsche dir alles Glück der Welt. Viel Erfolg in der Liebe. Ich weiß jetzt, wie furchtbar es ist, wenn man ihn nicht hat. Nimm dir von meinen Sachen was du willst. Sie sind dir. Was weg ist, fällt weder meinen Eltern, noch meinen Geschwistern in die Hände. Ach ja... Könntest du mir noch einen letzten Gefallen tun? Beschütze meine Werke. Sonst landen sie am Ende noch auf dem Müll.

Du bist ein fantastischer Mensch, Marquise. Es ist mir eine Ehre, mit dir ein Stück des Weges gegangen zu sein. Vergiss mich nicht.

In Liebe, François

Marquise ahnt, dass irgendwas faul ist. Was es ist, weiß sie nicht. Sie hat bis spät abends geprobt, befindet sich nun auf dem Weg zu François. Den hat sie schon ein paar Tage nicht mehr besucht. Sie versucht, ihr schlechtes Gewissen zu beruhigen, indem sie sich einredet, dass sie einfach keine Zeit gefunden hat. Außerdem hat François jetzt ja noch Dimitri, denkt sie. Wie es aussieht, hat auch er endlich mal Glück gehabt.

Eine Gestalt kreuzt ihren Weg. Sie erkennt erst nicht, wer es ist. Als sie genauer hinschaut, glaubt sie, es zu wissen. „Dimitri?" Der Mann hält im Gehen inne, dreht sich um. „Oh! Hallo, Marquise", grüßt er zögernd. Offensichtlich ist ihm diese Begegnung peinlich. „Wie geht es dir?", fragt er aus Höflichkeit. „Bestens", erwidert sie. „Wie geht es François? Ich habe seit Sonntag nichts mehr von ihm gehört. Ich hatte viel zu tun." Ein Schatten legt sich auf Dimitris Gesicht. „Um ehrlich zu sein, Marquise…", rückt er zögernd mit der Sprache heraus. „Das mit François und mir… Wir… Wir haben uns getrennt. Also… Ich habe mich getrennt."

Marquises Gesicht versteinert. „Warum?", fragt sie fassungslos. „Ihr wart doch vor kurzem noch ein Herz und eine Seele." „Es ist so", druckst Dimitri herum, „dass ich mich entschlossen habe, zu heiraten." „Zu heiraten?" Sie ist sprachlos. „Und wen bitte willst du heiraten?", fragt sie, als sie sich halbwegs gefangen hat. „Meine Kusine zweiten Grades… Es… Es tut mir leid, Marquise. Ich muss es tun. Der Familie zu Liebe." „Du heiratest jemanden, den du nicht heiraten willst?!", braust Marquise auf. Sie hat geahnt, dass es Dimitri nicht leicht fallen würde, zu seiner Homosexualität zu stehen. Sie hat auch geahnt, dass seine Eltern großen Druck auf ihn ausüben würden. Trotzdem: Dieser Entschluss ist für sie nicht nachvollziehbar.

„Dimitri, du verleugnest dich selbst!", mahnt sie, denkt dabei an François, dem es nun sicher ziemlich schlecht geht. „Was hat François dazu gesagt?" Er weicht ihrem Blick aus. „Himmel, Marquise, sieh mich nicht so an, als ob ich ein Schwerverbrecher wäre. Es tut mir ja leid, aber... Ich kann das nicht. Ständig schief angesehen zu werden, nur weil... Ich kann das einfach nicht." „Ich wollte wissen, wie es François geht", wiederholt Marquise energisch. „Wie hat er diese Neuigkeit aufgefasst?" Dimitri zuckt hilflos mit den Schultern. „Was willst du hören? Natürlich war er verletzt. Er hat gesagt, dass er so nicht weiterleben kann. Du kennst ihn ja... Er wird über mich hinwegkommen, Marquise. Da bin ich mir sicher..." Als er ihren schockierten Gesichtsausdruck bemerkt, hält er abrupt inne.

„Er hat gesagt, dass er so nicht weiterleben kann?", fragt sie aufgebracht. „Das war doch zu erwarten." Wieder zuckt Dimitri hilflos mit den Schultern. „Er macht doch immer gleich aus allem ein Drama." Marquise schluckt, hat das dringende Bedürfnis ihm wehzutun. „Ich muss nach François sehen", erwidert sie schnell, versucht ihren Zorn zu bändigen. *Manchmal weiß ich nicht, wofür ich mich entscheiden soll. Für das Leben oder für den Tod. Im Grunde läuft beides auf das Gleiche hinaus.* Ihr wird eiskalt, als sie sich an seine Worte erinnert. Würde er tatsächlich...? Sie will keine Sekunde länger darüber nachdenken, startet durch und rennt. François, denkt sie. Tu es nicht... bitte!

Sie vermutet ihn in seinem Atelier. Wenn er jetzt irgendwo zu finden ist, dann dort. Es gibt keinen Ort, an dem er lieber ist. Zwischen den Farben und den Leinwänden fühle ich mich zu Hause, hat er immer gesagt. Ja, ganz sicher ist er dort. Atemlos stößt Marquise die Tür auf. Sie ist nur angelehnt. Das Erste, was ihre Augen sehen, ist eine nicht unbeachtliche Menge an leeren Cognac und Whisky-Flaschen. *Das kann er doch unmöglich alleine...* Entsetzt schwenkt ihr Blick zum Sofa, auf dem eindeutig ein Mensch liegt. „Gott steh mir bei..." Vorsichtig durchquert sie die Werkstatt, geht näher heran. Tatsächlich, es ist François.

Sein Gesicht ist weiß, bewegt sich nicht. Als sie seine Lider öffnet, starren seine Pupillen teilnahmslos an die Decke. Sie bemerkt unzählige Tablettenhülsen auf dem Boden. Ihr Atem wird flach. Hastig fühlt sie nach seinem Puls, findet ihn nicht, tastet nach seinem Herzschlag, glaubt etwas zu spüren, hastet zum Telefon, wählt mit zitternden Fingern den Notruf. Aufgeregt versucht sie, der Dame am anderen Ende der Leitung in ein paar knappen Sätzen zu erklären, was passiert ist. Als man ihr versichert, dass der Rettungswagen kommen wird, sinkt sie erschöpft auf den Boden. „Verdammt, François…"

Auf dem Teppich vor dem Sofa findet sie einen Brief, ordentlich verschlossen. Er ist an sie adressiert. Mit klopfendem Herzen reißt sie den Umschlag auf.

„Liebe Marquise", steht da in François' sauber gemalter Handschrift. *„Ich habe lange nachgedacht. Meine Entscheidung steht fest…"* Darunter Gründe, aufgelistet wie Lebensmittel auf einem Einkaufszettel. Warum er sich so entschieden hat. Sie kann es nicht lesen, will es nicht lesen. Ihr Blick verschwimmt. Wie in Trance legt sie den Brief wieder zur Seite. Als die Rettungskräfte erscheinen, ist sie nicht mehr ansprechbar, sitzt apathisch auf dem Boden, kann keine der Fragen, die ihr gestellt werden, beantworten. Die Sanitäter vermuten einen Schock, nehmen sie zur Beobachtung gleich mit ins Krankenhaus. Später wird sie sich an nichts mehr erinnern können. Bis auf die Worte aus dem Brief, die sie gesehen hat. Die haben sich für immer in ihr Gedächtnis eingebrannt.

Als sie aufwacht, weiß Marquise nicht, wo sie sich befindet. Die Wände um sie herum sind weiß, genau wie ihre Bettwäsche. „Endlich bist du wach." Annabelles Gesicht erscheint in ihrem Blickfeld. Benommen fasst Marquise sich an den Kopf. „Was ist passiert?" „Dein Schwuchtel-Freund hat versucht, sich umzubringen. Bei seinem Anblick hast du vermutlich einen Schock erlitten. Die haben dich mit

Beruhigungs- und Schlafmitteln vollgepumpt", erklärt Annabelle nicht ohne einen leisen Anflug von Genugtuung. Schlagartig kehren ein paar Bilder zurück. „François… wie geht es ihm? Ist er…" „Er ist über den Berg." Annabelles Stimme klingt alles andere als erfreut. „Scheinbar ist er zu dumm, die richtige Menge Tabletten zu schlucken."

Marquise spürt einen Stich in der Magengrube. Sie bemüht sich, über Annabelles zweifelhaftes Gedankengut hinwegzusehen. Weil Annabelle ihre Schwester ist und sie früher einmal anders war. Diese schreckliche Schule. Ja, allein die Schule ist schuld.

„Warum bist du hier?", fragt sie bloß. „Wo ist Maman?" „Sie ist zu Hause. Wir haben uns abgewechselt", erklärt Annabelle. Marquise ist beruhigt. „Gut, dann solltest du jetzt gehen." Die jüngere Schwester starrt sie entrüstet an. „Du sagst mir, dass ich gehen soll?" „Ja, ich möchte alleine sein." Marquise richtet sich auf. „François ist einer der wichtigsten Menschen in meinem Leben. Ich möchte jetzt nichts Schlechtes über ihn hören." Das kann Annabelle so nicht stehen lassen. „Genau das ist es ja, was mir Sorgen bereitet, Marquise", entgegnet sie mit gespielter Fürsorge. „Einer der wichtigsten Menschen in deinem Leben macht so was." Sie fasst sich an die Stirn. „Seine Eltern sind nicht ins Krankenhaus gekommen, obwohl man sie benachrichtigt hat… Aber du… Du liegst hier." Dann geht sie.

Als Marquise sich wieder besser fühlt, macht sie sich auf die Suche nach François. Sie findet ihn in einem der Einzelzimmer am Ende des Ganges, schlafend, einen durchsichtigen Schlauch im Arm. Farblose Flüssigkeit bahnt sich ihren Weg zu seinem Körper. Minutenlang kann sie nicht anders als einfach dazustehen und ihn anzustarren. Ihn, ihren besten Freund, der in den vergangenen Stunden mit dem Tod gekämpft hat, der allein gewesen ist. *Nicht einmal seine Eltern sind gekommen.*

Sie fängt an zu weinen. Nicht leise, sondern laut, bis Sturzbäche über ihre Wangen laufen. „Wie kannst du nur so verdammt feige sein?", fragt sie ihn vorwurfsvoll. „Wie kannst du dich so einfach davonstehlen wollen?" Plötzlich erscheinen ihre eigenen Probleme unwichtig. Sie sind nichts, im Vergleich zu den Problemen, die François mit sich herumschleppt. Wie schlecht muss es dir gegangen sein, François, denkt sie, und ich war nicht da, um dir zu helfen."

„Sind Sie eine Freundin?" Marquise zuckt zusammen, dreht sich um. Eine junge Schwester in weißem Kittel steht hinter ihr, hält ein Tablett in den Händen, auf dem verschiedene Medikamente liegen, Tabletten und Spritzen. „Entschuldigung, ich wollte Sie nicht erschrecken." „Schon gut", erwidert Marquise. „Ja, ich bin eine Freundin." Die Schwester lächelt. „Ich hatte schon Angst, es würde niemand nach ihm sehen." Marquise nickt stumm. Sie ist immer noch benommen. „Wissen Sie… Es war ziemlich knapp", sagt die Schwester vorsichtig. „Eine Stunde später hätten wir nichts mehr für ihn tun können." „Warum erzählen Sie mir das?" Marquise wischt sich mit einer Hand über die Augen, fragt sich, wie schrecklich sie wohl aussehen muss.

„Sehen Sie", beginnt die Schwester, verlagert das Tablett auf einen ihrer Arme. „Wir haben viele Leute hier, die wegen versuchtem Selbstmord eingeliefert wurden. Bei den meisten reicht der Wille nicht aus. Es sind nur stumme Schreie nach Aufmerksamkeit. Aber bei diesem hier…" Sie nickt in Richtung François. „…war der Wille da. Bei so vielen Tabletten hatte er es wohl ernsthaft geplant." Marquise schluckt den Kloß, der sich in ihrem Hals anstaut, hinunter. „Ich bin froh, dass er Glück gehabt hat", ist alles was sie sagt.

„In seinem Abschiedsbrief an eine Frau namens Marquise, steht, dass er hofft, endlich das sein zu können, was er ist", plaudert die Schwester weiter. „Was denken Sie, hat er damit gemeint?" „Er ist schwul", erwidert Marquise ehrlich, sieht, wie sich das Gesicht der

Schwester verändert. „Das würde einiges erklären", sagt die mit spitzer Stimme. Dann kramt sie eine Spritze hervor. „Ich muss Sie jetzt bitten, das Zimmer zu verlassen. Ich werde ihm etwas für den Kreislauf geben." „Kann ich ihm einen Zettel da lassen?", fragt Marquise. „Damit er sieht, dass ich hier war?" „Sicher." Die Schwester hebt den Kopf nicht, während sie die Kappe der Nadel abzieht. „Stift und Papier bekommen Sie an der Rezeption."

Mein Yang, schreibt sie,

ich weiß, dass es dir schlecht geht. Doch was auch passiert, ich werde immer an dich glauben und für dich da sein. Ich bin so froh, dass du noch bei mir bist. Verlass mich nicht.

Dein Yin

Als sie von ihrer Mutter abgeholt wird, hat sie sich wieder beruhigt. Im Auto ist sie noch sehr still, antwortet nur ausweichend auf Mamans Fragen. Die regt sich furchtbar über François' Eltern auf, bemitleidet den armen Jungen und Marquise, weil sie diejenige ist, die ihn gefunden hat. „Annabelle ist wie seine Eltern", entgegnet Marquise bissig, lässt Madame Montiniere verstummen. „Du übertreibst", behauptet Maman nach einer Weile, obwohl sie es besser weiß. „Sie hat gesagt, sie bedauert, dass François es geschafft hat", Marquises Stimme ist eisig geworden. Das Gesicht der Mutter versteinert. „Das hat sie gesagt?" „Hat sie." Für längere Zeit bleibt es still. Später, als sie schon fast zu Hause sind, räuspert sich Maman. „Sie ist deine Schwester, Marquise", sagt sie kraftlos. „Vergiss das nicht."

Es ist Abend, als François die Augen aufschlägt. Kann so der Himmel aussehen?, fragt er sich. Weiße Wände, eine weiße Decke? Sein Schädel dröhnt. „Kann man noch Schmerzen spüren, wenn man tot ist?" Die Tür öffnet sich. Eine Person erscheint in seinem Blickfeld. „Endlich sind Sie aufgewacht", sagt eine männliche Stimme, direkt neben seinem Bett. Tatsächlich: Er liegt in einem Bett... Wo zum Teufel ist er? „Wissen Sie, warum Sie hier sind?", erkundigt sich der Mann mit freundlicher Stimme. François' Wahrnehmung ist verschwommen. Er kann das Gesicht des Mannes nicht näher in Augenschein nehmen. „Sie sind hier, weil Sie versucht haben, sich das Leben zu nehmen", erklärt der Mann, als er keine Antwort erhält. Jetzt erinnert sich François. Die vielen leeren Flaschen. Der Brief. Die Tabletten. Tränen rinnen über seine Wangen.

„Ist schon gut. Alles kommt wieder in Ordnung. Sie werden sehen", versucht der Mann ihn zu trösten. „Mein Name ist Dr. Smith. Ich bin Ihr Psychologe. Sie sind noch am Leben, brauchen also nicht zu weinen." Doch genau das kann François nicht beruhigen. „Genau das", erklärt François zwischen zwei Schluchzern, „ist ja das Schlimme."

Eine Stunde Patientengespräch folgt, indem Dr. Smith ihm rät, sich schnellstmöglich in eine professionelle Hilfeeinrichtung zu begeben. Nun will man mich also wegsperren, denkt François. In eine Klapsmühle. Wie einen Gestörten. Er versucht die Fassung zu bewahren, während er Smith klar und deutlich zu verstehen gibt, dass er keines der mitgebrachten Papiere unterschreiben wird. Erst recht keine Selbsteinweisung.

„Also schön", gibt Smith nach, als er eingesehen hat, dass sie so nicht weiterkommen. „Sie werden ein paar Tage hierbleiben. Zur weiteren Beobachtung. Solange, bis sich Ihr Zustand verbessert hat. Wir werden Sie Tag und Nacht überwachen. Denken Sie also gar nicht erst drüber nach, sich was anzutun. Wenn Sie entlassen werden, suchen Sie sich ambulante Hilfe. Ich werde mich nach Ihnen erkundigen." François nickt resigniert, beschließt seine Nummer zu ändern, sobald er wieder zu Hause ist.

„Selbstmord ist keine Lösung, François", betont Smith, bevor er geht. „Das Leben hält so viel für uns bereit. Sie sind noch jung. Werfen Sie nicht alles weg." Ehe er den Raum endgültig verlässt, dreht er sich noch einmal um. „Gleich wird noch jemand vorbeikommen", sagt er. „Wegen ihrer Blutwerte." Dann verschwindet er endlich.

Wenig später erscheint ein anderer Arzt. Er sieht aus wie ein unter-setzter, freundlicher Kindergärtner, in seinem weißen Kittel, der ihm zwei Nummern zu klein ist. „Also, François", beginnt er, während er mit zusammengekniffenen Augenbrauen die mitgebrachten Papiere studiert, „wir haben Ihre Blutwerte etwas genauer unter die Lupe ge-nommen. Die waren ihrem Zustand entsprechend in Ordnung. Eine Sache ist jedoch aufgefallen…" François mag dieses Rumgedrucke nicht. „Nun rücken Sie schon mit der Sprache heraus", fordert er den Arzt auf, „bevor ich am Ende noch vor Nervosität krepiere!"

„Sagen Sie mir", beginnt der Doktor langsam, „haben sich bei Ihnen in letzter Zeit Symptome gezeigt… Schweißausbrüche, Appetitlosig-keit, Übelkeit oder sonstige Schmerzen?" „Ich habe öfter Fieber", antwortet François wahrheitsgemäß. „Gelegentlich Gelenkschmer-zen. Nichts Schlimmes." „In Ihrem Fall ist es nicht ganz so harmlos, fürchte ich." Der Arzt blättert in seinen Akten. „Wir haben Antikörper gefunden. Wie mir zugetragen wurde, sind Sie homosexuell. Waren Sie in der Schwulenszene aktiv?"

François richtet sich ruckartig auf. „Tut das irgendwas zur Sache?" „Vermutlich ja", erklärt der Doktor in sachlichem Tonfall. „Sehen Sie, wir wissen noch nicht viel über diese Krankheit... Sie tritt bei Leuten wie Ihnen häufiger auf. Sagt Ihnen der Name HIV was?" François schüttelt den Kopf. „Auch bekannt als Immunschwäche, übertragbar durch sexuellen Kontakt. Die Erreger zerstören nach und nach das gesamte Immunsystem. Mit der Zeit treten die verschiedensten Symptome auf. Solche, die Sie mir beschrieben haben, sind sehr wahrscheinlich darauf zurückzuführen. François, hören Sie mich?"

François Augen starren ins Leere.

Etwas ist in mir. Ich spüre es. Es zerrt an meinen Nerven, fühlt sich krank an. Es macht mich kaputt, zerstört mich innerlich. Ich habe einen übermächtigen Feind, der mich umbringen will.

„Womit muss ich rechnen?", will François wissen. Der Arzt seufzt. „Wie ich schon sagte… Diese Krankheit ist noch nicht erforscht. Bis heute ist sie nicht heilbar. Man kann jedoch Symptome behandeln. Wir sollten dementsprechend möglichst schnell mit der Therapie beginnen. Mit den richtigen Medikamenten kann man sie über einen langen Zeitraum in Schach halten. Das ist keine Genesung, sondern eher…" „…ein Hinauszögern des Unvermeidbaren", vollendet François den Satz. „Sie hätten mich nicht zurückholen sollen." „Es ist nicht das Ende, François", beteuert der Arzt, „So wie es aussieht, können Sie auf dieser Welt noch eine ganze Weile Spaß haben."

Dann sieht er François so direkt an, dass dieser sich gezwungen fühlt, den Blick zu erwidern. „Es ist wichtig, dass Sie mir sagen, mit welchen Männern Sie intim waren. Damit wir sie testen können. Verstehen Sie? Ob sie sich angesteckt haben." „Um ehrlich zu sein", beginnt François, durchforstet sein Gedächtnis nach Namen, Gesichtern, die in Vergessenheit geraten sind, „kann ich Ihnen das nicht mehr sagen." „Dann denken Sie nach." Der Arzt wendet sich zum Gehen. „Ich muss jetzt weiter. Betrachten Sie Ihr Leben nicht als verwirkt, François. Betrachten Sie es trotz allem als wieder geschenkt. Es kommt ganz darauf an, was Sie aus der Zeit, die Ihnen bleibt, machen. Vergessen Sie das nicht!"

Maxim ist nervös. Die Halle erscheint ihm zu groß, das Publikum zu zahlreich. Nicht mehr lange, und die Blicke all dieser Menschen werden auf ihm ruhen. Auf ihm und Cecilia. Zärtlich betrachtet er sein Instrument. Seine zweite, hölzerne Hälfte. „Wir werden einen grandiosen Auftritt abliefern", flüstert er. „Du wirst sehen, wir werden das schaffen."

„Du redest mit deinem Instrument, Maxim?" Er fährt herum, starrt die junge Frau an, die vor ihm steht. Ein kokettes Lächeln, blonde Pony-fransen, blitzende, braune Augen. Sehr hübsch, doch zu knapp an-gezogen für ein Konzert. „Das ist die Künstlergarderobe", sagt er, halb verwirrt, halb verärgert. „Ich weiß nicht, was Sie hier zu suchen haben." Ihr Mund verzieht sich zu einem koketten Lächeln. „Um ehr-lich zu sein… Ich habe nach *dir* gesucht." „Nach *mir*?" Er versteht die Welt nicht mehr, glaubt, dass er diese Frau noch nie gesehen hat. Warum verhält sie sich, als wären sie sich schon mehrmals begeg-net, als wären sie alte Bekannte?

„Nach wem sonst?" Irgendwie ist sie ihm unheimlich. „Marquise hat so viel von dir erzählt, Maxim", fährt sie unbeirrt fort, wirft ihm unter dem Pony feurige Blicke zu. „Da wollte ich mir doch endlich selbst mal ein Bild von dir machen." „Was hat Marquise damit zu tun?" Sie kommt ihm näher, als ihm lieb ist. „Hast du es noch nicht erraten? Hat Marquise mich denn nie erwähnt?" Sie lacht hinterhältig. Augen-blicklich kommt ihm ihr Name in den Sinn: *Annabelle. Sie ist eine verdorbene Schlange. Deshalb rede ich nicht gerne über sie.*

Natürlich, Marquises missratene Schwester, vor der sie ihn immer gewarnt hatte. Bei näherer Betrachtung ist tatsächlich eine gewisse Ähnlichkeit zu erkennen. „Annabelle?", fragt er vorsichtig. Sie lächelt triumphierend. „Du hast also doch von mir gehört." Ja, in der Tat, denkt er. „Mehr oder weniger", erwidert er laut. „Was willst du von mir?" Annabelle ignoriert seine Frage. „Sie kommt nicht", stellt sie sachlich fest. „Marquise. Sie kommt nicht zu deinem Konzert." Er seufzt. „Kannst du mir sagen, was du von mir willst?"

„*Sie* kommt nicht, weil sie dich aufgegeben hat, Maxim. Sie kann dir nicht verzeihen." Sie rückt noch näher an ihn heran. „Das ist dumm von ihr. Ich würde dir alles verzeihen. Warum sollte so ein Mann wie du nur einer einzigen Frau gehören?" Das ist Marquises Blick, mit dem sie mich da ansieht, denkt Maxim. Warum tut sie das? Nur Marquise darf mich so ansehen. „Du bist schön, Maxim", fährt Annabelle unbeirrt fort. „Du bist auch sehr hübsch, Annabelle", hört er sich wie aus weiter Ferne sagen. „Du siehst Marquise verdammt ähnlich." Je länger er sie ansieht, desto mehr verschwimmt sie vor seinen Augen zu Marquise. „Ich gefalle dir also? Das ist gut!"

Ungeniert legt sie ihre Hände um seinen Nacken. Ihr Blick birgt süße Versprechungen, dieser Marquise-Blick, den er niemals zuvor bei einer anderen Frau gesehen hat. Tatsächlich gibt er nach, lässt zu, dass sie seinen Kopf zu sich herunterzieht. Ihre Küsse sind wild, verschlingen ihn geradezu. Wie die von Marquise. Sie riecht sogar ein wenig nach Marquise.

Es ist ihre missratene Schwester!

Mit einem Mal kommt er wieder zu Sinnen, drückt sie unsanft von sich weg. „Du bist nicht Marquise!", sagt er heftig, merkt, wie sehr er dem Drang widerstehen muss, sie zu schlagen. „Stimmt. Ich könnte es aber sein. Für dich", säuselt sie, trotzdem weiter. „Ich würde dir viel mehr geben als sie." „Du bist nicht Marquise!", sagt er noch einmal, merkt, dass sie ihm zu nah ist, ihr Körper, ihre Brüste, ihr selbstbewusstes Gesicht. Alles ist ihm zu nah. „Du musst jetzt gehen, Annabelle", sagt er darum. „Ich werde nicht noch einen Fehler machen."

„Überleg es dir", erwidert sie, sieht ihn immer noch mit glühenden Augen an. „Du kannst mich haben, Maxim. Gleich nach dem Konzert. Hier in der Garderobe, wenn du willst." Er sieht sie fassungslos an. „Jetzt verstehe ich, was Marquise gemeint hat", erwidert er trocken, ehe er sie hart am Arm packt und hinter sich her nach draußen zerrt. „Du bist eine schreckliche Schwester. Beinahe wäre ich auf dein nettes Gesicht hereingefallen. Nur beinahe. Du wirst Marquise nicht ersetzen können, Annabelle. Sie wird die Einzige bleiben."

„Du bist ein Idiot, Maxim!", faucht Annabelle, wehrt sich gegen seinen Griff wie eine wütende Katze. „Ein verdammter…" „Du hast Recht", erwidert er kalt, ehe er sie unsanft aus der Garderobe stößt. „Ich bin ein Idiot. Aber kein Vollidiot, Annabelle. Ich habe dich durchschaut." „Gar nichts durchschaust du, Maxim!", zischt sie böse, ehe sie hoch erhobenen Hauptes davonrauscht.

Marquise sitzt in ihrer Suite, als Marianne zur Tür hereinkommt. „Hallo, Nachtigall." Die Managerin ist gut gelaunt. „Du wirst es nicht glauben… Sie wollen dich für ein Konzert im Royal Opera House." „Schön", erwidert die Diva sichtlich gelangweilt, öffnet ein Fenster und zündet sich eine Zigarette an. „Gibt es sonst noch was Neues?" „Wollten wir das Rauchen nicht einstellen?" Marianne wirft ihr einen missbilligenden Blick zu. „Ja, entschuldige. Das ist die letzte, ganz sicher." Demonstrativ pustet Marquise den Rauch nach draußen.

„Niclas und ich haben uns gestritten", erzählt sie bereitwillig. „Er ist vor ein paar Stunden gegangen." „Warum so unbekümmert?", Marianne ist misstrauisch, denkt an das Drama mit Maxim zurück, nachdem er ihre Wohnung verlassen hat. Doch Marquise winkt ab. „Der kommt schon wieder. Niclas kommt immer wieder." „Aha", macht Marianne, wartet auf eine Erklärung, die sie nicht bekommt.

„Übrigens… Die Presse hat es inzwischen herausgefunden…" Sie ergreift die Gelegenheit beim Schopf, wedelt mit einer Zeitung in der Luft herum. „Das mit dir und Niclas." „Ach wirklich?" Die Diva zeigt ihr Desinteresse noch deutlicher als zuvor. „Du weißt, dass mich das wenig schert." „Aber mich schert es!", beschwert sich Marianne aufgebracht. „Hast du die Schlagzeilen gelesen?"

Lauernd zeigt sie auf ein Bild von Niclas und ihr. Darüber steht in fetten Lettern:

Marquise Montiniere

Der neue Russe an ihrer Seite - Maxim II.

Auch wenn die Sängerin versucht, sich zu beherrschen, entgeht dem geübten Auge der Managerin nicht, dass die Muskeln an ihrer Schläfe gefährlich zucken, wie immer, wenn es Probleme gibt. „Billiger Klatsch!", faucht Marquise. „Das ist absolut lächerlich!" „Ganz absurd ist es nicht", entgegnet Marianne energisch. „Ich habe dir von Anfang an gesagt, dass sich die beiden zum Verwechseln ähnlich sehen. Du hättest damit rechnen müssen." „Sie haben kein Recht dazu!" Wütend stampft Marquise mit dem Fuß auf. „Sie können es nicht beurteilen."

„Immerhin sieht er fast genauso aus wie Maxim Romanov", wiederholt Marianne. „Und wenn", erwidert die Diva hitzig, „ist es ganz allein meine Entscheidung." „Wie du meinst." Beschwichtigend hebt die Managerin ihre Hände. „Suhle dich in deinen Skandalen, solange du uns dabei nicht ruinierst." „Denk nicht immer an Geld. Entspann dich", erwidert Marquise, die bereits dabei ist, sich ein Glas Cognac einzuschenken. Aus der Flasche, die Mariannes Blicken entgangen ist. „Trink einen Schluck mit mir, Marianne. Wir sollten feiern. Schließlich sind wir auf Tournee."

„Lass das, Marquise", schimpft die. „Wenn du wieder damit anfängst, musst du zu Hause gleich den nächsten Entzug machen." „Du übertreibst, meine Gute." Die Diva scheint sie nicht ernst zu nehmen. Das ärgert Marianne. „Ich übertreibe nicht", sagt sie wütend. „Ich will, dass du dich ab jetzt zusammenreißt! In Ordnung? Du wirst uns verdammt nochmal nicht blamieren." „Keine Sorge." Marquise leert das Glas viel zu schnell. „Ich bekomme das hin. Du wirst stolz auf mich sein." „Das will ich hoffen", seufzt Marianne.

„Übrigens... Hier ist ein Brief. Von deinem schwulen Freund." „Gib ihn her!" Marquise reißt den Umschlag auf, entnimmt ihm ein Blatt Papier, beschrieben mit gestochen feiner Handschrift. François' Schrift.

Liebe Marquise,

es tut mir leid, dass du mich so sehen musstest. Ich hätte dir diesen Anblick gerne erspart.

Sicher willst du wissen, wie es mir geht. Die Ärzte sagen, dass ich über den Berg bin. Trotzdem wollen sie mich noch ein paar Tage hierbehalten. Mein Gesundheitszustand hat sich stabilisiert. Psychisch sieht es anders aus. Ich habe Depressionen. Sie pumpen mich mit Medikamenten voll. Das macht es ein bisschen besser.

Ich habe das dringende Bedürfnis zu zeichnen, doch sie geben mir keine Stifte. Haben wohl Angst, dass ich mir was antue. Schade!

Sei nicht sauer auf mich. Bitte. Ich war dir und auch mir selbst gegenüber nicht immer ehrlich. Ich habe nicht sehen wollen, dass ich mich körperlich schlapp fühle. Ich habe mir nicht eingestehen wollen, dass mich die Ablehnung meiner Eltern bis zur Unerträglichkeit belastet. Am Ende hat Dimitris Entscheidung das Fass zum Überlaufen gebracht. Ich glaube, er war meine große Liebe, Marquise. Er hat mich verraten. Mich und sich selbst.

Jetzt, wo ich wider Erwarten noch hier bin, hänge ich mehr am Leben als zuvor. Aber es wird kurz sein, mein Leben. So kurz.
Ich freue mich darauf, dich wiederzusehen.

In Liebe, François

„Und, was schreibt er?", will Marianne wissen. „Es geht ihm besser", erwidert die Diva, ohne aufzusehen. „Gott sei Dank." Marianne scheint erleichtert zu sein. „Das freut mich." „Wirklich?" Marquise sieht sie verwundert an. „Du hast ihn nie gemocht."

„Es gibt da noch was für dich", übergeht Marianne ihre Frage. „Ein Telegramm. Von einem Typ namens Marlon. Sagt dir der Name was?" „In der Tat." Sie horcht auf. „Ich kenne ihn von der Akademie. Er ist ein guter Freund von Maxim. Was ist so wichtig?" „Er lässt fragen, ob du zu Freddies Beerdigung kommen willst." Die Managerin versucht einfühlsam zu klingen. „Ihr standet euch wohl mal ziemlich nahe." „Freddie?" Ihr wird klamm ums Herz. „Freddie Allington?" Dass er die Frau seines Lebens gefunden hat, ist das Letzte, was sie von ihm gehört hat. Und dass er ihr nach Kolumbien gefolgt ist. Dann hat sich seine Spur verloren.

„Genau", bestätigt Marianne, „so hieß der Kerl. Sah gut aus, zumindest auf dem Bild in der Zeitung." „Ich verstehe das nicht." Benommen lässt sich Marquise in einen Sessel fallen. Ihr ist kalt. Sie zittert. „Warum soll Freddie tot sein? Das ergibt keinen Sinn. Er ist in Kolumbien. Zumindest habe ich das gehört." „Marlon schreibt, dass er wieder zurückgekommen ist", erwidert Marianne vorsichtig. „Hierher, nach London. Er ist in eine Messerstecherei geraten, wollte nur helfen…" „Das kann doch nicht wahr sein", flüstert die Diva.

Hey, Montiniere, warte mal.

„Freddie ist nicht tot", sagt sie noch einmal.

Ich finde, wir sollten ausgehen, Montiniere, das finde ich wirklich. Ich werde nicht aufgeben, bis du deine Meinung geändert hast.

Marianne setzt sich neben sie, sieht sie fragend an. „Geht es dir nicht gut?" Doch ihr Schützling hört sie nicht.

Hältst du dich für so viel besser als alle anderen? Komm von deinem hohen Ross runter!

„Das ist ein verdammt schlechter Scherz!", schreit Marquise auf einmal wie von Sinnen, hält sich schützend die Hände vor die Ohren. Fast gleichzeitig beginnt sie zu weinen, während seine Stimme in ihrem Kopf nicht aufhören will, all die Dinge zu wiederholen, die er früher einmal zu ihr gesagt hat. Mit seiner Reibeisenstimme. Krawall-Freddie, der unangefochtene Frauenheld. Der sie durch seine unkomplizierte Art, die Sachen anzugehen, insgeheim beeindruckte. Mit viel zu weiten Hosen. Immer eine Zigarette in der linken Hand. Freddie, der das Leben leicht nahm. Freddie, der sie unbedingt haben wollte.

Du bekommst eine Rose zum Valentinstag, und wir gehen mal zusammen tanzen. Wie wär's?

Freddie, der sie in die Kunst der Liebe eingeweiht hatte. Freddie Allington.

„Das ist unmöglich", schluchzt sie, während Marianne ihr ein Taschentuch reicht. „Freddie ist nicht tot zu kriegen. Er ist zäh, kommt aus jeder Situation wieder raus." „Dieses Mal nicht", seufzt Marianne, die das Thema gerne abkürzen würde. „Was soll ich Marlon ausrichten?" Sie bekommt keine Antwort. Die Diva sitzt nur da, starrt teilnahmslos ins Leere. „Marquise, herrje!" Marianne rüttelt sie grob an der Schulter. „Was soll ich ihm sagen?" „Sag ihm, dass ich kommen werde." Ihre Stimme klingt fremd, nicht wie sie selbst. „Ich werde einen Kranz bestellen."

„Was sind das nun schon wieder für Tabletten?" Misstrauisch deutet Marquise auf das unbekannte Sammelsurium an leeren Plastikhülsen auf dem Tisch. François' Pinsel bleibt für einen kurzen Moment in der Luft hängen, ehe er seinen Weg auf die Leinwand zurückfindet. „Oh… Die...", sagt er sichtlich nervös. „Das sind Tabletten. Sie helfen bei Gelenkschmerzen." „Aber doch nicht alle", entgegnet sie, mustert sein angespanntes Gesicht. „Wofür sind die anderen?" „Gegen Fieber, Übelkeit und Kopfschmerzen." „Und die nimmst du alle auf einmal?" Er antwortet nicht, starrt auf die Leinwand vor sich. Ein Gerippe ist darauf zu sehen. Ein tanzendes Gerippe in einer Wüste aus rotem Sand, umgeben von Polarlichtern.

„François?", hakt sie nach, merkt, dass etwas nicht stimmt. „Das ist nicht die ganze Wahrheit, richtig?" „Die Wahrheit ist", beginnt er langsam, „dass der Tod mich schon immer fasziniert hat, Marquise. Ich finde die Frage spannend, wie es sich wohl anfühlen mag zu sterben, und ob wir anschließend wiederkehren. Vor ein paar Tagen war ich so kurz davor, es herauszufinden… Nun versuche ich wieder, es darzustellen, obwohl ich mir inzwischen sicher bin, dass der Tod etwas ist, das man nicht einfangen kann." Eine betretene Pause entsteht.

„Es ist gut, dass du noch hier bist", sagt Marquise dann, wissend, dass dies ein gefährliches Thema ist. „Du bist noch lange nicht soweit, François. Es sollte nicht sein. Du solltest noch leben, alt werden und erst dann, am Ende eines erfüllten Lebens, gehen." „Damit hatte ich mich gerade abgefunden, chérie." François' Augen sehen müde aus. „In dem Moment, als ich im Krankenhaus aufgewacht bin, hatte ich mich damit abgefunden. Bis ich diese Diagnose bekam…" „Was für eine Diagnose?!" Sie ist alarmiert. In letzter Zeit hat ihr Freund nicht besonders gut ausgesehen. Das ist ihr aufgefallen. Sie hat es auf seinen Gemütszustand geschoben.

„Die haben mein Blut untersucht." François legt seine Malutensilien zur Seite, setzt sich neben sie auf das Sofa. „Ich bin HIV infiziert." „Was ist das?" Sie bekommt es mit der Angst zu tun. Wenn es nichts Schlimmes wäre, würde er nicht mit Grabesstimme reden. „Eine Krankheit, die in meiner Szene sehr verbreitet ist. Sie zerstört das

Immunsystem, ist nicht heilbar." Ihr Atem setzt aus. „Die Wahrheit ist, dass ich nicht alt werde, Marquise", sagt er noch. „Wie lange ich damit leben werde, will mir keiner sagen." Ein schwaches Lächeln huscht über sein Gericht. „Vermutlich musst du dir jemand anderen suchen, der dich bei der Wahl deines Brautkleids berät, jemand anderen, der an deiner Hochzeit mit dir tanzt." Sie beginnt zu weinen. „Ich will nicht mehr heiraten."

„Nicht weinen, chérie, bitte." Er nimmt sie vorsichtig in den Arm. „Nicht weinen, mein Herz. Dass ich dich kennenlernen durfte ist etwas, für das ich ewig dankbar sein werde. Mein Yin, dein Yang. Trotzdem: Wenn es soweit ist, musst du mich loslassen, verstehst du? Es liegt nicht in unserer Macht, die Dinge zu ändern." „Warum ist das Leben so grausam", schluchzt sie. „Das ist nicht fair. Du bist ein guter Mensch, François. Mein einziger Freund. Ohne dich bin ich verloren."

„Weißt du, was ich glaube, Marquise?" „Nein." Sie blickt mit verheulten Augen zu ihm auf. „Was?" „Dass Maxim zurückkommt. Irgendwann", erwidert François, sieht, wie ihre Augen sich erneut mit Tränen füllen. „Vielleicht nicht jetzt. Vielleicht nicht in naher Zukunft. Aber irgendwann, chérie. Ihr seid verwandte Seelen. Wenn es soweit ist, werde ich von oben auf euch herabschauen und dich lächeln sehen. Lächeln auf der Veranda, hinter einem Haus auf dem Land. Da, wo wilder Ahorn blüht, umgeben von Birken und Linden. Am Himmel ein Schwarm Kraniche. Einer davon bin ich."

„Das ist unmöglich." Sie tupft sich mit einem Taschentuch über die Wangen. „Maxim ist bei Lucinda. Ich habe ihn für immer verloren." „Auch er hat jemanden verloren. Dich, Marquise", wendet François ein. „Er leidet, glaub mir. Früher oder später wird er verstehen, worauf es im Leben wirklich ankommt." „Worauf kommt es denn an, François?" „Glücklich zu sein, mein Herz", erwidert der Maler lächelnd. „Hier und jetzt."

220

„Du hast mein Leben ruiniert! Hast einen einzigen Scherbenhaufen daraus gemacht…" Der Teller zerschellt an der Wand. Irgendwie kommt ihm diese Szene bekannt vor. Damals mit Kassandra, es war ähnlich. Doch dieses Mal ist er derjenige, der das Porzellan zu Bruch gehen lässt. „Maxim… So beruhige dich doch!" Lucinda steht im Türrahmen, kämpft gegen die Tränen an. Mit Erfolg. Sie will nicht vor ihm weinen. Dafür hat sie zu viel Stolz. „Was habe ich denn jetzt schon wieder getan?"

„Du brauchst nichts zu tun, Lucinda!", schreit er, hat den Drang etwas anderes zu zerschlagen. *Am besten sie.* „Jetzt gerade tust du nichts. Das macht die Sache nicht besser. Ich habe mich in den letzten Monaten bemüht. Darum bemüht, das Beste aus der Situation zu machen. Ich kann es nicht. Verstehst du? Deine Anwesenheit, dieses Haus, dieses Kind… Alles fühlt sich falsch an." „Das ist Unsinn", presst sie leise hervor. „Du hast gewonnen, Maxim. Sieh dich doch an. Du hast eine großartige Karriere, ein tolles Haus, ein fantastisches Kind… eine wunderschöne Frau…"

Sie wirkt seltsam gebrochen, wie sie dort steht, an den Rahmen gelehnt, als würde sie ihr Gleichgewicht alleine nicht halten können. „Du hast alles, Maxim." Eine blonde Haarsträhne hängt ihr über der Stirn. „Du willst es nicht verstehen, was?" Zornig geht er an ihr vorbei. „Bevor du mir das angetan hast, hatte ich alles. Jetzt habe ich nichts mehr, Lucinda. Ich liebe dich nicht, ich liebe dieses Kind nicht. Alles zwischen uns fühlt sich kalt an. Es hat sich nichts entwickelt. Gar nichts."

„Das ist nicht wahr", flüstert sie mit erstickter Stimme. „Maxim, das kannst du unmöglich ernst meinen." „Ich meine es ernst." Seine Stimme bleibt eisig. „Ich habe noch nie etwas so ernst gemeint." Dann geht er in sein Zimmer, knallt die Türe zu, dreht demonstrativ den Schlüssel um. „Du kannst mir noch so oft sagen, dass du mich nicht liebst!", hört er sie plötzlich schreien. „Meine Liebe reicht für uns beide, Maxim! Klar? Sie reicht für uns beide!" Dann scheint sie leise zu schluchzen. Es ist ihm egal.

Viele Leute sind zu Freddies Beerdigung gekommen. Marquise kennt einige von ihnen von früher. Auch Lydia ist unter den Trauernden. Für einen kurzen Moment treffen sich ihre Blicke. Bedeutungslose Blicke, die sagen, dass sie sich einmal gekannt haben und es nun nichts mehr zu sagen gibt. Ein Mann sitzt neben ihr. Womöglich ihr Ehemann, deutlich älter als sie, mit schütterem, krausem Haar.

„Marquise!" Marlon kommt auf sie zu, umarmt sie. „Schön, dass du gekommen bist." Er ist stark gealtert. Obwohl er Maxims Jahrgang ist, sieht er mindestens fünf Jahre älter aus. „Ich freue mich auch, dich zu sehen", antwortet sie wahrheitsgemäß. Es ist lange her, seit sie sich das letzte Mal getroffen haben. Damals, als Maxim und sie noch Maxquise gewesen sind. Da ist er ihr einziger, gemeinsamer Freund gewesen. „Freddie hätte gewollt, dass du kommst." Marlon bietet ihr eine Zigarette an, gibt ihr Feuer, zündet sich selbst eine an. „Es sind viele Leute gekommen", stellt sie sachlich fest. Marlon grinst. „Freddie war bekannt. Scheinbar haben ihn doch alle gemocht."

Freundschaftlich legt er ihr seinen Arm über die Schulter, während sie die Stufen zur Kirche hinaufgehen. „Er hat *dich* gemocht." „Stimmt", sagt sie, raucht. „Auch ich habe ihn gemocht. Irgendwie. Er war der Erste, mit dem ich… Erfahrungen gesammelt habe. Er muss mir etwas bedeutet haben." Marlon sieht sie schief von der Seite an. „*Du* hast ihm was bedeutet. Er hat dich geliebt, Marquise." „Kann sein." „Es ist schon eine komische Vorstellung." Marlon drückte seine Zigarette aus. „Dass es so schnell vorbeisein kann. Von einer Sekunde auf die andere."

„Ich denke, er hat es gewusst", sagt sie leise. „Dass er nicht alt werden wird." „Wie kommst du darauf?", will Marlon wissen. „Weil er niemals erwachsen geworden ist. Er ist einfach stehen geblieben. In seiner Jugend", erwidert sie. „Von der Jugend in diesen Sarg. Denkst du nicht auch, dass er es genau so wollte? Ein kurzes, dafür abenteuerreiches Leben?" „Vielleicht." Marlon ist nachdenklich geworden. „Freddie hat gewusst, wie man lebt. Er hat mehr gelebt, als wir es in all der Zeit, die uns noch bleibt, tun werden."

Dann beginnt die Trauerzeremonie. Alle außer ihr beginnen zu weinen. Sie kann es nicht. Weinen. So sehr sie auch darauf wartet. Insgeheim glaubt sie, dass Freddie dieses Gejammer unangebracht findet.

Als sie in ihre Wohnung zurückkehrt, bemerkt sie Niclas' Schuhe im Flur. Er ist wieder da. Natürlich ist er das. „Hallo, Darling", ruft sie vorsichtig, hört seine Schritte. Kurz darauf steht er vor ihr, immer noch verärgert. „Marquise, ich lasse mich nicht länger rumschubsen", sagt er verbittert, ohne jede Begrüßung, ohne sich zu erkundigen, wie es ihr nach der Beerdigung von Freddie geht. „Ich bin dein Divengehabe satt." Zur Bekräftigung seiner Worte verschränkt er die Arme. „Wenn du willst, dass ich gehe, dann sag' es. Jetzt."

„Ach, mein Lieber", erwidert sie mit der sanftesten Stimme, die sie im Augenblick hervorbringen kann, legt ihre Arme um seinen Hals. „Natürlich will ich nicht, dass du gehst. Du weißt doch, dass ich dich brauche. Es ist wahr. Ich brauche dich." „Das sagst du jedes Mal", erwidert er eisig. „Jedes Mal ist es das Gleiche. Du weißt genau, dass ich dich nicht verlieren will. Du weißt auch, dass ich nicht nur gebraucht werden will."

„Dann sage ich eben, dass ich dich liebe", erwidert sie, nimmt schuldbewusst die Arme von seinem Hals. „Ist das besser?" „Vielleicht tust du das. Auf deine Art." Er seufzt, merkt, wie er wieder schwach wird. „Ich bin es leid, verstehst du? Leid, mit Maxim angeredet zu werden. Leid, mich andauernd mit ihm vergleichen zu müssen. Ich bin die Presse leid. Nie ist Ruhe. Ständig bist du irgendwo anders…" „Jetzt bin ich bei dir", erwidert sie mit Unschuldsmiene. „Ist das nicht auch etwas wert?"

Am nächsten Morgen schläft Niclas noch. Möglichst leise, um ihn nicht zu wecken, steht sie auf, hüllt sich in ihren Morgenmantel, geht in die Küche. Sie macht sich eine Tasse Kaffee, setzt sich anschließend auf der Couch im Wohnzimmer vor den Fernseher. In einer Sondersendung wird für ihre Frankreichtournee geworben. Sie freut sich darauf, ihr Heimatland wiederzusehen. Niclas freut sich nicht. Er mag Frankreich nicht, hat trotzdem eingewilligt, sie zu begleiten. Natürlich hat er das. Er hat viel zu viel Angst davor, nicht zu wissen, was sie tut. Sie lächelt bei diesem Gedanken.

Niclas ist leitender Angestellter einer englischen Bank. Er hat ein ruhiges Leben, mal abgesehen von eher kurzen Dienstreisen und ihr. Er ist spießig. Ganz anders als Maxim. Raucht nicht, trinkt nicht. Ansonsten eine perfekte Kopie. Seine bloße Erscheinung hat ihre Stimme zurückgebracht. Sie verdankt ihm viel. Das ist ihr durchaus bewusst.

Die letzten Monate mit ihm waren gut, besser als die vielen davor, in denen sie ihn noch nicht kannte. Die schmerzhafte Leere ist verschwunden. Es geht wieder bergauf. Dank ihm. Das Leben mit Niclas ist angenehm. Er hat ein ausgeglichenes Wesen, ist außerdem ehrlich, sagt, was er denkt, auch wenn er weiß, dass es ihr nicht gefällt. Trotzdem kann er Maxim nicht ersetzen. Wie auch? Er kann *nicht* Geige spielen. Sie weiß genau, dass sie nicht genug Respekt vor ihm hat. Er weiß das auch.

„Liebst du Niclas?" François sieht von seiner Staffelei auf. Er zeichnet einen Wald, einzelne Sonnenstrahlen, die sich ihren Weg durch die Äste bahnen. „Natürlich", erwidert sie, doch er glaubt ihr nicht. „Du bist mit deinen Gedanken immer noch bei Maxim", sagt er tadelnd. „Das ist nicht gut. Niclas ist ein netter Kerl. Wenn du ihn nicht aufrichtig liebst, solltest du es beenden, ehe es für ihn zu spät ist. Das hat er nämlich nicht verdient." „Er tut mir gut", erwidert sie. „Ich kann wieder singen, bin wieder gefragt. Alles läuft wieder richtig, seitdem er da ist."

„Du musst wissen, was du tust", entgegnet ihr Freund trocken. „Es ist ohnehin besser, wenn du nicht mehr auf meine Ratschläge hörst. Schon bald wirst du ohne sie auskommen müssen." Sie zuckt zusammen, als hätte man ihr einen elektrischen Schlag verpasst. „Ich… entschuldige", stammelt er, als er ihre Reaktion bemerkt. „Entschuldige, Marquise. Es ist nur…" „Schon gut", erwidert sie. „Ich kann einfach nicht damit umgehen." Der Schreck sitzt ihr in allen Gliedern.

„Wie geht es dir, François?", fragt sie ängstlich. „Gut", erwidert er hastig, kann nicht darüber hinwegtäuschen, dass er lügt. Ihre Augen schweifen über den Tisch, entdecken zwischen all den leeren Tablettenhülsen eine kleine, grüne Flasche. „Was ist das, François?" „Opium", erwidert er. „Es hilft gegen die Schmerzen, lässt vergessen." „Opium", echot sie leise, will ihm sagen, dass er das gefälligst lassen soll, dass dieses Zeug aus Teufels Küche kommt und ihn früher oder später vernichten wird. Doch sie lässt es, will ja auch, dass er vergisst. Wer will das nicht?

„Maxim?" Lucindas Stimme dröhnt durch das ganze Haus. Schrill, sodass es ihm in den Ohren wehtut. „Passt du auf Albert Junior auf?" Auch wenn er ihr die Wahl des Namens überlassen hat, kann er ihr nicht verzeihen, dass sie auf den ihres Vaters gefallen ist. Weil er der ersehnte Erbe ist, auf den *Daddy* so lange gewartet hat. „Nein, ich bin beschäftigt", ruft er zurück. „Ich will in die Stadt!" Ihre Stimme wird schärfer, doch das lässt ihn kalt. „Nimm dir einen Babysitter." Er knallt er die Tür zu, nimmt Cecilia, seinen einzigen Trost.

Dass Marquise nun endlich wieder einen Partner hat, freut ihn. Einerseits. Andererseits ist es auch ein Schlag ins Gesicht. Wie konntest du nur glauben, dass sie dir ewig hinterher trauern würde?, schimpft er mit sich selbst. Sie hat lange genug gelitten. Die Boulevardpresse hat seine Persönlichkeit auseinandergenommen. Maxim selbst hat sich ein Grinsen nicht verkneifen können, als er ein Bild seines Nachfolgers in der Zeitung gesehen hat. Sie hätten ein und dieselbe Person sein können. Fast. Aber bitte, denkt er, wenn Marquise nun glücklich ist… Sie hat es verdient, glücklich zu sein.

„Warum leben wir, Marquise?" François ist in ungemein depressiver Stimmung. Er scheint starke Kopfschmerzen zu haben, sitzt zusammengesunken auf dem Sofa im Atelier, presst einen nassen Lappen auf die Stirn. „Um nicht tot zu sein, schätze ich." Etwas Besseres fällt ihr auf die Schnelle nicht ein. „Wir tun es einfach. Weil das hier *nicht* der Tod ist." „Das reicht mir nicht, Marquise." Er klingt so verbittert, wie sie einst geklungen hat. „Alles läuft so schnell", beschwert er sich. „Wie ein Zug, der ratternd an mir vorbeirauscht. Ich sitze an einem der Fenster und winke mir selbst zum Abschied zu. Mein Leben zieht an mir vorbei. Unaufhaltsam."

Sie seufzt. „Hast du die Tabletten für heute schon genommen?" „Vergiss die Tabletten", zischt er, zündet sich eine Zigarette an. „Ich kann sie nicht mehr sehen. Ich will sie nicht mehr sehen. Tabletten, Tabletten, Tabletten. Als ob die etwas ändern würden. Sie können nichts gegen diese Krankheit ausrichten, Marquise. Sie ziehen es bloß in die Länge. Das Unausweichliche. Warum es nicht einfach geschehen lassen? Meine Krankheit ist ein übermächtiger Feind, der den Kampf längst gewonnen hat! Mein Leben ist vorbei! Dagegen können auch die Tabletten nichts ausrichten!"

Ihr läuft ein eiskalter Schauer über den Rücken. „Seit wann nimmst du die nicht mehr?", fragt sie mit belegter Stimme. „Nimm sie wieder, François!" Sie merkt, dass sie lauter wird, obwohl sie es nicht will. „Nimm die verdammten Tabletten!" „Das ändert nichts, Marquise", entgegnet er, schenkt sich Wein ein. „Rein gar nichts, das musst du verstehen…" „Tu mir das nicht an!", schreit sie schließlich, springt auf. „Tu mir das nicht an, François! Hör verdammt nochmal auf damit! Du machst mir Angst!" „Du willst der Wahrheit nicht ins Gesicht sehen", erwidert er ruhig. „Die Wahrheit ist, dass es nichts mehr gibt, was mich hier hält."

„*Mich* gibt es noch!", schreit sie aufgebracht, baut sich fassungslos vor ihm auf. „Mich gibt es noch, François! Ich halte dich hier! Denkst du auch eine einzige Sekunde mal an mich?!" François verstummt, wirkt nachdenklich. „Du hast Recht", sagt er dann, „Du hältst mich hier." „Du bist so ein Idiot!" Sie beginnt zu weinen. „Mir so einen Schreck einzujagen. Sag sowas nie mehr. Sag das nie mehr." Er zieht sie zu sich aufs Sofa. „Es tut mir leid, Marquise. Es tut mir leid. Ok?" „Man lebt, wenn man mit Menschen zusammen ist, die man liebt", flüstert sie, versucht die Tränen aus ihrem Gesicht zu wischen. „Leben ist Lachen und Weinen. Leben ist, durch Höhen und Tiefen gehen. Leben ist, seinen Platz auf dieser Welt zu finden. Darum leben wir, François." „Du hast Recht", entgegnet François langsam. „Weißt du auch, wo mein Platz auf dieser Welt ist, chérie?" Sie nickt. „Genau hier, in diesem Atelier. Zwischen Malereien und Kunstwerken. Mit dir."

„Es scheint, als wäre uns die Presse wieder freundlicher gesinnt", tönt es über den Flur. Mit zufriedener Miene betritt Marianne die Wohnung. „Dein letztes Konzert wurde über alle Maßen gelobt. Sie sagen, dass die traurigen Lieder besonders gut waren." „Ist das so?" Die Diva ist gerade damit beschäftigt, ihre Nägel zu feilen. Desinteresse liegt in ihrer Stimme, wie so oft in letzter Zeit. „Daran müssen wir noch arbeiten, Marquise." Marianne nimmt diesen Hinweis nicht ganz so gelassen. „Früher wurde bemängelt, dass du die traurigen Sachen zu fröhlich singst. Jetzt ist es andersherum. Keins davon ist richtig." Sie sieht Marquise streng an. „Wenn wir das in den Griff bekommen, gibt es nichts mehr, was sie dir vorwerfen können." „Irgendwas finden die immer", kommt es gelangweilt zurück. „Man sollte das nicht so ernst nehmen." „Doch. Das solltest du!" Marianne wird sauer. „Das ist etwas, worüber du sehr wohl nachdenken solltest. Hier, ich lese dir was über deinen letzten Auftritt vor:

„Sie ist wieder da. Wohl niemand verkörpert die Pamina so gut wie Marquise Montiniere. Besonders hervorzuheben ist die Szene, in der die Zurückgewiesene beschließt, vor Liebeskummer zu sterben. Der leidende, flehende Blick, der sich den Tod als Erlösung der Qualen verspricht, die der Liebste durch sein Schweigen in ihr ausgelöst hat, wirkt authentisch. „Ach, ich fühl, es ist verschwunden", singt die Unglückliche. Tatsächlich ist man als Zuschauer so gefangen, dass man kein Happy End erwartet. Selbst Mozartkenner glauben ihr, dass sie sich in die funkelnde Klinge stürzen wird. Hier legt Montiniere ohne Zweifel einen grandiosen Auftritt hin. Das glückliche Ende wirkt dagegen ein wenig lustlos, fast gelangweilt."

Wütend schlägt Marianne die Zeitung zu. „Haben wir nun also angefangen, der ganzen Welt unser Leiden zu zeigen?" Marquise zuckt mit den Schultern. „Der Auftritt war gut. Ich weiß nicht, was du hast." „Es ist nicht gut, wenn dein Publikum den Eindruck hat, dass du die Bühne benutzt, um dein eigenes Leben zu spielen", entgegnet Marianne bissig. „Ach was." Die Diva winkt lässig ab. „Im Augenblick habe ich nun mal eine Schwäche für dramatische Stücke. Die machen besonders viel Spaß. Es ist eine künstlerische Phase. Nichts weiter."

„Wenn du auf Weltniveau singen willst, musst du alles können!",
faucht Marianne, nimmt ihr die Feile weg. „Du musst Trauer *und*
Freude verkörpern können. Ich dachte, du bist ein Profi, Marquise.
Es tut nichts zur Sache, wie du dich gerade fühlst." Sie hat Recht.
Daran gibt es nichts zu rütteln. „Also gut", gibt Marquise endlich
nach. „Ich werde mich darum bemühen, die fröhlichen Stellen genauso begeistert zu singen wie die traurigen. Auch wenn es mir nicht
so liegt. Im Leiden bin ich zurzeit eben besser."

„Du leidest nicht mehr, Marquise." Marianne versucht, ihre neue Situation schöner zu reden als sie ist. „Also Schluss damit, in Ordnung?" „In Ordnung", antwortet die Sängerin gereizt. Marianne er-
höht den Druck. „Du solltest deine Stücke vor der Tournee noch einmal durchgehen, findest du nicht?" „Kann ich machen." Marquise
klingt nicht wirklich motiviert, weshalb sie hinzufügt: „Es geht wieder
nach oben, Marquise. Dabei sollte es bleiben." Dann geht sie.

François hat Kopfschmerzen, die ihn verrückt werden lassen. Ein
ständiges Pochen in der Schläfe, gegen das auch die Tabletten nicht
ankommen. Er greift zum Absinth, doch der Rausch hält nur kurz.
Dann kommen die Schmerzen zurück.

„Ich will verdammt nochmal nicht sterben!", schreit er, hämmert mit
den Fäusten gegen seinen Kopf. „Nicht jetzt. Hört auf! Hört auf!"
Doch das Pochen bleibt. „Verdammt!" Auch die Glieder tun ihm weh.
Wie ein Feuer, das in seinen Gelenken brennt. Er legt sich aufs Sofa,
versucht sich abzulenken. Zählt die Lichtflecken an der Wand, dann
die Bäume auf seinem Gemälde. Umsonst. Alles umsonst.

Er schluckt weitere Tabletten. Valium, kippt Wodka hinterher. Ich bin
ein Frack, ein verkommenes Wrack, denkt er. Ja, er hat den Tod gewollt. Einmal. Doch jetzt nicht mehr. Jetzt will er leben. Einfach nur
leben. Aber das ist ihm nicht mehr vergönnt. Er beginnt zu lachen,
wie ein Irrer. Ein grausiges Lachen. Ein Lachen der Verzweiflung.

Schließlich klopft jemand unter ihm gegen die Decke. „Ruhe da oben!" Da muss er nur noch mehr lachen. „Ich werde sterben!", schreit er, während ihm Tränen über die Wangen laufen. „Ich habe nicht mehr viel Zeit zum Lachen. Also lass mich!"

Tatsächlich hört das Klopfen auf. Es wird bedrückend still. Eine furchtbare Stille. Sie ist grotesk. Alles ist grotesk. Seine Bilder sind groteske Fratzen, die ihn anstarren. Ist es der Absinth? Er denkt an Dimitri. Doch davon werden die schlechten Gedanken stärker, reißen ihn nach unten. Er muss etwas unternehmen, nimmt seine Jacke, verlässt das Atelier. Zum letzten Mal.

Auf der Straße fühlt er sich verfolgt. Grausige Gespenster an jeder Ecke, die ihm Angst machen. Ist das das Ende? Todesgeister, die ihn mitnehmen? Alles verschwimmt vor seinen Augen, wird ein Meer, das ihn verschluckt, ihn mit sich reißt. *Du schwule Sau!* Warum kommen ihm diese Worte ausgerechnet jetzt in den Sinn? Worte, aus dem Mund seiner Mutter gesprochen, verachtend, ekelnd. *Du bist nicht mein Sohn!* Ein eiskalter Schauer läuft ihm über den Rücken. „Du hast Recht, Mum, ich kann unmöglich dein Sohn sein."

Plötzlich hat er den Überblick verloren, weiß nicht, wer er eigentlich ist, wo er sich befindet.

Ich sehe… eine Biene… nein, es ist ein Kolibri… einen Strand, an dem Kinder im Sand spielen... eine Wiese mit winkenden, grinsenden Gartenzwergen… einen Wald, der sich lichtet… wilde Rosen auf einem Grab. Wilde Rosen auf einem Grab. Einsam, aber tröstend. Er ist nicht allein.

Er rennt, zurück zu seiner Wohnung. Schatten verfolgen ihn. Sie dürfen mich nicht bekommen, denkt er. Panisch schlägt er die Tür hinter sich zu. Was nun? Die Wände um ihn herum scheinen bedrohlich näher zu rücken, wie die Gitterstäbe eines Käfigs. Zerquetscht mich nicht, fleht er. Wie in Trance geht er durch die Räume. Der Tod scheint überall zu sein. Er ist unausweichlich, denkt François. Das höchste Gesetz, das den Menschen auferlegt ist. Dass sie alle irgendwann sterben müssen.

Schließlich findet er sich im Badezimmer wieder. Tot, denkt François. Ich bin doch schon längst tot. Nur noch nicht beerdigt. Diesen Gedanken findet er so witzig, dass er einige Minuten nur dasteht und lacht, bis ihm Tränen über die Wangen laufen. Schließlich, als er sich wieder halbwegs beruhigt hat, kommt ihm die Lösung in den Sinn. Er würde nicht warten, bis der Tod ihn holt, weil er das Spiel dann verloren hätte. Er würde selbst entscheiden, wann er den Tod finden würde. Und zwar jetzt.

Mit zitternden Fingern öffnet er den Wandschrank über dem Waschbecken, nimmt eine Rasierklinge heraus. Vorsichtig legt er sie auf den Rand der Wanne, ehe er den Hahn aufdreht und heißes Wasser einlaufen lässt. Langsam zieht er sich aus, lässt seinen Körper in das dampfende Bad sinken. *Hey, Tod, lass uns spielen.* Wie durch Butter gleitet die Klinge auch durch seine Pulsadern. Erstaunlicherweise verspürt er keine Schmerzen, fühlt sich eher berauscht von der Macht, die er über die Situation hat. *Ich könnte es jetzt noch verhindern, wenn ich es wollte.* Das Wasser färbt sich zunehmend rot. *Mohnblumen. Ein Meer aus Mohnblumen. Warum habe ich niemals Mohnblumen gezeichnet?*

Da sieht er ihn. Mit einem Mal. Am Wannenende steht der Tod, eine skurrile Gestalt, die ihn angrinst. François grinst zurück. „Hallo, alter Freund", sagt er. „Endlich sehen wir uns von Angesicht zu Angesicht." Die Gestalt öffnet den Mund: „Wir haben uns schon mal gesehen", sagt sie. Ihre Stimme klingt dumpf, wie von weit her. „Gleich nebenan." „Warum hast du mich damals gehen lassen?", will François wissen. „Es war doch klar, dass es so endet! Es war ein abgekartetes Spiel."

Die Gestalt antwortet nicht, sieht ihn nur an. „Ja, jetzt schweigst du."
François beobachtet das Wasser. Es wird fortwährend dunkler.
„Egal. Wichtig ist nur, dass ich gewonnen habe, verstehst du? Ich.
Habe. Es. Gewonnen." Der Tod lacht heiser: „Es gibt nichts zu ge-
winnen." François wird kalt. Er beginnt zu zittern. „Was ist das?" „Das
Leben", erwidert der Tod. „Es verlässt dich." „Dann ist es jetzt also
vorbei?" Irgendwie gefällt ihm dieser Gedanke. „Endgültig vorbei?"
„Ja", sagt der Tod. „Das ist es." „Du bist…" Mühsam formt François
seine letzten Worte. „…gar nicht so wie ich dich gezeichnet habe."
Mit dieser Erkenntnis nimmt er seinen letzten Atemzug.

Sie finden ihn erst nach zwei Tagen. Einen weißen Körper in einer
Badewanne voller Blut. In seinem eigenen Blut. Daneben liegt die
Rasierklinge, zu klein und unscheinbar für das, was passiert ist. Marquise ist dieser Anblick erspart geblieben. Sie ist auf Tournee, gerade in Paris, wo ihr Konzert schon seit Monaten ausverkauft ist.

„Er hat nicht mal einen Abschiedsbrief geschrieben?!" Sie steht noch
unter Schock „Marquise, so beruhige dich doch…" Niclas sieht hilflos
mit an, wie sie in sich zusammen fällt. Gerade hat sie erfahren, was
passiert ist. Von Annabelle. Ausgerechnet von Annabelle. Ihr Gesicht
ist verheult. In ihren Augen findet er zwischen Trauer und Verzweiflung auch einen Anflug von Zorn. „Ich war alles, was er hatte." Sie
geht unruhig im Zimmer umher wie eine Raubkatze im Käfig. „Ich war
seine Familie, sein Leben. Und er hat mir nicht mal einen Brief geschrieben?!" „Wahrscheinlich wusste er nicht, was er tut", wirft Niclas
ein. „Die Ärzte sagen, dass er vollgepumpt war. Mit irgendwelchen
Medikamenten. Und anderen Drogen."

„Das ist mir egal!", schreit sie so laut, dass er zusammenzuckt. „Er
kann doch nicht einfach so abhauen und mich hier zurücklassen!
Ohne ein Wort!" „Marquise, ich…" Sie lässt ihn nicht ausreden. „Sei
still!", faucht sie. „Du weißt nicht, was er mir bedeutet hat. Er war

mein einziger Freund. Ich habe ihn für immer verloren." „Er war krank, Marquise", wirft Niclas vorsichtig ein, fürchtet ihre Aggressivität. „Die Krankheit war fortgeschritten. Er hätte wahrscheinlich…" „Das ist mir egal! Egal! Verstehst du?" Zornig stampft sie mit dem Fuß auf. „Sowas macht man nicht. Man lässt seine Freundin nicht so zurück!" Dann beginnt sie zu weinen. Niclas nimmt sie in den Arm, was sie widerstandslos geschehen lässt. „Scht", sagt er leise. „Denk an die anderen Leute im Hotel."

Die Türe geht auf. Marianne kommt herein. „Ich habe es eben gehört", sagt sie sachlich. „Es tut mir leid." Letzeres klingt nicht ganz aufrichtig, „Du darfst dich davon jetzt nicht runterziehen lassen", fährt sie dann auch gleich fort. „Deine Tournee ist noch lange nicht zu Ende." „Halt den Mund!" Marquise dreht sich wütend zu ihr um. „Ich werde die Tournee abbrechen." „Nein, Marquise", erwidert Marianne kalt. „Das wirst du nicht. Auf keinen Fall! Ich werde das nicht zulassen!"

„Nicht zulassen?" Die Diva baut sich vor ihr auf. „Ich muss zu seiner Beerdigung. Mein bester Freund ist gestorben. Und du willst mir verbieten, eine Rose in sein Grab zu werfen?" „Sie hat Recht, Marianne." Unerwartet stellt sich Niclas auf ihre Seite. „Das kannst du nicht machen. Marquise muss nach London zurück." „Also schön." Widerstrebend gibt Marianne nach. „Für einen Tag. Danach wirst du singen, Marquise. Das musst du mir versprechen." „Also gut", willigt die Diva unglücklich ein. „Nur für einen Tag."

„Darling, denkst du nicht, dass du ein wenig overdressed bist? Wir gehen auf eine Beerdigung!" Niclas zweifelt an ihrer Garderobe. „Ich gehe so zu seiner Beerdigung, wie er mich gekannt hat", erwidert sie. „Auffallend, bunt und extravagant. Wie ein Paradiesvogel. Er hätte es so gewollt." „Das wird böses Blut geben, Marquise", gibt Niclas zu bedenken. „Der rote Mantel…" „Ich werde genau *so* dorthin gehen!"

Sie duldet keine Widerrede. „Also gut." Beschwichtigend hebt er die Hände. „Wie du meinst. Du musst selbst wissen, was angebracht ist." „Keine Sorge." Sie lächelt. „Es passt zu seiner Vorstellung vom Tod. Ich habe oft genug mit ihm darüber geredet."

Natürlich kommt es so, wie von Niclas bereits vorhergesehen. Alle Blicke ruhen auf ihr. Sie hat es so gewollt, sticht aus der Masse heraus, wie immer. Hin und wieder erntet sie missbilligende Blicke, die sie gekonnt ignoriert, wie immer. Sie alle kennen François nicht so gut, wie ich ihn gekannt habe, denkt sie. Er wäre stolz auf mich!

Inmitten der Trauergäste entdeckt sie seine Eltern. Zumindest glaubt Marquise, dass sie es sind. François hat ihr ein Foto gezeigt. Damals. Das einzige, das er besessen hat, bevor er es im Anflug einer Depression in Brand gesteckt hat. Unterschwellige Wut kocht in Marquise. Langsam bahnt sie sich ihren Weg durch die Menge. „Mr. und Mrs. De la Court?" Die beiden sehen zu ihr auf. „Ja", sagt die Frau.

Sie trägt einen schwarzen Mantel mit pelzbesetztem Kragen, sieht älter aus als sie in Wirklichkeit ist, hat kurze, blondierte Haare, faltige Haut. Ihre Mundwinkel hängen herab, wie bei jemandem, der zu wenig lacht. Marquise will etwas sagen, doch die Frau kommt ihr zuvor. „Ich kenne Sie", beginnt sie mit tiefer, rauchiger Stimme. „Sie sind Marquise Montiniere, die berühmte Sängerin. Was machen Sie denn auf der Beerdigung von François? Haben Sie ihn gekannt?" Marquise schnappt vor Empörung nach Luft. „Ich war seine beste Freundin!" „Oh... ist das so?" Schamesröte steigt in Mrs. De la Courts Gesicht. Hilfesuchend wendet sie sich an ihren Mann. „Er hat niemals eine Marquise erwähnt, nicht wahr, Darling?" „Nein", erwidert dieser. „Nicht, dass ich mich entsinne."

Dieser offensichtliche Versuch, die heile Familienfassade zu wahren, macht Marquise so wütend, dass sie die Beherrschung verliert. „Warum hätte er das tun sollen? Sie haben in den letzten Jahren kein einziges Wort mit ihm gesprochen! Sie wissen weder, mit wem er befreundet war, noch, was er gemacht hat! Sie waren nach seinem Selbstmordversuch nicht im Krankenhaus! Und warum? Weil er schwul war." Unbewusst ist ihre Stimme laut geworden. Ihr schneidender Tonfall lässt das Ehepaar De la Court zusammenzucken. Die anderen Gespräche um sie herum verstummen. Dann hört man ein leises Raunen. „François war schwul?!" Die Gesichter von Mr. und Mrs. De la Court erstarren. „Er hat es bis ans Ende nicht verkraftet, dass Sie ihn aus der Familie ausgeschlossen haben", fährt Marquise wütend fort, ist durch nichts mehr zu bremsen. „Sie sind mit schuld daran, dass er sich umgebracht hat!"

Mittlerweile ist es so still geworden, dass man eine Stecknadel fallen hören könnte. Erst jetzt wird Marquise klar, was sie gerade gesagt hat. Auch wenn es inhaltlich stimmt, tut es ihr leid, François' Eltern an diesem Ort mit der Wahrheit konfrontiert zu haben. Es ist unpassend gewesen. Deutlich unpassender als ihre Kleidung. Sie leiden. Das ist nicht zu übersehen. Das hätte gereicht. Ganz ohne ihre Worte. Niclas kommt an ihre Seite, fasst sie leicht am Arm. „Wir sollten besser gehen." „Ja", murmelt sie schuldbewusst. „Du hast Recht." Dann verlässt sie den Friedhof, nicht ohne vorher demonstrativ eine Rose in François' Grab zu werfen.

„Warum sterben wir, Niclas?" Sie sitzen nebeneinander im Flieger, sind auf dem Weg zurück nach Paris. Die ganze Zeit über hat sie schweigend aus dem Fenster gesehen, doch jetzt sucht sie ein Gespräch. „Geht es um François?", will Niclas wissen. „Nicht nur", sagt sie. „Es geht um alle Lebewesen." „Wir sterben, um etwas Neues anzufangen, denke ich." Niclas nimmt ihre Hand. „Mach dir nicht so viele Gedanken." Sie gibt keine Ruhe. „Was ist das Neue? Was kommt nach dem Leben? Wo ist François jetzt?" „Ich weiß es nicht", antwortet Niclas wahrheitsgemäß. „Wir werden es so schnell auch nicht herausfinden, glaube ich…" „Ja…" stimmt sie nach einer Weile zu. „Du hast Recht."

Hilflos sieht Niclas zu, wie sie gegen die Tränen ankämpft. Natürlich wird sie nicht weinen. Sie darf jetzt nicht weinen. Nicht im Flugzeug. Nicht, wenn die Leute sie sehen können. Sie wird nachher im Hotel weinen, wenn sie sich unbeobachtet fühlt. Sie ist so wahnsinnig stark. Bewundernswert. Für den Rest des Fluges bleibt sie still.

„Ich denke nicht, dass der Tod so ist, wie er ihn gemalt hat." sagt sie abends, denkt an die Bilder in François' Atelier. Beängstigende Geister in Sandwüsten, tanzende Skelette, eingehüllt in Schleier, im Hintergrund Polarlichter, abstrakte, bunt schillernde Formen. „Er ist entweder so oder so. Alles kann nicht stimmen." „Wer weiß schon, wie der Tod ist." Niclas sieht besorgt aus. „Bist du sicher, dass es dir gut geht, Darling?" „Ja… Ja." Sie macht eine abwehrende Handbewegung. „Ich würde nur zu gerne wissen, welche seiner Vorstellungen der Realität am nächsten kommt."

Maxim hat sich eingeschlossen, bevor er mit dem Schreiben beginnt. Einen Brief. Altmodisch. Genau so, wie sie es mag:

Marquise, beginnt er

es tut mir leid. Ich habe alles zerstört…

Bescheuert. Es klingt bescheuert. Wütend zerknüllt er den Zettel, pfeffert ihn in den Papierkorb, setzt er den Stift auf ein neues Blatt Papier.

Marquise,

es tut mir leid.

Dann weiß er nicht weiter, starrt seine Worte an. Immer wieder. Zerstört. Alles ist zerstört. Diese Worte können nicht annähernd ausdrücken, was er sagen will.

Marquise,

es tut mir leid. So unendlich leid.

Er will ihr schreiben, was er fühlt. Dass er niemals eine andere lieben wird. Dass sie ihm noch eine Chance geben soll. Aber das wäre nicht fair. Nicht fair Marquise gegenüber. Nicht fair ihrem Partner gegenüber, der sie ebenfalls aufrichtig liebt.

Der Weg zum Ruhm ist kein leichter. Er ist steinig, steil und voller Dornen. Du wirst stolpern, hängenbleiben und bluten. Die Worte aus Davids Buch drängen sich mal wieder in seine Gedanken. Maxim vergräbt den Kopf in den Händen. *Du wirst Kraft brauchen; Menschen verlieren, die dir wichtig sind…* Verdammt. Warum fallen sie ihm ausgerechnet jetzt wieder ein? Er will nicht daran denken, erst recht nicht an die Wahrheit, die sich hinter diesen Worten verbirgt. Er hat alles für den Ruhm getan. Damit er heute dort ist, wo er ist. Hat er denn nicht alles, was er immer wollte? Die Antwort lautet: Nein. Innerlich ist er leer.

„Du hast gekocht?" „Ja." Niclas lächelt. „Ich war heute früher mit der Arbeit fertig. Ich dachte, ich überrasche dich." „Hm… es riecht himmlisch", erwidert sie, während sie ihren Mantel über das Sofa pfeffert. „Marquise, wofür gibt es Kleiderständer?", kommt es missbilligend aus der Küche. „Sei so gut und häng ihn auf."

Sie verzieht das Gesicht. „Du bist ein Spießer. Einer von der schlimmsten Sorte!" „Das ist doch nichts Neues", gibt er freimütig zu, merkt nicht, dass sie ernsthaft mit diesem Charakterzug hadert, dass sie ihm nur wegen des verführerischen Geruchs vergibt. „Fisch?",

fragt sie, während sie den Mantel aufhängt. „Schwertfisch in Weiß-
weinsoße." „Du hast dir ja richtig Mühe gegeben", stellt sie beeindruckt fest. „Sind das Kerzen auf dem Tisch?" Er lacht: „Ich habe
eine romantische Ader." „Das sehe ich", erwidert sie lächelnd. Abgesehen von seiner übertriebenen Ordnungsliebe ist er ein toller Kerl,
denkt sie. Ein verdammt toller Kerl.

Als sie die Küche betritt, stellt sich jedoch heraus, dass seine An-
strengungen umsonst gewesen sind. Es wird es kein gemütliches
Abendessen geben. Sie ist es, die alles verdirbt. Nicht sie alleine, wie
sich später herausstellt. Hals über Kopf rennt sie zur Toilette, wo sie
gerade noch rechtzeitig ankommt, um sich zu übergeben. Alles um
sie herum dreht sich. „Marquise?", hört sie Niclas rufen. „Ist dir nicht
gut, mein Engel?"

„Ich bin schwanger." Diese einfache, beiläufig erwähnte Tatsache hat
eine beachtliche Wirkung, besonders auf Marianne. „Was?!" Ihre Augen weiten sich vor Entsetzen. „Bist du sicher? Wie konnte das denn
passieren? Was machen wir jetzt? Himmel, deine nächste Tournee
steht an, Marquise. Soll ich einen Termin in der Klinik ausmachen?
Es gibt mittlerweile sehr sichere Methoden…" Sie scheint kein Ende
zu finden. „Ich werde es behalten", unterbricht Marquise sie mit einer
Stimme, die keinen Widerspruch duldet. „Niclas wollte schon immer
ein Kind. Und ich… Ich denke, ich auch…"

„Das ist doch nicht dein Ernst!" Marianne seufzt theatralisch. „Kinder
sind der Anfang vom Ende. Denk doch mal nach. Du wirst dich gehen lassen, keine Zeit mehr für deine Karriere haben… Ganz abgesehen von den Schwangerschaftsstreifen." Sie verzieht das Gesicht.
„Komm schon, das ist es nicht wert, Marquise." „Ich werde es behalten." Sie klingt nach wie vor fest entschlossen. Marianne kennt sie
mittlerweile lange genug, um zu wissen, dass sie mit ihrem ganzen
Gerede nicht weiterkommen wird. „Also bitte", gibt sie sich darum

geschlagen. „Dann sage ich die Tournee eben ab. Heul später bloß nicht rum, weil dich niemand mehr auf der Bühne sehen will."

„Alles wird gut." Marquise lacht, wirkt zu Mariannes Erstaunen kein bisschen verunsichert. „Ich bin froh, dass du es so einfach hinnimmst. Ich dachte, du würdest ein Riesendrama daraus machen." „Das Riesendrama wirst *du* machen, wenn das Kind erst einmal da ist", erwidert Marianne kalt. „Aber bitte… Sängern muss man ihren Kopf lassen. Du wirst schon noch sehen, was du davon hast… Ich werde mich in den nächsten Tagen bei dir melden. Dann besprechen wir, wie es weitergeht. Weiß Niclas schon davon?" „Nein. Ich wollte die Sache zuerst mit dir klären." „Es war mir eine Ehre", seufzt Marianne.

Sie erzählt es ihm, als er von der Arbeit zurückkommt. „Ein Kind?" Niclas Augen strahlen. „Das ist ja fantastisch, Marquise." Er beugt sich zu ihr herunter, küsst sie. „Du weißt, dass ich immer schon Kinder wollte. Mit dir." „Ja", sagt sie. „Ich weiß. Ich wollte auch Kinder." In Gedanken setzt sie hinzu: Mit Maxim. „Hast du dir schon einen Namen ausgesucht?" Niclas stellt seine Aktentasche auf dem Tisch ab. „Nein." Sie schüttelt den Kopf. „Um ehrlich zu sein kann ich immer noch nicht fassen, dass wir in neun Monaten zu dritt sein werden." Wir, denkt er euphorisch. Es gibt also ein Wir.

„Du hast keine Ahnung, wie glücklich du mich machst." Er nimmt sie vorsichtig in den Arm, drückt sie an sich. „So wahnsinnig glücklich… Ich werde Vater." Er bemerkt, dass ihr Lächeln erzwungen wirkt. Im Gegensatz zu ihm, scheint sie irgendetwas zu bedrücken. „Ich werde im nächsten Monat befördert, Marquise", sagt er in der Hoffnung, den Grund für ihre Verstimmung gefunden zu haben. „Dann werde ich genug verdienen. Wir müssen uns nicht einzuschränken… Du brauchst keine Konzerte zu singen. Nur, wenn du willst..."

„Ich habe keine Geldsorgen", erwidert sie. „Ich bin Sängerin. Kein Banker." Das ist es also. Niclas hat es insgeheim befürchtet. „Ich weiß, dass du viel opfern musst", entgegnet er vorsichtig, darum bemüht, sie nicht zu reizen. „Die Tournee. Die Auftritte… Es ist nur für kurze Zeit. Das kriegen wir hin, Marquise. Ich verspreche es dir." „Ja", sagt sie immer noch ein wenig niedergeschlagen. „Ja. Wir bekommen das hin."

Mit dieser Antwort zufrieden lenkt Niclas das Gespräch auf wesentliche Dinge. „Also…", sagt er liebevoll mahnend. „Dir ist doch wohl klar, dass du jetzt nicht mehr rauchen darfst?" „Sicher." Sie seufzt, bemerkt seinen misstrauischen Blick, gibt ihm stöhnend die letzten Zigaretten. „Jetzt zufrieden?" Er lächelt. „Ja." Wir, denkt er. Es gibt ein Wir.

„Wieso hören Sie nichts!" Marquise kann nicht verhindern dass ihre Stimme hysterisch klingt. Fassungslos starrt sie der Ärztin ins Gesicht, die ernst zu ihr herabschaut. „Sein Herz. Es schlägt nicht, Miss Montiniere", bekommt sie sachlich und ruhig zur Antwort. „Das passiert hin und wieder. Wir müssen eine Ausschabung machen!" „Eine Ausschabung?" Marquises Augen weiten sich vor Entsetzen. „Was meinen Sie damit? Mein Kind ist doch da… Letzte Woche haben Sie es im Ultraschall gesehen. Sie haben gesagt, dass es ganz normal aussieht. Also, was stimmt nicht mit ihm?" Die Augen der Ärztin sehen sie mitleidig an, während sich Marquises Herz schmerzhaft zusammenzieht. „Ihr Kind ist tot, Miss Montiniere", hört sie wie durch Watte. „Es ist seit letzter Woche nicht mehr gewachsen. Sein Herz schlägt nicht mehr. Es tut mir leid." Eisige Kälte befällt Marquise. Sie beginnt zu zittern. „Das ist unmöglich…" Dann fängt sie hemmungslos an zu weinen. „Das kann unmöglich wahr sein."

„Bitte, Miss Montiniere…" Die Ärztin ist ratlos. „Möchten Sie sich vielleicht hinlegen? Das mag jetzt vielleicht schwer sein… Aber Sie sind noch jung. Sie können noch viele Kinder bekommen." Doch Marquise hört sie nicht. „Das ist nicht wahr", schluchzt sie, vergräbt das Gesicht in den Händen. „Das ist nicht wahr… Ich hatte gerade begonnen, es zu lieben… Sie belügen mich!" Ihr Entsetzen weicht dem Zorn. „Schauen sie nochmal nach!", fordert sie. „Bitte!" In ihrem Kopf rauscht es. Wie aus weiter Ferne hört sie die Worte der Gynäkologin. „Miss Montiniere. Ihr Kind ist tot. Es gibt keinen Zweifel."

Niclas ist untröstlich, als sie ihm mit erstickter Stimme davon erzählt. Sie ist völlig aufgelöst, streicht fortwährend mit den Händen über die Stelle, an der sie bis eben noch ein lebendiges Kind vermutet hat. „Das…" Hilflos sucht er nach den richtigen Worten. „Das ist verrückt. Wie können Herztöne von einem auf den anderen Tag verschwinden?" Marquise schluchzt nur noch lauter. „Ach, mein Schatz." Er nimmt sie behutsam in den Arm. „Wir kriegen das hin. Wir werden ein Kind bekommen. Ganz sicher." Doch sie schüttelt den Kopf, während dicke Tränen über ihre Wangen kullern.

„Nein… Keine Kinder mehr", erwidert sie, während eisige Kälte ihr Herz zerfrisst. „Keine Kinder mehr... Nie mehr." Niclas will etwas erwidern, sie aufheitern, ihr sagen, dass sie in ein paar Wochen anders darüber denken wird. Doch ein Blick in ihre Augen lässt ihn schweigen. Sie hat es ernst gemeint, wird sich von nichts und niemandem umstimmen lassen. Auch nicht von ihm.

„Sei froh, dass du es los bist." Marianne sitzt ihr mit verschränkten Armen gegenüber. „Wer weiß, wofür es gut ist, Marquise. Du bist keine Mutter. Du bist eine Diva, ja. Keine Mutter. Du hast Besseres zu tun als den ganzen Tag Brei aufzuwärmen oder gar Windeln zu wechseln. In deinem Leben ist kein Platz für ein Kind…" Als Marquise in sich zusammenfällt, setzt sie ärgerlich hinzu: „Himmel, jetzt fang nicht schon wieder an zu weinen…"

„Niclas hat mich verlassen", kommt es von der anderen Seite des Tisches mit brüchiger Stimme zurück. „Heute Morgen waren seine Sachen weg. Er hat mir einen Brief auf den Nachttisch gelegt. Darin steht, dass er gehen muss. Dass wir zu große Differenzen haben. Dass er... Dass er auf jeden Fall Familie haben will. Und dass es ihm leid tut." Marianne ist sprachlos. Sicher, Streitigkeiten sind in Marquises Partnerschaft nichts Ungewöhnliches gewesen. Niclas hat schon oft gedroht, sie zu verlassen. Letzten Endes ist er jedoch immer wieder zurückgekommen. Weil er gewusst hat, dass es dumm ist, ihr den Rücken zu kehren. Die Sache mit dem Abschiedsbrief ist neu. War es dieses Mal wirklich ernst? „Das tut mir leid", entgegnet Marianne ehrlich, steht auf, setzt sich neben ihren Schützling. „Es tut mir wirklich leid, Marquise."

„Ich hätte es wissen müssen", schluchzt die, „dass er unbedingt Kinder will. Dass ich ihm nicht genüge... Ich kann es einfach nicht. Nicht mehr. Ich habe so viel Angst davor, alles nochmal durchmachen zu müssen. Das Leben in mir spüren, nur um zu fühlen, wie es stirbt. Ich habe es gespürt, verstehst du? Das kleine Menschlein in mir drin. Obwohl ich es erst gar nicht wollte, habe ich mich in diesen Zellklumpen verliebt. Ich war so glücklich. Zu glücklich. Dann... Dann haben sie es weggeholt. Mein Kind. Zerknackt wie eine Nuss."

„Ich weiß, dass ich nicht gerade sensibel bin", räumt Marianne ein, reicht ihr ein Taschentuch. „Ich war nie schwanger, habe auch nicht vor, es zu werden. Ich bin zu kalt, um eine gute Mutter zu sein. Aber ich kenne Menschen, denen es ähnlich geht. Deshalb kann ich deinen Kummer halbwegs verstehen. Das muss in der Tat ein schweres Los sein. Doch was auch geschieht, ich bin hinter dir, Marquise. Ich lasse dich nicht fallen. Wir schaffen das. Du brauchst jetzt Ablenkung... Fang wieder an zu singen, Nachtigall." Doch der Vogel an ihrer Seite bleibt stumm, während sein Körper von Weinkrämpfen geschüttelt wird.

„Es ist schön, dich mal wieder zu sehen." Sie sitzen in Maxims Wohnzimmer. In seinem prunkvollen Haus. Mit einer Flasche Wein und einem riesigen Aschenbecher aus Marmor. „Entschuldige, dass ich dich nicht früher eingeladen habe, aber…" „Schon gut", entgegnet Marlon, zündet sich eine Zigarette an. „Du hattest viel zu tun. Ich verstehe das." „Ja", seufzt Maxim. „Du hast Recht, ich hatte viel zu tun."

„Du hast es also geschafft", stellt sein Freund fest, blickt sich in dem Raum um, der nach Maxims Geschmack viel zu edel eingerichtet ist. „Du bist jetzt berühmt… Kannst dir all das hier leisten." Ein wenig Neid schwingt mit, was Maxim seinem Freund gerne nachsieht. Im Gegensatz zu ihm hat Marlon das Orchester niemals verlassen. „Lucinda hat es sich so gewünscht", sagt er, deutet auf die Möbel. „Ich hätte es lieber etwas schlichter gehabt. Um ehrlich zu sein, kann ich dieses Ambiente nicht ausstehen. Alles hier schreit nach Aufmerksamkeit, nach dem Geld, das es gekostet hat. Das ist typisch für Lucinda."

„Maxim, du *lebst* hier." Marlon sieht ihn ungläubig an. „Warum lässt du ihr freie Hand, wenn du dich nicht wohlfühlst?" „Du verstehst das nicht." Sein Freund wirkt müde. „Es ist so: Ich will diesem Haus gar keine persönliche Note geben. Ich will mich nicht heimisch fühlen. Es soll Lucindas Haus sein, Lucindas Leben. Nicht meins. Ich wohne hier nur. Ab und zu. Das ist alles." Marlon sieht ihn ernst an. „Maxim, das ist der größte Schwachsinn, den ich je gehört habe. Du hast eine Familie. Das hier sollte dein Leben sein. Denk an das Kind!" „Ich wollte das Kind nicht!" Seine Stimme wird aggressiv. „Ich wollte diese Ehe nicht, ich wollte dieses Haus nicht! Das hier ist ein Käfig, Marlon. Wenn ich ausbreche bin ich ein Nichts. Also bin ich gezwungen, durch die Gitterstäbe zu schauen, die mich von dem Trennen, was mich glücklich machen würde."

Marlon verstummt, scheint erschüttert von seinem Gemütsausbruch. Erst jetzt bemerken beide die blonde Frau in ihrem Rücken. Verstört sieht sie aus. „Kannst du nicht anklopfen!", herrscht Maxim sie an. „Ich hasse es, wenn du dich von hinten anschleichst." Lucinda zuckt zusammen, als hätte man sie geschlagen. „Es tut mir leid", sagt sie tonlos. „Ich wollte dir nur sagen, dass ich jetzt ausgehe. Ich treffe mich mit…" „Ist mir egal, mit wem du dich triffst." Kalt und hart sind seine Worte. „Hauptsache, du gehst uns nicht auf die Nerven." „Die Nanny passt dann auf Albert Junior auf", sagt sie aus Pflichtgefühl. „Du brauchst also…"

„Schön", unterbricht er sie unsanft. „Dann kannst du ja gehen." Doch sie bleibt, steht da, den Kopf eingezogen wie ein gescholtenes Kind. „Maxim, was habe ich dir getan?" „Was du mir getan hast?" Er steht auf. „Alles, was du mir antun konntest, hast du mir angetan. Mein Leben war perfekt, bevor ich dich kennenlernte. Du hast es ruiniert. Du bist das Schlimmste, was mir in meinem Leben passieren konnte!" Lucinda zittert. Ob es wegen der Demütigung vor seinen Augen oder aus Angst ist, kann Marlon nicht sagen. „Ich könnte dich glücklich machen", bringt sie schließlich über die bebenden Lippen. „Ich würde dich so gerne glücklich machen, Maxim. Doch du lässt es nicht zu." Dann geht sie mit steifen Schritten aus dem Raum, so leise, wie sie gekommen ist.

Nur Marlon registriert, dass sie weint. „Wie kannst du so mit ihr reden?", wirft er seinem Freund vor. „Das kenne ich nicht von dir. Sie ist deine Frau!" „Nein." Maxim schüttelt den Kopf. „Sie ist nicht meine Frau. Marquise war meine Frau. Lucinda ist niemand. Ich liebe sie nicht, sie bedeutet mir nichts." „Es ist egal, was sie dir bedeutet!" Marlon ist außer sich. „Du kannst nicht so mit ihr reden, Maxim. Erst recht nicht in meiner Gegenwart." „Sie hat es nicht anders verdient." Maxim schenkt Wein ein. „Ich meine, was erwartet sie denn? Dass ich ihr womöglich noch dankbar bin?" Dann lacht er viel zu laut.

„Der Ruhm bekommt dir nicht", erwidert Marlon gereizt. „Früher hast du alle Frauen mit Respekt behandelt. Früher, als du noch kein Geld hattest. Du hattest Moral, wusstest, was sich gehört. Der Maxim von heute lügt und betrügt nicht nur, er schiebt auch anderen die Schuld für seine eigenen Fehler zu. Was ist aus dir geworden? Ein asozialer, abgedrehter Star?" „Du bist nur neidisch, weil du es nicht geschafft hast." Maxims Zunge ist bereits schwer vom Alkohol, den er viel zu schnell getrunken hat. „Weil du immer noch im Orchester spielst. Jeden verdammten Tag. Während ich in der Welt herumreise, mir selbst aussuchen kann, mit wem ich spiele."

„Du denkst wirklich, ich wäre neidisch? Auf dich?" Marlon kann nicht glauben, dass er das ernst meint. „Denkst du wirklich, ich wollte mit dir tauschen, Maxim? Gut… Dann will ich dir mal was sagen: Du bist ein versoffenes, egozentrisches Arschloch geworden, mit dem niemand etwas zu tun haben will. Der Ruhm hat dich blind gemacht für das, was wirklich wichtig ist. Du wolltest immer mehr als andere. Du hast es bekommen. Jammer jetzt nicht rum, wenn du den Preis dafür bezahlen musst. Du hattest die Wahl. Du hast gewählt."

Maxim antwortet nicht, sitzt ihm nur stumm gegenüber, „Im Ernst, Maxim…" Marlon klingt nicht mehr aufgebracht, sondern verzweifelt. „Wie konntest du dir das antun? Wie konntest du Marquise betrügen? Sie war alles für dich. Du hast es früher selbst gesagt. Dass du nicht willst, dass ihr ein Leid geschieht. Und jetzt hast du es getan. Ihr Leid zugefügt." Marlon hält inne, hört ihn schluchzen. Maxim hat sein Gesicht in den Händen vergraben, wirkt gebrochen. „Es tut mir leid", schluchzt er. „Es tut mir so leid. Glaube nicht, ich wüsste nicht, was ich getan habe. Ich weiß es genau. Es lässt mir keine Ruhe. Nachts hält es mich wach bis in die Morgenstunden. Während meine Hochzeit von der Presse gefeiert, meine Karriere durch Lucindas Familie gepusht wurde, ist Marquise zerbrochen. Ich habe sie verraten. Ich weiß genau, was ich getan habe. Ich weiß auch, dass ich es nicht mehr gut machen kann."

Er fährt sich mit den Händen über die Augen. „Ich würde die Zeit so gerne zurückdrehen. Ich hatte alles Glück der Welt in meinen Händen… und habe es fallen lassen." „Ja", erwidert sein Freund behutsam, legt ihm vorsichtig eine Hand auf die Schulter. „Ja, das hast du." Maxim jammert weiter: „Ich bin so ein Idiot!" Marlon, der gerne etwas Aufbauendes sagen würde, antwortet nur: „Ja, das bist du."

„Hallo, Marquise…" Inzwischen sieht Annabelle älter aus, als ihre Schwester. Sie hat zu viel geraucht, zu viel gefeiert. „Ich… Ich wollte wissen, wie es dir geht." Marquise überlegt kurz, ob sie die Tür wieder zuschlagen soll, doch dann lässt sie den ungebetenen Gast herein. Fast zehn Jahre haben sie sich nicht gesehen. Nun ist Annabelle wieder aufgetaucht. Sie hat Falten um die schwarz geschminkten Augen. Um den roten Mund. Mit einem Blick auf das pralle Dekolleté stellt Marquise fest, dass auch ihre Brüste deutlich gealtert sind. Nur die blonden Haare sind noch so schön wie früher.

„Maman hat erzählt, dass Niclas dich endgültig verlassen hat." Annabelle schlägt die Augen nieder. „Das tut mir sehr leid. Wenn ich dir irgendwie helfen kann, dann…" „Was willst du?" Marquise verschränkt feindselig die Arme. „Wie du weißt, ist mir nicht sonderlich an deiner Gesellschaft gelegen." Annabelle wirft den Kopf hoch, so, wie sie es sich von ihrer älteren Schwester abgeguckt hat, stolziert an ihr vorbei ins Wohnzimmer, wo sie sich auf der Couch niederlässt. „Deine Wohnung passt zu dir", bemerkt sie scheinheilig, ignoriert bewusst Marquises abweisende Haltung. „Ja, in der Tat. Elegant, aber nicht übertrieben. Warm, aber auch nicht zu gemütlich."

„Was willst du, Annabelle?", wiederholt Marquise ihre Frage, dieses Mal mit aggressivem Unterton. Die lässt sich nicht aus der Ruhe bringen. Völlig unbeeindruckt zündet sie sich eine Zigarette an. „Brauche ich einen Grund, um meine Schwester besuchen zu wollen?" „Wenn du kommst, gibt es einen Grund", entgegnet Marquise bissig. Annabelles Blick wird ernst, fast ein wenig traurig. „Ich werde heiraten, Marquise. Jerry." „Diesen Anwalt, der zwanzig Jahre älter ist als du?" Marquise schnappt nach Luft „Das ist doch nicht dein Ernst." „Ich…" Die Hand, mit der Annabelle ihre Zigarette hält, zittert. „Ich habe keine Wahl. Ich bekomme ein Kind. Von ihm!" Marquise starrt sie sprachlos an.

„Ein Kind?", echot sie leise, während ihr Herz sich schmerzhaft verkrampft. „Das ist…" Sie fühlt sich wie betäubt. „Ja…", sagt Annabelle leise. „Deshalb bin ich hier. Ich verkrafte das alles nicht mehr. Die ewigen Streitereien mit dir. Deinen Hass. Wir sind doch Schwestern, Marquise. Wir sollten Frieden schließen. Dem Kind zuliebe." „Das ist nicht fair", erwidert Marquise, setzt sich benommen in einen der roten Sessel. „Ich hatte ein Kind, durfte es nicht behalten. Du wirst eins bekommen, obwohl du es nicht annähernd verdienst." Annabelle ist beunruhigt. „Ich weiß… Maman hat mir davon erzählt."

„Davon erzählt?!" Marquise merkt, wie ihre Sicherungen durchbrennen. „Von was? Es war nicht irgendwas!", schreit sie, erhebt sich ruckartig, beginnt, wie ein Tier im Käfig auf und ab zu gehen. „Es war ein Kind, verstehst du? Keine Sache, kein lebloses Ding… Es war mein Kind." Annabelle zieht erschrocken den Kopf ein. „Marquise… Entschuldige. So war das nicht gemeint." Marquise entreißt ihr wütend die Zigarette, zerdrückt sie auf der Glasplatte des Couchtisches. „Hast du den Verstand verloren? So jemand wie du darf keine Kinder in die Welt setzen. Das ist verantwortungslos, Annabelle." „Marquise", versucht Annabelle zu erklären. „Ich wollte nicht, dass es so kommt. Ich wünschte, ich könnte mir dir tauschen."

Auch sie ist laut geworden. „Ich wünschte, ich würde es verlieren, okay?! Ich wünschte, es wäre tot. So wie deines. Ich würde mir zu gerne wieder eine Stricknadel in den Bauch rammen. Doch dafür ist es jetzt zu spät! Ich will Jerry nicht heiraten. Ich muss. Die Firma… Der Ruf unserer Familie…" Dann beginnt sie zu weinen. Marquises

Gesicht erstarrt. „Es ist besser, wenn du jetzt gehst", sagt sie mit harter Stimme. „Du hast dich nicht geändert." „Was?" Annabelle sieht sie aus verheulten Augen an. „Das ist nicht dein Ernst. Ich komme, um Frieden zu schließen. Und du schickst mich weg?"

Ich wünschte, ich würde es verlieren, hat sie gesagt. Ein Muskel an Marquises Schläfe zuckt. „Raus!", schreit sie dann. Verwirrt steht Annabelle auf, versteht ihre Reaktion nicht. „Marquise, was...?" „Raus!" Laut schlägt sie die Tür hinter ihr zu. „Das ist doch kein Ding", flüstert sie, bemerkt den Kloß in ihrem Hals. „Das ist doch kein Ding." In ihren Gedanken tauchen Bilder auf. Bilder, die sie längst verdrängt geglaubt hat. Annabelle in der Badewanne. Rotes Wasser, in dem ein hoffnungsvolles Leben sein Ende gefunden hat. Durch eine Stricknadel. Sie darf keine Mutter werden, denkt Marquise. Das wäre nicht gerecht.

Dann beginnt auch sie zu weinen. Ihr wird schmerzlich bewusst, dass von den Menschen, die einst ihr Leben bestimmten, niemand mehr für sie da ist. Maxim. Verloren an eine heimtückische Schlange. Lydia. Disqualifiziert aufgrund ihres Charakters. François. Einsam gestorben in einer Badewanne. Freddie. Erstochen für seine Tapferkeit. Ihre Eltern. Zwei Geister, denen sie aus dem Weg geht. Ihr Baby. Das sie niemals gesehen hat. Niclas. Fortgelaufen, weil sie ihm kein Kind schenken wollte. Sie fühlt sich verloren in ihrer riesigen, eleganten Wohnung, viel zu groß für einen allein. Will jemanden haben, der sie in den Arm nimmt, ihr sagt, dass alles gut wird. Doch sie weiß, dass niemand kommen wird.

In dieser Gewissheit nimmt sie das Telefon, wählt mit zitternden Fingern Mariannes Nummer. „Marquise, was ist denn?" Die Managerin scheint gestresst zu sein. Sie klingt gereizt. „Annabelle bekommt ein Kind...", Marquise weiß nicht, wie sie ihre Situation erklären soll, redet ohne Zusammenhänge. „Sie will sich mit mir versöhnen. Das kann ich nicht. François ist tot. Niclas ist weg. Ich habe niemanden mehr, mit dem ich reden kann. Ich bin so einsam. Ich will dieses Apartment nicht mehr. Es ist viel zu groß für mich alleine…" Am anderen Ende der Leitung ist es still geworden. Dann hört Marquise ein Räuspern. „Hast du getrunken?" „Nein, Marianne, ich…"

„Gut." Die Managerin klingt erleichtert. „Du bist also nur etwas verwirrt. Dann leg dich ein paar Stunden hin, nimm eine Tablette. Wenn du wieder wach bist, wird es dir besser gehen. Ich habe noch eine Menge Arbeit…" „Nicht einmal du bist für mich da!", faucht die Diva, zutiefst enttäuscht. „Du verstehst nicht ansatzweise, wie es mir geht. Es interessiert dich auch nicht, solange der Rubel rollt." Marianne seufzt. Marquise ist sich sicher, dass sie in diesem Augenblick die Augen verdreht. „Jetzt übertreib mal nicht", erwidert sie dementsprechend. „Hast du mal darüber nachgedacht, wie viele Frauen gerne an deiner Stelle wären? Sei wenigstens ein bisschen dankbar und hör auf, dich wegen jeder Kleinigkeit zu beklagen." Dann klickt es. Das Gespräch ist beendet.

Maxim starrt aus dem Fenster hinunter auf die Straße. Leute gehen vorüber. Jeder von ihnen hat eine andere Persönlichkeit, eine andere Geschichte, andere Lebenserfahrungen. Er ertappt sich dabei, dass er insgeheim hofft, Marquise würde dabei sein, dort unten an ihm vorbeigehen. Er versucht, diesen Gedanken schnell wieder beiseite zu schieben. Schließlich ist es vorbei. Er hat jetzt eine Frau und ein Kind. *Eine kleine glückliche Familie.* Er lacht bitter. Von wegen. Die sind doch nur Fremde, denen er aus dem Weg geht.

Seine schöne, kalte Frau ist nur ein Geist in diesem viel zu großen Haus, der fortwährend um Aufmerksamkeit bettelt. Ein Geist, genau wie sein Sohn, dem er nur schwer in die Augen sehen kann. Oft fragt er sich, warum Lucinda nicht einfach aufgibt, sich Albert Junior krallt und davonrennt. An ihrer Stelle hätte er das längst getan. Doch sie scheint stärker zu sein, als er geglaubt hat. Schließlich weiß sie genau, dass er sie nicht begehrt, und er sich jedes Mal, wenn er mit ihr schläft, vorstellt, sie wäre jemand anders. Doch irgendwie scheint sie das zu ertragen. „Warum lässt du dir das gefallen, Lucinda", hat er sie einmal gefragt. „Warum bleibst du bei mir, lässt dich so von mir behandeln? Ich habe doch keine Gelegenheit ausgelassen, dich zu demütigen. Warum lässt du das zu?" „Weil ich dich liebe, Maxim", hat sie leise erwidert, gleich darauf den Kopf eingezogen, als befürchte sie, er würde sie für diese Aussage schlagen.

Endgültig vorbei. Maxim starrt weiter auf die Straße. Dieser Sommer ist kalt gewesen. Wie würde dann erst der Herbst werden? Der erste Herbst in diesem riesigen Haus, das er hasst.

Es ist bereits spät am Abend, als Marianne bei ihrem Schützling vorbeisieht. Die Diva sitzt in einem der roten Sessel vor dem Kamin, wie so oft in der letzten Zeit. „Hallo, Nachtigall", kündigt Marianne ihr Erscheinen an, bemüht darum, wichtig zu klingen. „Wie geht es meinem Vögelchen heute?" „Gut." Emotionslos kommen die Worte über ihre Lippen. Vor ihr, auf dem Beistelltisch, liegen die Zeitungen der letzten Tage. „Negative Schlagzeilen, von denen ich noch nichts weiß?", fragt die Managerin misstrauisch. „Ist mir etwas entgangen?" „Nein. Es hat nichts mit uns zu tun."

Wie in Trance schüttelt Marquise den Kopf, nimmt die oberste Zeitung in die Hand, schlägt eine Seite auf, die sie Marianne wortlos reicht. „Da, ganz unten." „Dimitri Kolesnikow", liest Marianne. „Nach langer Krankheit friedlich eingeschlafen." „Ich habe es nur durch Zufall gesehen", erwidert Marquise mit rauer Stimme. „Er war François' Partner. Für einige Zeit. Wahrscheinlich hat er die gleiche Krankheit bekommen." „Das Leben kann kurz sein", entgegnet Marianne, die mit dem fremden Namen nichts anfangen kann. „Mach das Beste daraus, Marquise. Das wirst du doch, oder?" „Sicher", sagt die Sängerin unaufrichtig. „Das Beste draus machen... ja."

Das Jahr der Rückschläge

Marquise Montiniere: „Lucinda Williams ist ein intrigantes Miststück."

„Marquise, so geht das nicht!" Marianne ist außer sich. „Hast du eine Ahnung davon, wie schwierig es war, diesen Sendetermin zu bekommen?" Die Diva steht mit dem Rücken zu ihr, sieht aus dem Fenster. Die Wut ihrer Managerin lässt sie kalt. „Darf ich nicht mal die Wahrheit sagen?" „Die Wahrheit?" Marianne ist fassungslos. „Du wurdest gefragt, was du von Lucinda Williams hältst. Du hättest dich zurückhalten müssen. Stattdessen hast du sie als intrigantes Miststück bezeichnet!" „Genau das ist sie." Marquise bleibt stur. „Du hast die Tochter eines einflussreichen Mannes beleidigt!", faucht Marianne, die sich nun nicht mehr beherrschen kann. „Und das auch noch in einer live-Übertragung. Hast du eine leise Ahnung davon, auf wie viel sie uns verklagen wird?" Unbeteiligt zuckt Marquise mit den Schultern.

„Hör zu", Marianne muss sich zusammenreißen, um ihren Schützling nicht gehörig durchzuschütteln. „So benimmt ein Star sich nicht! Du bist eine Person des öffentlichen Lebens! Wenn du dreizehn und gerade in der Pubertät wärst, würde man es dir vielleicht noch nachsehen. Aber du bist erwachsen. Und noch dazu weltbekannt. Das Vorbild vieler Menschen. Da kann man sich solche Ausraster nicht erlauben." „Wenn du meinst", erwidert die Diva trocken, scheint einlenken zu wollen. „Ich werde in Zukunft versuchen, mich zu zügeln." Marianne ist erschüttert von so viel Leichtfertigkeit. Ist es möglich, dass sie die Gefahr einer solchen Aussage nicht sieht? Oder ist es ihr wirklich egal?

„Marquise." Marianne versucht, ihr die Ausmaße einer solchen Äußerung zu veranschaulichen. „Dir ist doch klar, dass Maxim davon hören wird?" „Oh ja." Plötzlich beginnen ihren Augen zu funkeln. „Ich hoffe sogar, dass er es mitbekommt." „Was?!" Marianne ist entrüstet. Ihr Vögelchen weiß also ganz genau, welche Kreise das ziehen wird. „Warum?", hakt sie nach. „Weil ich mir sicher bin", erklärt die Diva mit unverhohlener Schadenfreude, „dass Maxims Bilderbuchehe darunter leiden wird."

„Wie bitte?" Marianne versteht den Zusammenhang nicht. „Wie meinst du das? Warum sollte Maxims Beziehung darunter leiden? Jeder weiß, dass sie nicht annähernd so perfekt ist, wie die Presse es darstellt…" „Selbst wenn es so wäre", entgegnet die Diva erheitert, „kannst du sicher sein, dass es im Hause Romanov-Williams richtig Zoff geben wird. Ich habe Lucinda beleidigt. Damit wird ihr kleines Ego nicht klarkommen. Das wird sie nicht auf sich sitzen lassen wollen. Sie wird versuchen, Maxim zu überreden, gegen mich vorzugehen. Doch der wird es nicht tun. Es wird keine Klage geben, Marianne. Er wird es nicht zulassen. Die Ehekrise ist perfekt." Marianne schnappt nach Luft. „Du benimmst dich wie ein kleines Kind, Marquise. Sieht so deine Rache aus?" „Rache?" Marquise bewegt den Kopf gefährlich langsam hin und her. „Das ist nur eine kleine Revanche. Für ein zerstörtes Leben."

„Wir werden nicht klagen, Lucinda!" Maxim ist genervt. Den ganzen Tag schon läuft sie ihm hinterher, um sich fortwährend über ihre schreckliche Demütigung zu beschweren. „Das kannst du doch nicht so stehen lassen, Maxim", sagt sie schon zum hundertsten Mal, klingt inzwischen hysterisch. „Ich bin deine Frau. Wie sieht das denn aus? Was erlaubt sich diese Montiniere eigentlich? Im Ernst, Maxim, das können wir uns nicht gefallen lassen. Dieses Mal ist sie zu weit gegangen." Ist sie nicht, denkt Maxim still. Sie hat doch nur die Wahrheit gesagt. Laut sagt er es nicht.

„Kann sein", erwidert er stattdessen. „Ihr Verhalten war unange-bracht. Keine Frage. Trotzdem werden wir *nicht* dagegen vorgehen. Wir werden einfach so tun, als sei das nie geschehen." „Nie gesche-hen?", keift Lucinda. „Soll das etwa heißen, dass sie damit durch-kommen wird?" Maxim seufzt übertrieben laut. „Das heißt, dass wir es einfach ignorieren werden." „Das kannst du nicht tun!" Lucindas Stimme ist so schrill geworden, dass sie ihm ins Trommelfell schnei-det. „Maxim! Sie beleidigt mich vor der ganzen Welt, und du willst nichts dagegen tun! Warum, Maxim? Weil du sie immer noch liebst?!"

Maxim will, dass sie endlich damit aufhört. „Himmel, Lucinda, beruhi-ge dich, bitte." Er wirkt sichtlich genervt. „Ich kann mich nicht beruhi-gen, Maxim!", schreit sie. „Nicht, wenn du zulässt, dass ich vor allen als Schlampe dastehe!" Unwillkürlich muss Maxim grinsen. Lucinda sieht ihn verständnislos an. „Was gibt es da zu grinsen?" „Es ist nur…" Wieder ziehen sich seine Mundwinkel nach oben. „Ach nichts." Schade, dass diese Demütigung nicht von mir kam, denkt er insgeheim. Laut sagt er: „Es wird keine Klage geben." Dann dreht er sich um, geht aus dem Raum, lässt sie keifend zurück.

„Du trinkst wieder?" Mit wachsendem Ärger betrachtet Marianne die leere Weinflasche auf dem Couchtisch. „Nein." Die Diva sitzt im Wohnzimmer, auf dem Schoß ihr neues Haustier, ein weißer, fetter Perserkater, den sie unentwegt mit kleinen Fleischstückchen füttert. Marianne seufzt. „Du solltest das Vieh auf Diät setzen." „Das sagst du nur, weil du Katzen nicht magst." Marquises Hände gleiten über das dicke Fell des Katers, der zu schnurren beginnt. „Das stimmt so nicht. Ich mag keine *fetten* Katzen", stellt Marianne richtig. „Hör nicht auf sie, Hannibal", flüstert die Diva dem Tier zu, während sie ihm ei-nen weiteren Happen zusteckt „Sie ist nur sauer, weil ich dich gefun-den habe, während sie immer noch alleine lebt."

Inzwischen ist Marianne viel zu verzweifelt, um wirklich wütend zu werden. „Wo hast du diese hässliche Kreatur eigentlich her?", fragt sie, hofft, dass man sie wieder zurückgeben kann, wenn Marquise das Interesse verloren hat. „Aus dem Tierheim." Die Diva lächelt zaghaft. „Es war ein armer Kater. Bis ich ihn mitgenommen habe. Warum fragst du?" „Schon gut." Marianne winkt ab, sieht ein, dass sie ihn behalten wird. „Es soll mir recht sein, solange deine Wohnung nicht zum Zoo wird."

Energisch deutet sie auf die Flasche. „Was ist damit, Marquise?" Das Gesicht der Diva zeigt keine Regung. „Du brauchst nicht gleich auszurasten. Ich hatte Durst. Das ist alles." „Schon mal was von Wasser gehört?" Sorgenfalten bilden sich auf Mariannes Stirn. „Deine letzten Konzerte waren gut, Marquise. Es gibt keinen Grund zu trinken." „Ich hatte mal wieder Lust auf ein Glas Wein", bekommt sie zur Antwort. „Die Flasche ist *leer*, Marquise." Der Vorwurf in Mariannes Stimme ist unüberhörbar. „Ich will dich nicht wieder zum Entzug bringen müssen." „Das wird nicht notwendig sein." Marquises Bewegungen werden fahrig. „Es bleibt bei diesem einen Mal. Versprochen!"

„Also gut." Marianne versucht, darüber hinwegzusehen. „Es wird nie wieder vorkommen. Klar? Du weißt, dass du dir das nicht leisten kannst!" Marquise wundert sich darüber, dass ihre strenge Managerin noch einmal Gnade walten lässt. Dieses eine Mal. Dann fällt es ihr wie Schuppen von den Augen. „Es gibt keine Klage, nicht wahr?" „Bis jetzt nicht", erwidert Marianne. Die Sängerin lächelt: „Er liebt mich noch immer. Eine Anzeige hätte er nicht übers Herz gebracht. Warum auch? *Ich* habe doch nur ausgesprochen, was *er* sagen sollte." Marianne denkt an seine Briefe, die sie ihr all die Jahre vorenthalten hat. Ein schlechtes Gewissen stellt sich ein, das sie gleich wieder vertreibt.

Es ist abends, als Marquise bemerkt, dass irgendwas mit ihrem Körper nicht stimmt. Sie will gerade ihr Nachthemd überziehen, als sie es sieht. Hellrote Blutspuren, die über ihre Brust laufen... Vor Schreck wird ihr übel. Kann es sein, denkt sie angstvoll, dass Blut aus der Brust kommt? Und wenn ja, was heißt das? Ihr wird bewusst, dass sich der Verdacht, den sie schon seit Monaten mit sich herumschleppt, jetzt vielleicht bestätigen wird. „François", flüstert sie leise, während sie sich benommen auf ihr Bett setzt. „Bitte sag mir, dass ich nicht sterben muss. Sag mir, dass es jetzt nicht vorbei ist, ja? Dass es trotzdem weitergeht. Es muss doch weitergehen, oder? Ich bin doch noch jung."

„Guten Tag, Miss Montiniere." Die Ärztin lächelt emotionslos, als sie Marquise die Hand reicht. „Wie geht es Ihnen?" Die Frage klingt aufgesetzt, trotzdem antwortet sie: „Gut, danke." „Letzte Woche waren Sie wegen Brustbeschwerden hier?" Die Ärztin blättert in ihrer Akte. „Das ist richtig." Marquise fühlt sich von den weißen Wänden des Zimmers erdrückt. Warum, denkt sie, müssen Behandlungszimmer immer weiß sein?

„Die Mammographie hat Knoten in ihrer linken Brust gezeigt", fasst die Ärztin zusammen. „Daraufhin ist eine Gewebeprobe entnommen worden." Marquise ist schlecht vor Nervosität. „Die Ergebnisse Ihrer Biopsie sind heute gekommen"; fährt die Ärztin fort. „Deshalb habe ich Sie gebeten, sofort vorbeizuschauen." Das Gesicht der Ärztin wird ernst, als sie sagt. „Die Probe war auffällig." Marquises Herz beginnt angstvoll gegen den Brustkorb zu pochen. „Sie haben Krebs. Brustkrebs. Stadium zwei." Diese Worte dringen nur dumpf wie durch eine Wand zu ihr durch. „Was bitte?" Das Atmen fällt ihr schwer. „Sie haben Krebs, Miss Montiniere. In Ihrem Fall ist noch nicht alles verloren. Sie werden mit einer Chemotherapie beginnen. Etwas später wird man das gefährliche Gewebe operativ entfernen. Es bestehen Heilchancen... Miss Montiniere? Hören Sie mir zu?"

„Was haben Sie mit ihr gemacht?" Marianne ist außer sich, als sie die Praxis betritt, in der Marquise einen Zusammenbruch erlitten hat. Sie ist so in Rage, dass sie ihren Zorn an der erstbesten Arzthelferin auslässt. „Brustkrebs? Was? Hätten Sie ihr das nicht schonender beibringen können? Sehen Sie doch, was Sie angerichtet haben! Hat man Ihnen in der Ausbildung nicht beigebracht, bei solchen Diagnosen nicht direkt mit der Tür ins Haus zu fallen?" Die verzweifelten Versuche der Frau, ihr zu erklären, dass nicht sie, sondern die Ärztin die schlechten Neuigkeiten überbracht hat, schlagen fehl.

Als man Marianne endlich zu Marquise bringt, hat diese sich ein wenig erholt, sitzt apathisch und benommen auf der Krankenliege, einen so starren Blick in den Augen, dass selbst Marianne Angst bekommt. „Hallo, Nachtigall." Vorsichtig setzt sie sich neben ihren Schützling, legt ihr behutsam eine Hand auf den Rücken. „Sie haben mich angerufen, um dich abzuholen. Sie haben mir gesagt, was passiert ist." Die Diva sieht stumm an ihr vorbei. „Wir kriegen das hin." Die Managerin versucht, ihr Mut zu machen. „Ganz sicher, Marquise. Schau mal, du bist nicht die einzige Frau, der das passiert. Sie werden dir die Brust nicht abnehmen. Sie nehmen nur was raus und füllen es dann wieder auf. Du wirst nachher immer noch schön sein. Ich verspreche es dir. Deine Haare werden nachwachsen. Wir kriegen das hin, Marquise." Dicke Tränen kullern über deren Wangen. Sie beginnt herzzerreißend zu schluchzen.

Maxim starrt aus dem Fenster seines Arbeitszimmers, eine neue *Für-Marquise*-Komposition vor sich auf dem Tisch. Heute ist ihr Geburtstag. Sie wird dreißig. Und er ist hier, kann nicht mit ihr feiern. Das stimmt ihn traurig. Zu allem Überfluss regnet es draußen. Dicke Tropfen klatschen in einem fort gegen die Scheibe. Er stellt sich vor, dass jede von ihnen eine Träne ist. Von ihr. Zu gerne wüsste er, wie es ihr geht. Hoffentlich freut sie sich über das Stück, denkt er. Dieses

Mal ist es lang geworden. Eine Fuge mit ineinander verwobenen Themen. Das war viel Arbeit. Er ist stolz auf sich.

Sorgfältig faltet er die Komposition zusammen, steckt sie in einen frankierten Umschlag. Mit Sondermarke: Klatschmohn. Eine Rückmeldung auf all die Stücke, die er ihr bisher geschickt hat, hat er nie bekommen. Er hofft, dass Marquise sie trotzdem gesehen hat, dass sie sich gefreut hat. Dass sie sich an die Zeit erinnert hat, als er ihr seine Werke persönlich auf der Geige vorgespielt hat. Er fragt sich, was sie gerade macht. Hofft, dass sie etwas Schönes vorhat. Mit neuen Freunden, von denen er niemand kennt.

Er seufzt. Sein Herz zerreißt fast vor Sehnsucht. Er stellt sich vor, wie sie die Kerzen ihres riesigen Geburtstagskuchens ausbläst, 30 Kerzen. Er stellt sich vor, wie sie lacht, wie ihre Augen aufleuchten, weil jemand sie in den Arm nimmt. Wie gerne wäre er dieser Jemand. Doch er ist nur der Komponist, der wie ein Schwerverbrecher heimlich Noten auf ein Papier zeichnet, die er dann aus dem Haus schmuggelt. Vorbei an Lucinda.

„Dreißig. Eine wunderschöne Zahl, findest du nicht?" Marquise kann Mariannes Enthusiasmus nur schwer teilen. „Nein, finde ich nicht. Ich bin nur wieder mal ein Jahr älter. Das ist doch nichts Besonderes." Sie hat sich eine dicke Decke um die Schultern geschlungen. Ihr Blick ruht auf dem prasselnden Feuer im Kamin.

„Nun… ich habe Kuchen mitgebracht", wagt die Managerin einen neuen Versuch, ihre Laune zu verbessern. „Mit Marzipan. Wie du ihn magst." „Ich habe eine Marzipanallergie", erwidert Marquise bissig. „Ich bekomme davon furchtbaren Ausschlag." Marianne seufzt. Sie hat nicht gedacht, dass es so schwer werden würde. „Soll ich dir was anderes besorgen?", fragt sie verzweifelt. „Nein." Die Diva schüttelt den Kopf. „Nein, sollst du nicht." „Was soll ich sonst tun, Marquise?" Marianne ist ratlos. „Sag es mir. Es ist dein Geburtstag." „Tu einfach nichts." Die Hände der Sängerin gleiten stumpfsinnig über das Fell des weißen Katers. „So wie ich."

„Ist das deine Strategie? Abwarten und nichts tun?" Marianne setzt sich neben sie, ist mit ihrem Latein endgültig am Ende. „Du darfst dich nicht aufgeben, verstehst du? Ja, sicher, du bist krank. Aber du darfst dich nicht hängenlassen. Jetzt erst recht nicht. Du musst kämpfen." „Und wenn ich das nicht will?" Immer noch sieht die Diva starr an ihr vorbei. „Ich habe doch immer nur gekämpft. Mein ganzes Leben war ein einziger Kampf. Ich bin es leid." „So darfst du nicht denken." Marianne greift vorsichtig nach der Hand, mit der sie die Katze streichelt, hält sie fest. „So wirst du nie wieder denken. Ok? Du wirst nicht Pamina sein. Es geht nicht nur um dich, Marquise. Es gibt Leute, die dich lieben, die an dich glauben. Du darfst sie nicht enttäuschen."

„Es gibt niemand mehr, der mich liebt", erwidert sie leise. „Also kann ich auch niemanden enttäuschen, oder?" „Ich liebe dich." Mariannes Griff um ihre Hand wird härter. „Ich liebe dich, Marquise. Deine Eltern lieben dich. Und Maxim… Der liebt dich auch." „Wie kannst du sowas sagen?" Ihre Unterlippe bebt während sie spricht. „Du liebst mich nicht. Du bist meine Managerin, liebst das Geld, das du an mir verdienst. Meine Eltern lieben mich nicht. Sind sie gekommen? Nein. Maxim liebt mich aus der Ferne, weiß gar nicht, wer ich heute bin. Also: Warum sagst du so was?" Wegen des Schmachtfetzens, den ich heute Morgen aus der Post gefischt habe, denkt Marianne. Doch das kann sie so nicht sagen. Stattdessen sagt sie nur: „Ich wette, er ist in Gedanken bei dir."

„Hast du dir schon überlegt, was du mit deinen Haaren machen willst?" Vorsichtig schneidet Marianne das heikle Thema an. „Dir ist doch klar, dass du sie früher oder später verlieren wirst, oder? Ich denke es ist einfacher, sie abzuschneiden, als zusehen zu müssen, wie sie langsam ausfallen. " „Ich wollte schon immer mal rote Haare."

Ein kleiner Rest Selbstvertrauen zeigt sich auf ihrem Gesicht. „Vielleicht mache ich das." „Von mir aus." Erleichtert nimmt Marianne ihren Stimmungswechsel zur Kenntnis. „Wenn du willst, können wir uns in den nächsten Tagen auf die Suche nach dem richtigen Model machen."

„Hallo, François." Vorsichtig legt sie eine Rose auf die Marmorplatte. „Entschuldige. Es ist lange her, dass ich dich besucht habe." Die Kränze sind fort. Verwundert entdeckt sie eine einsame, brennende Kerze, die offensichtlich erst seit kurzem dort steht. Gibt es doch noch jemand, der ihn nicht vergessen hat?, fragt sie sich, überlegt, wer das sein könnte. Sie friert, zieht sich den klatschmohnroten Mantel enger um die Schultern. „Der Winter kommt, François. Ich spüre es. Bald wird es schneien… Kannst du von da oben auf mich herabsehen?"

Der Wind wird eisig und kalt, schlägt ihr ins Gesicht, weshalb sie den Schal bis zum Kinn zieht. „François, ich habe Krebs." Fast stumm kommen Worte über ihre Lippen, die sie in den ganzen letzten Wochen nicht auszusprechen wagte. „Sie sagen, er sitzt in meiner Brust, dass es Hoffnung gibt. Ich werde eine Chemo machen. Meine Haare werden ausfallen. Dann muss ich eine Perücke tragen. Und sie… Sie schneiden was von meiner Brust weg, verstehst du. Die wird zerschnitten."

Still hofft sie, dass sie eine Antwort bekommt, tröstenden Zuspruch. Doch alles, was sie hört, ist den Wind, der fortwährend ihren eigenen Namen flüstert. *Marquise. Marquise.* „Ich traue mich nicht, darüber zu reden, François", sagt sie nun etwas lauter, versucht gegen das Säuseln anzukommen. „Ich habe furchtbare Angst. Dass ich nicht stark genug bin. Dass ich einen Kampf beginne, den ich nicht gewinnen kann. Was ist, wenn der Krebs mich besiegt? Ich will so nicht sterben. Nicht jetzt." Wieder hofft sie auf ein Lebenszeichen ihres Freundes, hört nur den Wind. „Marquise, Marquise", flüstert er.

„François, ich vermisse dich." Lautlos rinnt eine Träne über ihre Wange bis zum Kinn. „Wenn du noch hier wärest, hättest du mir Mut gemacht, mir gesagt, dass ich stark sein soll. Ich wünschte, irgendjemand anderes würde das jetzt tun." Dann macht sie sich auf den Heimweg.

„Wie geht es dir?" Marianne bringt Hühnersuppe ins Wohnzimmer, wo sie auf dem Sofa liegt, mit angezogenen Beinen, eingehüllt in eine dicke Decke. „Bring die weg, bitte", fleht Marquise mit matter Stimme. „Von dem Geruch wird mir übel." Marianne überlegt, ob sie die Diva dazu überreden soll, wenigstens ein paar Löffel zu versuchen. Doch dann gibt sie nach. Marquise hat an diesem Tag bereits fünfmal in Folge der Chemo erbrochen. Sie will ihren Schützling nicht überfordern. Nicht jetzt. Seufzend bringt sie die Suppe zurück in die Küche. „Du darfst jetzt nicht in Selbstmitleid versinken." Marianne scheucht den verhassten Kater vom Küchentisch. „Das zieht dich nur runter. Tu das, was du sonst auch machst. Sing, geh aus, triff dich mit Leuten." Marquise murmelt irgendetwas Unverständliches. „Was hast du gesagt?" Die Managerin kommt wieder ins Wohnzimmer. „Ich habe gesagt, dass ich Angst davor habe, dass man mir das ansehen kann. Ich werde mich verändern. Ich werde dünn und krank aussehen, ganz anders als die Marquise, an die die Leute gewöhnt sind. Ich will nicht, dass man mich so schwach sieht."

„Du bist nicht alleine. Geh mit Freunden aus." Marianne setzt sich neben sie, vertreibt mit dem Fuß Hannibal, der sich schnurrend an ihrem Bein reibt. „Geh mit Freunden aus. Lach! Dann wird es keiner merken." „Ich bin allein", jammert Marquise voller Selbstmitleid. „Niemand ist da. Niemand außer Hannibal." „Ich bin für dich da. Ich helfe dir, in Ordnung?" Marianne wächst über sich hinaus. „Ich…ich werde bei dir einziehen, bis du den Krebs besiegt hast." Doch die Diva schüttelt den Kopf, will das nicht. „Du bist meine Managerin, nicht meine Krankenschwester", sagt sie. „Es ist nicht deine Aufgabe, mich rund um die Uhr zu betreuen."

Marianne lässt nicht locker. „Ich nehme das Gästezimmer. Dann findet das auch mal Verwendung. Keine Widerrede. Wir werden dich wieder gesund machen. Du wirst bald wieder der Paradiesvogel Londons sein. Hinterher wirst du merken, dass du stärker bist als zuvor." Auch wenn Marquise weiß, dass sie nicht ganz uneigennützig handelt, zeigt sich ein schwaches Lächeln auf ihrem Gesicht. „Danke." Dann erbricht sie sich über dem Sofa. „Ich fand dieses Sofa schon immer hässlich." Die Managerin zwinkert ihr aufmunternd zu. „Wir werden ein neues kaufen. Ein schöneres."

Es hat geschneit. Mindestens sechs Zentimeter hoch liegt der Schnee auf dem Gehweg zum Friedhof. Bis jetzt hat sich noch niemand die Mühe gemacht, Salz zu streuen. Zum Glück, denkt Marquise. Sie mag es, wenn es beim Gehen unter den Füßen knirscht. Das hört sich lebendig an. Als sie den Friedhof betritt, ist sie allein. Niemand hat es um diese Zeit hierher geschafft. Bei François' Grab angekommen, erstarrt sie, kann nicht glauben, was sie sieht. *Sei stark* steht da in die zugeschneite Oberfläche des Grabsteins gemalt. Verwundert senkt sie ihren Kopf in den Nacken, blickt in den grauen Himmel.

François? Kann das möglich sein, denkt sie, dass es Wunder gibt? Ihre Rose liegt noch dort. Eine Kerze ist dazugekommen. Auch sie brennt. Abwechselnd wird ihr heiß und kalt. War das womöglich ein Zeichen? Ein Zeichen von François, auf das sie so lange gewartet hat? „Ich kann keine Kinder mehr bekommen, François", spricht sie nun leise aus, worüber sie sonst mit niemand sprechen kann. „Sie haben auch dort Krebs gefunden… Ich werde niemals Mutter werden. Bis vor kurzem dachte ich, dass ich das gar nicht will. Doch jetzt, wo ich es nicht mehr kann, macht es mich unendlich traurig. Kannst du das verstehen?" Natürlich erhält sie keine Antwort. Auch gut, denkt sie. Ich weiß, dass du es verstehst.

„Du siehst furchtbar aus." Marlon ist gnadenlos ehrlich. Unbeeindruckt drückt Maxim seine Zigarette aus. „Bist du nur gekommen, um mir das zu sagen?" „Ich war auf deinem Konzert", beginnt der Cellist. „Ich dachte, wenn selbst das Fernsehen von deinen Auftritten schwärmt, müsste ich mir das mal ansehen." „Und?" Maxim füllt die Weingläser auf. „Wie fandest du es?" „Ich weiß nicht, ob ich es sagen soll, aber... Es war richtig schlecht." „So?" Maxim zieht eine Braue hoch, scheint leicht irritiert zu sein. „Warum?" „Jegliche Leidenschaft hat gefehlt. Dein Feuer von früher... Es war weg. Die Musik hat kein Gefühl mehr, hat nicht berührt. Sie war tot." Der Geiger seufzt. „Cecilia und ich haben eine Krise."

„Offensichtlich." Marlons Gesichtsausdruck wird ernst. „Es wundert mich, dass die Kritiker dich weiterhin über alle Maßen loben. Du hast schon deutlich besser gespielt als jetzt. Und doch bist du gefragter als je zuvor. Warum nur? Hat dein Schwiegervater seine Finger im Spiel?" Maxim starrt nachdenklich in sein Weinglas. „Es zahlt sich aus, eine Frau zu heiraten, deren Vater Einfluss hat." „Wirklich?" Marlon wird ungehalten. „Schau dich doch an. Dein Leben ist eine leere Hülle. Hör auf, dir einzureden, dass diese Heirat überhaupt irgendeinen Zweck erfüllt hat." „Diesen erfüllt sie." Maxims Stimme wird kalt. „Diesen einen erfüllt sie perfekt."

„Und ist sie das wert, ja? Ein paar Jahre auf der Bühne?" Marlon sieht ihn verständnislos an. „Damals, als du noch nicht berühmt warst, als du nicht im Fernsehen warst, als die Welt deinen Namen noch nicht kannte, da habe ich dich ernst genommen. Da warst du ein authentischer Geiger. Doch was bist du jetzt, Maxim? Ein hochnäsiger Gockel, eingelullt von den Jubelrufen der Dilettanten, völlig geblendet für das, was im Leben wichtig ist, taub für die Musik. Hältst du dich jetzt für besser? Ich sag dir was: Du bist nicht besser, Maxim. Du bist schlechter. Du hast die Kunst verraten."

Marlon steht auf, zieht seinen Mantel an. „Du gehst schon?" Jegliches Selbstvertrauen ist aus Maxim gewichen. „Ja." Die Stimme des Freundes klingt unterkühlt als er sagt: „Ich wünschte, du wärst im Orchester geblieben. Da wärst du nur einer von vielen gewesen. Ja. Aber du wärst glücklich geworden, hättest Marquise behalten. Ihr hättet geheiratet, euch ein Haus auf dem Land gekauft, so, wie ihr es damals besprochen hattet." „Marlon…, es tut mir leid." Maxim fällt in sich zusammen. „Du denkst, ich bin ein arrogantes Schwein, richtig? Richtig! Du sagst, du willst mein Leben nicht, richtig? Richtig! Ich will mein Leben auch nicht."

„Das hättest du dir überlegen sollen, bevor du Marquise betrogen hast." Marlon klingt bitter enttäuscht. „Weißt du, Maxim, mir hat sie auch was bedeutet. Ich hätte sie nie verletzt." Als er zur Tür geht; starrt Maxim ihm fassungslos hinterher. Kurz bevor sein Freund endgültig das Haus verlässt, dreht er sich noch einmal zu ihm um. „Übrigens", sagte er überraschend. „Ich spiele schon seit ewigen Zeiten nicht mehr. Wenn du nicht zu sehr damit beschäftigt wärst, deinem Ego zu frönen, wüsstest du das. Ich habe Gicht, kann keinen Bogen mehr halten. Ich bin gescheitert, Maxim. Du hast gewonnen."

„Das war doch nie ein Spiel", murmelt Maxim zutiefst betroffen. „Ich wusste nicht, dass du das so siehst." „Wenn ich an deiner Stelle wäre", sagt Marlon, „und du an meiner, würdest du das dann nicht genau so sehen?" „Dass du nicht mehr Cello spielen kannst, tut mir leid", erwidert der Geiger leise. „Ich kann verstehen, wie du dich fühlst." „Ach, wirklich?" Sein Freund zieht die Brauen nach oben. „Kannst du das, Maxim." Der bleibt ihm die Antwort schuldig. Stattdessen wiederholt er: „Es tut mir leid." „Mir auch", entgegnet Marlon. „Mir auch, Maxim." Dann geht er.

Als sie das nächste Mal auf dem Friedhof ist, kommt sie sich beobachtet vor. Es ist bereits dämmrig. Vorsichtig sieht sie sich um, kann niemanden finden. Erneut wendet sie sich dem Grab zu. „Hallo, François", beginnt sie leise. „Ich glaube, ich werde paranoid. Ich leide schon unter Verfolgungswahn." Noch einmal sieht sie sich um. Nichts. Konnte es sein, dass Marshall ihr gefolgt war? Immerhin war es riskant, alleine hierher zu kommen, ganz ohne Begleitung ihres Leibwächters. Doch der hätte sich bestimmt zu erkennen gegeben. Sie seufzt.

„Es ist nun schon fünf Jahre her, François. Dass sie dich in dieser Badewanne gefunden haben. Ich habe mich damit abgefunden. Trotzdem vermisse ich dich. Ich wünschte, du könntest bei mir sein. Wir hätten zusammen krank sein und uns gegenseitig zu den Untersuchungen begleiten können, François. Keiner von uns hätte damit allein sein müssen. Ich war schon ein paarmal bei der Chemo. Inzwischen habe ich rote Haare. Es ist eine Perücke. Ich durfte mir die Farbe aussuchen. Ich wollte schon immer rote Haare. Marianne hat mir geholfen, sie abzurasieren. Sie meint, es wäre besser so, als mit ansehen zu müssen, wie sie langsam ausfallen..."

Hinter sich hört sie ein Räuspern. „Hallo, Marquise." *Seine Stimme.* Vorsichtig dreht sie sich um. Maxim steht hinter ihr. Völlig lautlos ist er aufgetaucht. Bis auf die Spuren im Schnee zeugt nichts von seinem Kommen. „Hallo", erwidert sie tonlos, ist wie versteinert. Wie lange er wohl schon dasteht? „Was machst du hier?", fragt sie irritiert, merkt, wie ihr Herz schneller schlägt. Er ist alt geworden, denkt sie gleichzeitig, aber immer noch der Mann, in den ich mich verliebt habe. „Du bist nicht die Einzige, die ihn vermisst, Marquise", erwidert Maxim leise. „Ich habe François auch gemocht, obwohl ich ihn nicht so gut kannte wie du." Er nimmt eine Zigarette aus der Schachtel, bietet ihr eine an. Dann rauchen sie eine Weile. Schweigend.

Sie bemerkt, dass er sie unentwegt ansieht. „Was ist?", will sie wissen. „Du hast die Haare gefärbt?", fragt er ungläubig. Sie weiß nicht, was sie antworten soll. Einerseits will sie nicht lügen. Andererseits will sie sich keine Blöße geben. „Ja, ich trage sie jetzt so. Gefällt es dir?" *Sei stark.* Sie erinnert sich an die Worte im Schnee. „Es sieht klasse aus", erwidert er nicht ganz ehrlich. „Rot war schon immer deine Farbe." Nur nicht dieses Rot, denkt er. „Stimmt." Marquise fühlt sich geschmeichelt. „Genau deswegen habe ich es machen lassen." „Wundert mich, dass Marianne es erlaubt hat." Maxim legt den Kopf schief. „Du musstest schon früher alles mit ihr absprechen." „Marianne macht mir keine Vorschriften mehr", klärt sie ihn auf.

„Das sehe ich", stellt er trocken fest. „Du hast keinen Leibwächter dabei. Weißt du eigentlich, wie gefährlich es für dich ist, alleine auf die Straße zu gehen?" „Sorgst du dich etwa um mich?" Marquise würde sich für diesen Satz am liebsten auf die Zunge beißen, doch Maxim lächelt. „Du weißt doch, dass ich mich um dich sorge." Dann entsteht ein bedrückendes Schweigen. „Wie geht es dir, Maxim?", will sie wissen, als sie die Stille nicht mehr erträgt. „Bist du glücklich? Mit deinem Leben und deiner… *Familie.*" Auch wenn sie es nicht will, klingt das letzte Wort bissig. Kummer legt sich wie ein Schatten auf sein Gesicht. „Bitte hör auf damit. Du weißt doch ganz genau, dass ich es nicht wollte."

„Nein", sagt sie provozierend. „Ich weiß es nicht. Ich weiß, dass du um jeden Preis alleine auf die Bühne wolltest." „Du hast Recht. Die Vorstellung, nur einer von vielen zu sein, war für mich unerträglich", gibt er zu. „Doch jetzt weiß ich, dass ich das ausgehalten hätte. Ich wäre auch an irgendeinem Pult in irgendeinem Orchester glücklich geworden. Mit einem erfüllten Privatleben. Mit dir, Marquise." Sie folgt seinen Worten stumm. Obwohl es an der Zeit wäre, etwas zu sagen, fällt ihr nichts Passendes ein. „Marquise, bitte... Sieh mich nicht so an." Seine Worte sind ein Flehen. „Du bist mir immer noch wichtig, Marquise."

Dann durchbricht er die unsichtbare Wand zwischen ihnen, geht einen Schritt auf sie zu und presst sie an sich. Schlaff wie eine Puppe hängt sie in seinen Armen, kommt sich plötzlich schwach und hilflos vor. „Himmel, du bist so dünn", murmelt er. „Was haben die nur mit dir gemacht?" „Bist du mir schon öfter hierher gefolgt?", fragt sie ohne auf seine Bemerkung einzugehen. Doch sie erhält keine Antwort. Er steht nur stumm da, am Grab ihres Freundes, hält sie fest, bis sie sich wieder von ihm löst.

Inzwischen hat es begonnen zu schneien. Dicke weiße Flocken setzen sich auf ihren Mantel. „Maxim, ich muss jetzt gehen." „Jetzt schon?" Er sieht bekümmert aus. „Marquise... Ich finde wir sollten uns öfter sehen. Es gibt dieses Band zwischen uns. Immer noch. Wir sollten es nicht zerschneiden. Was spricht dagegen? Wir könnten uns hier treffen. Es könnte unser Geheimnis sein." „Ich mag keine Geheimnisse, Maxim", erwidert sie. „Es tut mir leid. Unter diesen Umständen dürfen uns nicht mehr sehen." Sie dreht sich um, will den Ort verlassen, doch er greift nach ihrem Arm, hält sie fest. „Marquise... tu das nicht." Es klingt traurig. „Willst du, dass es so endet? Jetzt? Hier? Willst du das wirklich?"

Es gibt so viel, was sie ihm sagen möchte. Doch sie bringt nichts heraus. „Marquise", hakt Maxim nach. „Du kannst mir nicht weismachen, dass es dir gut geht." „Es geht mir gut." Ihr Stimmfall klingt monoton. „Es geht mir gut...es geht mir gut." Abgesehen davon, dass ich Krebs habe und mir niemand sagen kann, ob meine Hoffnung berechtigt ist, denkt sie bitter. Vielleicht muss ich sterben, Maxim. „Ich sehe es in deinen Augen. Dass es nicht so ist." Maxim legt ihr eine Hand unters Kinn, hebt es so an, dass sie seinem Blick nicht mehr ausweichen kann. „Deine Augen erzählen von Kummer,

Schmerz, vielen Problemen und Einsamkeit. Ich möchte dir helfen, Marquise. Den Schmerz lindern, die Einsamkeit vertreiben. Gib mir eine Chance. Auch wenn ich sie nicht verdient habe."

„Nein, Maxim." Sie macht sich gewaltsam von ihm los. „Wie soll das aussehen? Wollen wir uns hier treffen wie zwei Diebe in der Nacht, im Schutz der Dunkelheit, immer auf der Hut? Das ist falsch. Deiner Frau gegenüber ist es Betrug. Zumindest geistiger. Wir sind nicht mehr jung, Maxim. Für Versteckspiele sind wir zu alt." Dann macht sie auf dem Absatz kehrt, verlässt den Friedhof fluchtartig. „Marquise", hört sie ihn hinter sich rufen. „Marquise, renn jetzt nicht weg." Doch sie lässt sich nicht aufhalten.

„Wo warst du?" Lucinda klingt misstrauisch. „Im Park, die Beine vertreten", lügt er, fühlt gar nichts mehr dabei. „Ach wirklich?" Sie glaubt ihm kein Wort. „So spät abends?" „Ja." Er geht an ihr vorbei ins Wohnzimmer, hofft, dass sie sich damit zufrieden gibt, doch sie folgt ihm. „Maxim, wo warst du wirklich?" „Im Park." Er ist gereizt. „Das sagte ich doch bereits." „Das ist gelogen." Sie ist mal wieder kurz vorm Heulen. „Wo warst du, Maxim?" „Himmel, hör auf mich zu nerven. Wo warst du? Wo warst du? Du hörst dich an wie eine kaputte Schallplatte. Frage ich dich vielleicht, wo du heute warst? Nein. Und soll ich dir sagen warum? Weil es mich nicht interessiert." „Aber das sollte es." Ihre Stimme klingt erstickt. „Das sollte es, Maxim." „Ja, Maxim, das sollte es…", äfft er sie nach.

Er hält abrupt inne, als David den Raum betritt. „David?" Maxim fühlt sich von seinem plötzlichen Erschienen überrumpelt. „Was machst du hier?" „Lucinda hat mir erzählt, dass du in letzter Zeit sehr abweisend bist. Auch mir ist aufgefallen, dass ihr nur noch selten zusammen bei Konzerten erscheint. Aber genau das wollen die Leute sehen, verstehst du? Euch beide zusammen. Also sei gefälligst netter zu Lucinda und zeig dich mal wieder draußen mit ihr! Klar?" „Klar…"

Maxims Widerwille ist offensichtlich, doch David geht nicht weiter darauf ein.

Stattdessen nimmt er ihn etwas beiseite. „Maxim…", beginnt er, redet mit gesenkter Stimme, sodass Lucinda ihn nicht verstehen kann. „Es sind Bilder aufgetaucht. Sie zeigen dich beim Verlassen eines Clubs. Gibt es irgendetwas, das du mir sagen willst?" Maxim schluckt. David seufzt. „Ich hab es grade noch geschafft, dafür zu sorgen, dass sie nicht in die Presse gelangen. Für ein stattliches Sümmchen." Er sieht ihn missbilligend an. „Ich verurteile dich nicht, weil du hin und wieder mal die Gesellschaft anderer Frauen suchst. Aber du solltest vorsichtig sein. Und netter zu Lucinda. Wenn du es nicht für deine Ehe tun willst, dann tu es für deine Karriere. Ok?" Maxim nickt widerstrebend.

„Wo warst du heute wirklich, Maxim?", raunt David, der den Anfang des Gespräches mitbekommen hat. „Ich…" Maxim wirft einen Blick auf Lucinda, die mit verschränkten Armen in der hinteren Ecke des Raumes steht, ihn fortwährend mustert. „Das erzähle ich dir nur unter vier Augen", flüstert er David ins Ohr. „Lass uns hoch in mein Arbeitszimmer gehen, in Ordnung?" Als sie an Lucinda vorbeigehen, funkelt die ihn böse an. „Mistkerl", zischt sie ihm hinterher.

Bei ihrem nächsten Besuch auf dem Friedhof ist er wieder da. Sie hat keine Ahnung, wie er das macht. Zu wissen, wann sie kommt. Sie hat gehofft, ihm aus dem Weg gehen zu können. „Was willst du?", fragt sie unfreundlich. „Ich hatte dir doch gesagt, dass es solche Treffen nicht mehr geben wird." „Und ich hatte noch nicht zu Ende geredet, als du Hals über Kopf weggerannt bist." Er zündet sich eine Zigarette an, mustert sie eingehend. „Marquise… Ich weiß, dass ich all das, was ich verbockt habe, nie wieder gut machen kann. Trotzdem könntest du meine Hilfe annehmen. Ich sehe doch, dass du sie brauchst."

„Wie kommst du darauf, dass ich deine Hilfe brauche?" Sie ist wütend. „Ich komme sehr gut ohne dich klar. Siehst du das nicht?" „Nein, das sehe ich nicht… Marquise…" Sein Blick ist besorgt. „Ich weiß, was mit dir los ist. Du versuchst es geheim zu halten, aber das kannst du nicht. Es ist nur noch eine Frage der Zeit, bis die Presse davon erfährt. Was du auch tust, es hilft nichts, sich aus Angst zu verstecken. Ich will für dich da sein. Dir helfen. Ich würde dir Kraft geben." Er weiß es? Woher sollte er es wissen?, fragt sich Marquise betroffen. Sie glaubt ihm nicht, denkt, dass es eine billige Masche ist.

„Verschwinde!", faucht sie darum. „Nichts weißt du, Maxim Romanov. Du denkst, dass du den barmherzigen Samariter spielen kannst, um dein Gewissen zu beruhigen. Aber das kannst du nicht. Ich erlaube es nicht. Was ich will, kannst du mir nicht mehr geben. Du kannst mich nicht heilen. Ja, es kann sein, dass ich sterbe. Aber denkst du wirklich, deine Gegenwart würde mir helfen? Dich zu sehen, in dem Wissen, dass du zu einer anderen Frau zurückkehrst? Es würde mich todunglücklich machen. Allein der Gedanke quält mich."

„Marquise…" Er wirkt erschüttert. „Bitte, lass uns…" „Denkst du, so würde das gehen?" Tränen der Enttäuschung glänzen in ihren Augen. „Du könntest einfach wieder auftauchen in meinem Leben, um das du dich die letzten Jahre herzlich wenig geschert hast. Denkst du wirklich, ich würde dich mit offenen Armen empfangen? Dir sagen, dass ich dich brauche? So läuft das nicht, Maxim. Ich werde mir selber helfen. Der Krebs ist für mich eines der kleinsten Probleme, wenn ich an all die anderen denke, mit denen ich in meinem Leben fertigwerden musste. Du darfst mich nicht mehr aufsuchen, Maxim, verstehst du? Nie mehr. Es tut mir nicht gut." „Meinst du das ernst?" Er scheint verletzt zu sein. „Das kannst du unmöglich ernst meinen."

„Es ist mein voller Ernst." Ihre Stimme ist kalt, als sie das sagt. „Wenn dir noch etwas an mir liegt, dann lässt du mich gehen. Dann werden sich unsere Wege heute endgültig trennen." „Ich…", beginnt er, doch sie lässt ihn nicht zu Wort kommen. „Wirst du das tun, Maxim? Wirst du mir diesen Gefallen tun?" Er schluckt. „Nein", sagt er nach einer Weile. „Nein, das kann ich nicht." „Du wirst es müssen." Sie gibt ihm keine Chance. „Wir werden ab jetzt so sein, als ob wir uns nie begegnet wären. Wir werden wie zwei Fremde sein, deren Wege sich nie gekreuzt haben."

„Das ist absoluter Unfug!" Maxim will nicht glauben, was sie da sagt. „Es ist mein einziger Wunsch." Sie sieht ihn eindringlich an. „Lass mich gehen, Maxim." „Also gut." Schiere Verzweiflung steht ihm ins Gesicht geschrieben. „Wenn du es unbedingt willst." „Ich will es", sagt sie. Vorsichtig hakt er noch einmal nach: „Es wird so sein, als ob es das mit uns nie gegeben hätte?" „Ja." Sie nimmt seine Hand. „Genau so wird es sein." Dann streckt sie sich zu ihm hoch, küsst ihn flüchtig. Ein unschuldiger, harmloser Kuss. „Als Erinnerung", sagt sie.

Zuletzt bedenkt sie François' Grab mit einem liebevollen Bick, kehrt ihm den Rücken und geht. Er will ihr hinterherrufen. Dass es so nicht enden kann. Doch seine Stimme versagt.

„Ich werde das überleben, Marianne." Verdutzt blickt die Managerin zu ihrem Schützling auf, der ihr gegenüber auf der Couch sitzt, gedankenverloren in das prasselnde Kaminfeuer starrt. „Den Krebs, meine ich… Ich werde ihn überleben." „Das ist gut." Marianne vertreibt den schnurrenden Kater, der immer wieder ihre Nähe sucht. „Und woher nimmst du die Gewissheit?" „Für mich ist das hier noch nicht zu Ende", erwidert die Diva selbstbewusst wie in alten Glanzzeiten. „Es geht noch weiter, hätte François jetzt gesagt. Ich bin nicht wie er, verstehst du? Ich gebe mich nicht auf. Nicht, solange es noch Hoffnung gibt." „Nun… Das ist gut", wiederholt Marianne. „Ich gebe dich auch nicht auf."

„Schön", sagt die Diva. „Das hätte er gewollt, verstehst du? François hätte es gewollt. Ich bin mir sicher, er sieht es von da oben." „Was sieht er?" Marianne schaut sie verständnislos an. „Na, mich." Marquise lächelt. „Und mein Leben. Er sieht das alles." „Sieht er auch mich?", will Marianne wissen. „Er sieht uns alle", behauptet Marquise. „Ich glaube, die Toten gehen niemals ganz. Ein Teil von ihnen ist immer noch da, lebt in uns weiter." „Und welcher Teil wäre das?", fragt die Managerin. „Der, der mich stark macht", erwidert Marquise. „Der mich das alles durchstehen lässt." „Dafür, dass er dich so stark macht, warst du schon lange nicht mehr an seinem Grab", wirft Marianne ein. Die Sängerin bemerkt einen Kloß in ihrem Hals. „Ich brauche nicht an sein Grab zu gehen, um ihm nahe zu sein", sagt sie leise.

Sie denkt an den Mann, der ihr den Weg zum Friedhof unmöglich gemacht hat. Das Leben geht weiter, sagt sie sich. Es geht immer weiter, oder etwa nicht? Es geht auch ohne Maxim weiter. Es geht schon die ganze Zeit ohne ihn weiter. Warum sollte die Begegnung an François' letzter Ruhestätte etwas daran ändern? Sei stark, denkt sie. Sie hat sich gewünscht, dass es jemand sagt. Doch alles, was ihr bleibt, sind die Worte im Schnee. Worte von ihm. Spuren im Schnee sind schnell verwischt, denkt sie. Ist es mit Worten anders? Vielleicht. *Ich würde dir Kraft geben.* Wie Feuer haben sie sich in ihr Herz gebrannt, markant, immer da. Nur für sie. Das macht sie glücklich.

Das Jahr der Erkenntnisse

„Du wirst fett werden." Marianne sieht sie missbilligend an. „Die reinste Mastgans." „Ach was." Die Diva ist gerade dabei, ein riesiges Stück Schokoladentorte zu vertilgen. „Das ist nicht wahr. Und selbst wenn... Hast du eine leise Ahnung davon, wie großartig es ist, nach fast zwei Jahren Todeskampf mal wieder etwas richtig Gutes zu essen?" Marianne seufzt. Natürlich möchte sie ihrem Schützling den Spaß nicht verderben. Immerhin hat sich Marquise in den letzten Monaten eher über die Kloschüssel als über den Esstisch gebeugt. Die Chemo hat ihren Magen angegriffen. „Himmel!", jauchzt Marquise, deren Stimmung sich gerade auf den Höhepunkt zubewegt. „Ich hatte ganz vergessen, wie gut das schmeckt." Noch trägt sie ihre rote Perücke, doch Marianne ist sich sicher, dass sie schon bald überflüssig wird. Marquises Haare sind mittlerweile fast bis über die Ohren gewachsen.

Marianne betrachtet Marquise. Bald wird sie wieder singen, der Paradiesvogel Londons, so wie früher, denkt sie. Die Chirurgen haben ihr Bestes getan, ihr wirklich eine schöne Brust verpasst. Außer ein paar kleinen Narben zeugt nichts mehr von ihrer schweren Krankheit. „Ich bin stolz auf dich", sagt Marianne leise, meint es in diesem Moment sogar ernst. „Du hast es geschafft. Wir haben es geschafft." Die Presse hat gejubelt, als sie davon erfahren hat. Die Nachtigall kehrt auf die Bühnen zurück, hat es geheißen.

Marianne hätte diese Schmierfinken dafür nur allzu gerne erwürgt. Das letzte, was Marquise jetzt braucht, ist Druck. Sicher, früher oder später würde sie wieder singen. Nach dieser schweren Krankheit kann sie jedoch nicht einfach so mir nichts dir nichts ins Rampenlicht zurückkehren. Bevor sie ihr Vögelchen wieder auf Tournee schickt, sollte es erst mal wieder zu Kräften kommen. Erst dann würde das Geld wieder fließen. Da ist sich Marianne sicher. Besser denn je.

„Du bist auffallend gut gelaunt", bemerkt Lucinda argwöhnisch. „Hat das mit der Genesung von Montiniere zu tun?" „Sie ist nicht genesen", erwidert Maxim besserwisserisch, weiß genau, was sie meint. „Krebs kann wiederkommen. Im Moment sieht es so aus, als hätte sie ihn besiegt. Ja. Für unbestimmte Zeit." „Das ist der Grund für deine gute Laune, nicht?", hakt Lucinda nach. Sie ist gereizt. „Ich habe es gelesen. Die Zeitungen sind voll davon."

„Natürlich bin ich froh, dass sie es geschafft hat", gibt er unumwunden zu, sieht sie verständnislos an. „Du etwa nicht? Immerhin hat sie zwei Jahre lang um ihr Leben gebangt…" „Du hast mehr um ihr Leben gebangt als sie selber", faucht seine Frau. „Merkst du eigentlich, dass dir das Leben dieses abgehalfterten Opernsternchens wichtiger ist als deine eigene Familie?" Ihr seid nicht meine Familie, denkt er stumm. Marquise ist meine Familie. Doch er will Lucinda nicht noch mehr verärgern, darum sagt er: „Wir waren mal ein Paar. Da ist es doch wohl verständlich, dass ich mich für sie freue. "

„Wenn ich krank wäre, würde dich das auch so belasten?", will Lucinda wissen „Würdest du auch alles andere vernachlässigen? Für mich?" „Sicher", sagt er, auch wenn sich alles in ihm dagegen sträubt, er genau weiß, dass es eine Lüge ist. Das weiß sie auch. „Verdammter Scheißkerl!", schreit sie dementsprechend. „Warum bist du so unehrlich, Maxim? Warum? Kannst du das Kapitel nicht endlich mal abschließen?!" „Nein", sagt er, sieht wie ihr Gesicht erstarrt. „Das kann ich nicht. Vielleicht sollten wir endlich aufhören, uns was vorzuspielen, Lucinda. Ich habe meine Karriere bekommen. Du hast mich bekommen. Das war der Deal, nicht?" Dann nimmt er seinen Mantel, steht auf, geht. Wohin, weiß er nicht.

„Es ist lange her, dass wir gesprochen haben. Deine Wohnung sieht gut aus." Marlon mustert die Diva ihm gegenüber. „Du siehst gut aus." Dabei ist gut gnadenlos übertrieben. Die Krankheit lässt sich noch nicht verleugnen. Dennoch sieht sie deutlich besser aus, als er erwartet hat. Was hat er denn auch erwartet? Ein Skelett mit kahlgeschorenem Schädel, mit hervorstehenden Wangenknochen? Sie lächelt vorsichtig, fährt sich durch die kurzen, roten Haare. Rot steht ihr, denkt Marlon, auch wenn es nur eine Perücke ist.

„Das letzte Mal haben wir uns auf Freddies Beerdigung gesehen", sagt sie dann. Er bemerkt, dass sich ihre Stimme verändert hat. Sie ist tiefer geworden. Er merkt auch, dass er nun wieder an der Reihe ist, etwas zu sagen. „Ja, Freddies Beerdigung, stimmt", murmelt er abwesend. „Eine schlimme Sache", sagt sie, dreht gedankenverloren eine Haarsträhne zwischen den Fingern. „Wer hätte gedacht, dass es mit dem guten alten Freddie mal so ausgehen würde." „Niemand, schätze ich", antwortet Marlon. „Ich hatte nicht so viel mit ihm zu tun. Trotzdem hat es mich getroffen."

Dann wird sein Blick ernst. „Wie geht es dir, Marquise?" „Gut", erwidert sie. Ihr Lächeln ist unecht. „Mir geht es gut." „Und wie geht es dir wirklich?" Marlon seufzt, will eine ehrliche Antwort auf seine Frage. „So ohne Maxim. Spiel mir nichts vor, Marquise." „Ich komme klar", behauptet sie fest. „Sieht man das nicht?" „Du fehlst ihm, Marquise", versucht Marlon, das Eis zu brechen. „Er hat Fehler gemacht. Schlimme Fehler. Sicher. Fehler, die nicht zu entschuldigen sind. Aber er liebt dich noch. Er liebt dich wirklich. Die Sache mit Lucinda ist nichts weiter als Show. Das weißt du doch. Du denkst, *du* leidest? *Sie* leidet viel mehr als du."

„Ich hasse sie." Dumpf kommen die Worte aus ihrer Kehle. „Sie ist eine…" „Vergiss Lucinda!", unterbricht Marlon in einem Tonfall, der keine Widerrede duldet. „Sie ist unwichtig. Sie ist keine Seelenverwandte wie du. Nur eine Lückenbüßerin. Du solltest sie nicht als

Konkurrenz sehen. Maxim wäre längst wieder bei dir, wenn du ihn zurückgenommen hättest. Diese Frau sollte dir leid tun." „Sie hat ihn mir weggenommen. Auf ganz niederträchtige Weise", entgegnet Marquise verbittert. „Was denkst du, wie das ist? Wenn man durch die Presse erfährt, dass der eigene Partner eine andere Frau heiraten wird. Und die zu allem Überfluss noch ein Kind von ihm erwartet. Was denkst du, wie man sich da fühlt? Verdammt, diese Frau hat mein Leben gestohlen. Und Maxim? Der hat es zugelassen. Er hätte der Vater *meiner* Kinder werden sollen!"

„Bitte, Marquise, reg dich nicht auf." Marlon sucht krampfhaft nach den richtigen Worten. „Männer sind Idioten, die nicht wissen, was sie tun", beschimpft er sich und seine Geschlechtsgenossen. „Das ist doch nicht neu. Und Maxim… Der ist der größte Idiot von allen. Aber er liebt dich, Marquise. Mehr als seine Karriere. Das ist ihm mittlerweile klar geworden." „Du versuchst immer noch, ihn in Schutz zu nehmen?" Unverständnis und Wut zeigen sich in ihren Augen. „Er hat mich betrogen, vor allen gedemütigt. Warum sollte ich ihn zurücknehmen, Marlon? Wie sollte ich ihm das vergeben?"

„Ich nehme ihn nicht in Schutz." Er hebt abwehrend die Hände. „Was er getan hat, war falsch. Ohne Zweifel. Aber er liebt dich, Marquise. Und, komm schon… Du liebst ihn doch auch noch. Du kannst mir nicht erzählen, dass du glücklich bist. Ohne ihn." „Wie kommst du darauf?" Ihre Stimme ist hart geworden. „Dass ich nicht zurechtkomme?" „Schau doch mal: Exzesse, Alkohol, Entzug", zählt Marlon auf. „Du hast dein Leben nicht mehr im Griff, seit Maxim weg ist." „Es war nicht einfach", entgegnet sie mit kaltem Blick. „Zuerst. Wie sollte es auch einfach sein?" „Ich weiß, ich weiß." Marlon greift vorsichtig nach ihrer Hand, merkt, dass sie zittert. „Sicher ist es schwer zu vergeben. Doch warum sich quälen, wenn es auch so einfach sein könnte? Gib ihm noch eine Chance, Marquise. Vergib ihm, was er getan hat. Dann wirst auch du wieder glücklich sein. Ich weiß es."

„Gar nichts weißt du!", schnaubt sie, entzieht ihm die Hand. „Ja, vielleicht sollte ich ihm vergeben. Doch dann? Was kommt dann? Wir würden heiraten? Nochmal neu anfangen?" Sie schnappt nach Luft. „Es gibt ein Kind, Marlon. Für dieses Kind trägt Maxim Verantwortung. Es wird mich immer daran erinnern, was geschehen ist."

„Himmel, Marquise." Marlon nimmt sie in den Arm, als sie zu weinen beginnt. „Ja, es gibt da ein Kind. Damit wirst du dich abfinden müssen. Du kannst es nicht ändern. Maxim kann es auch nicht. Alles andere lässt sich ändern." „Ich will ihn nie mehr sehen", schluchzt sie. „Nie mehr." „Das ist nicht wahr, Marquise", sagt Marlon leise. „Das redest du dir ein. Jeder von euch leidet seit der Trennung." „Er leidet?" Genugtuung zeigt sich in ihren Augen. „Gut. Ich hoffe, er leidet sehr. Das macht die Sache einfacher."

„Hast du jemals daran gedacht, dass Albert Junior gar nicht dein Sohn ist?" Maxim zuckt zusammen, als hätte man ihm einen elektrischen Schlag verpasst. „Nein, warum?" „Na." Marlon hat in den letzten Tagen lange darüber nachgedacht. „Weil du ihm gegenüber keine Gefühle entwickelt hast. Weil du in ihm nur Lucinda siehst, er dir ziemlich egal ist." „Ich…" Maxim sieht verstört aus. „Ich habe noch nie darüber nachgedacht. Sie hat gesagt, dass sie schwanger ist. Von mir. Ich habe es geglaubt." „Vielleicht war es naiv, ihr das einfach zu glauben", wirft Marlon ein. „Denk doch mal nach. Lucinda ist eiskalt. Was denkst du, wie weit sie gehen würde, um das zu bekommen, was sie will?"

„Weit", erwidert Maxim. Sein Schädel dröhnt. „In diesem Punkt würde ich ihr alles zutrauen. Sie ist sich für nichts zu schade…" „Du solltest einen Test machen lassen", schlägt Marlon vor. „Ohne, dass Lucinda es erfährt. Dann weißt du, woran du bist. Und ob es überhaupt irgendetwas gibt, was dich an diese Frau bindet." „Du hast Recht", entgegnet Maxim gefasst. „Ich werde mit David reden. Er wird es sicher…" „Nein. Lass David aus dem Spiel", entgegnet Marlon. „David ist dein Manager. Was ihn interessiert, ist das Interesse der Öffentlichkeit an dir. Wie denkst du, würde er es finden, wenn herauskäme, dass das Kind gar nicht von dir ist?" Maxim schluckt, versteht, wo das Problem liegt.

„Es wäre ein Skandal", sagt er dann, „wenn es an die Presse gelangen würde." „Genau. Darum wird David gegen einen Test sein, ganz egal, ob deine Zweifel berechtigt sind oder nicht", erklärt Marlon. „Du solltest ihn nicht einweihen." „Gut", erwidert sein Freund. „Ich werde nicht mit David reden. Und was mache ich, wenn es wirklich *nicht* mein Sohn ist?" „Na, dann bist du frei", entgegnet Marlon, als sei es das Selbstverständlichste der Welt. „Frei so zu leben, wie du es willst. Frei Lucinda zu verlassen. Alle würden es verstehen. Du würdest nicht *einen* Fan verlieren, Maxim." Das leuchtet ihm ein. „Du hast Recht", sagt er dann. „Ich werde diesen Test machen lassen. Es interessiert mich. Wirklich."

„Wer zum Teufel ist das, Marquise?" Die Diva schreckt zusammen, als Marianne unangekündigt in ihr Apartment platzt. „Wen meinst du?", fragt sie, während sie den Ärger über ihr unangekündigtes Erscheinen hinunterschluckt. „Den fremden Mann, der mir die Tür aufgemacht hat!", beschwert sich Marianne. „Er war… leicht bekleidet! Sehr leicht!" „Oh, der." Marquise prustet in ihren Tee. „Ich glaube, er heißt Tony. Oder Marcus. Eins von beiden. Such es dir aus." „Ein Fan, richtig?" Marianne ist stocksauer. „Schleppst du jetzt schon Fans hierher? Wir haben eine Abmachung, Marquise!" „Keine Fans." Marquise verdreht die Augen. „Warum nicht? Ich habe vergessen, wozu diese Regel gut ist."

„Es sind *Fans,* Marquise", braust Marianne auf. „Keine Freunde. Fans sind geschwätzig. Auf sie ist kein Verlass. In einer Sekunde beten sie dich an, in der nächsten lassen sie dich fallen." „Aber das ist doch...", versucht Marquise sich zu rechtfertigen, wird von Marianne mit einer abrupten Bewegung unterbrochen. „Kein Wort mehr dazu. Es wird bei diesem einen Aussetzer bleiben." „Na schön", gibt Marquise nach. „Es war unterhaltsam." „Das kann ich mir vorstellen", brummt Marianne. „Ein hübscher Kerl, findest du nicht?" Die Sängerin grinst. „Er hat große Ähnlichkeit mit einem mir bekannten Geiger", erwidert Marianne immer noch sauer. „Denk bloß nicht, dass es mir nicht aufgefallen wäre." „Ach was." Die Diva winkt ab „Das stimmt ja gar nicht. Du musst aufhören, überall Maxim zu sehen."

Im Flur ertönt eine zweite Stimme. Eindeutig männlich. „Marquise?" Marianne sieht ihren Schützling schräg von der Seite an. „Wer ist das?" „Steven." Sie zuckt die Schultern. „Er ist..." Wortlos steht Marianne auf, wirft einen Blick durch den Türspalt in den Flur, kehrt kopfschüttelnd zurück. „Und ich dachte, der erste Kerl sähe Maxim ähnlich." „Ich hab keine Ahnung, wovon du redest." Die Diva zündet sich eine Zigarette an. „Mach die sofort aus!", zischt Marianne. „Oh, Marquise, was denkst du dir nur? Bist du so tief gesunken, dass du jede dahergelaufene Maxim-Visage einfach so mit in die Wohnung nehmen musst, ja? Wie ein billiges *Flittchen*?"

Bei diesen Worten zuckt sie zusammen, als habe man sie geschlagen. „Ich bin kein..." „Oh bitte." Marianne deutet auf die Tür zum Flur. „Die beiden Kerle sind ganz sicher nicht hier, weil du sie auf einen Kaffee eingeladen hast." Marquise tut zutiefst beleidigt. Wütend drückt sie ihre Zigarette aus. „Ich war einsam, ok?" „Das verstehe ich ja." Marianne versucht, all ihr Mitgefühl zu aktivieren, schafft es nicht ganz. „Trotzdem müssen es nicht irgendwelche Männer aus irgendwelchen Bars sein. Oder? Die davon abgesehen viel zu jung für dich sind?" „Was ist falsch daran?" Trotzig schiebt Marquise die Unterlippe vor. „Ich kann doch wohl tun, was ich will." „Nein, Nachtigall, das kannst du nicht." Marianne sieht sie ernst an. „Das ist falsch. Du stehst in der Öffentlichkeit, bist Vorbild für deine Fans."

„Glaubst du an die Liebe, Marianne?" Die sieht ihren Schützling mit hochgezogenen Augenbrauen an. „Liebe ist was für Schwache", erwidert sie trocken. „Sie bringt nichts als Ärger, macht uns nur für kurze Zeit glücklich, anschließend total fertig. Liebe? Was bringt sie uns? Nichts Gutes. Es ist besser, sie zu ignorieren. Dann kann sie uns nicht verletzen." „Das heißt, du glaubst an die Liebe", schlussfolgert Marquise. „Warst du jemals verliebt, Marianne?" „War ich", gibt die überraschend zu. „Und? Wer war es?" Marquise ist neugierig, will jeden Moment dieser ungewöhnlichen Situation auskosten. Sitzt Marianne, die eiskalte Marianne, wirklich gerade hier und plaudert über *Gefühle*?

„Es war eine Frau", bekennt Marianne leise. „Sie war schön. Sehr schön. Ich habe mich direkt in sie verliebt." „Hat sie das gleiche gefühlt?", fragt Marquise, auf die Gefahr hin, dass sie zu weit geht. „Nein…", antwortet Marianne erstaunlich offen. „Nein. Sie fand nichts an Frauen. Sie war in einen Mann verliebt." „Oh", macht Marquise betroffen. „Tja, das… Das tut mir leid." „Muss es nicht." Marianne winkt ab. „Liebe ist in meinem Beruf ohnehin fehl am Platz. Ich bin nun mal, was ich bin. Mit mir hält es niemand aus. Wirklich niemand." „Naja", entgegnet Marquise vorsichtig. „Ich halte es schon sehr lange mit dir aus." Marianne lacht schrill. „Sehr witzig… Lassen wir den Unfug. Du weißt ganz genau, dass du ohne meine Hilfe nicht das wärst, was du heute bist. Du verdankst mir viel, das ist alles." „Ja, ich verdanke dir viel", murmelt Marquise, während ihr dies zum ersten Mal wirklich bewusst wird. „Ich verdanke dir sehr viel."

„Isst du nichts mehr?" Mit wachsendem Missfallen beobachtet Maxim, wie Lucinda das Obst auf ihrem Teller hin- und herschiebt. „Doch, sicher", entgegnet sie hastig, lässt die Gabel unbenutzt auf dem Tisch liegen. Maxim seufzt, ist verärgert. „Bist du auf Diät? Für mich brauchst du das nicht zu tun. Deine Kilos sind mir egal." „Es sollte dir nicht egal sein", erwidert sie. „Ich bin deine Frau." „Herrje,

Lucinda", erwidert er gereizt, mustert sie eingehend. „Du bist klapperdürr. Was soll das bringen?" Sie ist tatsächlich erschreckend dünn geworden, denkt er. Richtig mager.

„Ich will, dass du mich schön findest", erwidert sie leise. „Wenn es nur darum geht..." Er ärgert sich darüber, dass sie sich abhängig macht. „Dann iss mehr." Sie schüttelt mit dem Kopf, will sich nicht so schnell abfertigen lassen. „Hör auf mit diesen Spielchen!", herrscht er sie an, verliert die Geduld. „Du weißt ganz genau, dass ich dich durchschaue. Du willst mir ein schlechtes Gewissen einreden. Ja? Willst mir deine Magersucht in die Schuhe schieben? Wenn du unglücklich bist, bist du selbst schuld. Hörst du?" Bevor er das Haus verlässt, rüttelt er sie an den Schultern. „Fang gefälligst wieder an zu essen." „Du hast ein Kind, das dich braucht!", ruft sie ihm verzweifelt hinterher.

„Hast du jemals an einen Paartherapeuten gedacht?", fragt Marlon. Maxim sitzt ihm gegenüber. Im Radio laufen alte Schlager. Die weißen Gardinen sind zugezogen, lassen genügend Licht ins Wohnzimmer. „Ich glaube, ich war schon lange nicht mehr hier", sagt Maxim mehr zu sich selber. „Stimmt", erwidert Marlon langsam. „Das letzte Mal vor deiner Hochzeit." „War Marquise jemals hier?", will Maxim wissen. „Ich meine, hat sie hier gesessen, wo wir jetzt sitzen? Worüber habt ihr geredet?"

Marlon seufzt übertrieben laut. „Im Ernst, Maxim? Was soll das bringen?" „Du weißt genau, dass ich sie liebe." Sein Freund zündet sich eine Zigarette an. „Daran hat sich doch nie etwas geändert. Also, wie geht es ihr? Kommt sie zurecht? Du weißt es doch, oder?" „Sie kommt zurecht", erwidert Marlon wahrheitsgemäß. „Wirklich glücklich ist sie nicht." „Sie denkt an mich", schlussfolgert Maxim, freut sich insgeheim. „Du fehlst ihr", behauptet Marlon. „Sie glaubt aber, dass sie dir niemals verzeihen kann." „Ich fehle ihr", echot der Geiger, ein seliges Lächeln im Gesicht.

„Sie weiß aber nicht, ob sie dir jemals verzeihen kann", wiederholt Marlon den weniger erfreulichen Teil seiner Botschaft. „Ich weiß auch nicht, ob ich das könnte, wenn ich an ihrer Stelle wäre. Dein Verhalten ist unentschuldbar." „Ich habe mich geändert", beteuert Maxim. „Ich habe doch…" Mit einem vielsagenden Blick bringt Marlon ihn zum Schweigen. „Geändert, ja? Kannst du jetzt auf einmal an andere denken?" „Was meinst du damit?", fragt Maxim verwirrt.

„Lucinda", gibt sein Freund zu bedenken, „ist magersüchtig. Das ist ein stummer Hilfeschrei, Maxim! Hast du nie daran gedacht, dass sie sich was antun könnte?" „Nein." Maxim schüttelt den Kopf. „Dafür hat sie nicht…" „Egal!", fährt Marlon ihn an, so laut, dass er erschrocken zusammenzuckt. „Siehst du denn nicht, was du tust, Maxim? Du hast Verantwortung! Für sie und - solange es nicht widerlegt ist - auch für euer Kind. Du bist nicht nur ein Rabenvater, du bist auch ein scheußlicher Ehemann! Nicht mal um deine eigene Frau kümmerst du dich. Stattdessen überlegst du allen Ernstes, wie du bei einer anderen, die du genauso schlecht behandelt hast, wieder landen kannst?"

„Regst du dich so auf, weil auch du sie haben willst?", provoziert Maxim seinen Freund, als er genug von den Vorwürfen hat. „Was?" Marlons Gesicht erstarrt. „Du versuchst vom Thema abzulenken…" „Ich kann es dir nicht mal verübeln", fährt der Geiger unbeirrt fort. „Marquise ist charismatisch. Es muss dich gekränkt haben, dass sie ausgerechnet mich wollte. Bestimmt hast du dich gefragt: Warum Maxim? Wo du doch so gut zu ihr gewesen wärest. Du…"

„Maxim!" Marlon starrt ihn entgeistert an. „Was ist bloß in dich gefahren?" „Dir wäre es lieber, sie würde mir nicht vergeben. Weil du dann endlich eine Chance hättest." Maxim springt auf, ist nun durch nichts mehr zu stoppen. „Bestimmt hast du ihre Not ausgenutzt, um ihr näher zu kommen, nicht wahr? Du hattest das Gefühl, dass sie an dir interessiert ist! Aber *ich will sie zurück*, Marlon, verstehst du! Dafür tue ich alles. Ich würde meine Karriere für sie aufgeben, hörst du? Lucinda steht zwischen mir und ihr. Ich muss sie so behandeln, wenn ich sie los werden will."

„Nein, Maxim." Marlons Stimme ist kalt geworden. „Nicht Lucinda steht dir im Weg. Im Weg stehst du dir ganz alleine." Eine lange Pause entsteht. „Vielleicht solltest du jetzt gehen", fügt er schließlich hinzu. „Du hast recht." Zerknirscht nimmt Maxim seinen Mantel. Er hält die Klinke schon in der Hand, als er sich noch einmal umdreht: „Marlon... Was ich gesagt habe, tut mir leid." „Ja", erwidert der regungslos. „Das sollte es auch."

„Ich dachte immer, das Leben wäre einfach." Lucinda ist völlig überrascht, weil er sie von sich aus anspricht, schreckt am Küchentisch zusammen. „Es ist einfach", sagt sie, als sie sich wieder gefasst hat, mustert ihn mit ihren eisblauen Augen. „Wenn man sich an Regeln hält." „Oh ja", entgegnet er gefährlich langsam, während er zu ihr an den Tisch kommt. „Regeln. Damit kennst du dich aus, nicht? Du bist die Meisterin der Regeln." Irgendetwas stimmt hier nicht. Das bemerkt nun auch seine Frau. „Maxim? Was meinst du?"

„Ich meine, dass du das Einhalten von Regeln erwartest", antwortet er mit seltsamem Unterton. „Wir haben geheiratet, als du schwanger wurdest, weil es sich so gehört. Das war eine Regel. Natürlich mussten wir in eines der teuersten Häuser ziehen, weil es sich so gehört. Auch das war eine Regel. Verstehst du, was ich meine? Deine Regeln. Sie sind überall. Ich Trottel habe mich an sie gehalten. So gut es ging. Ist mein Leben deshalb einfach? Bin ich deswegen glücklich? Hier? Mit einer Frau, die Regeln fordert? Mit einem Kind, zu dem ich keine Beziehung habe? Mein Leben ist eine Lüge. Deine Regeln haben es zur Lüge gemacht."

Lucindas Gesicht ist starr geworden. „Maxim, was redest du da?" „Sieh uns doch an!" Seine Gegenwart wird ihr unangenehm. Die Luft wird zum Schneiden dick. „Sieh uns an!", wiederholt er gnadenlos. „Dich, Albert Junior und mich. Eine kleine, glückliche Familie?" „Was ist falsch daran?", flüstert sie mit erstickter Stimme. „Wir sind eine Familie, Maxim. Deine Familie. Du hast niemanden außer uns. Oder?" „Das ist es ja", stellt Maxim trocken fest. „Ich habe nichts als ein falsches Spiel. Auf einem verdammten Spielbrett. Das nach deinen Regeln gespielt wird." „Ich verstehe dich nicht", erwidert Lucinda noch einmal. „Wo ist dein Problem, Maxim?"

„Deine Regeln sind das Problem!" Ohne Vorwarnung ist seine Stimme laut geworden. Lucinda zuckt zusammen. „Sie dienen nur einem einzigen Zweck: dafür zu sorgen, dass du bekommst, was du willst. Sie haben schon immer funktioniert, nicht? Sicher war es ungeheuer amüsant, zu sehen, wie alles nach Plan läuft: Meine erste Krise mit Marquise. Ein einsamer Maxim, alleine nach einem anstrengenden Konzert, zu fertig, zu naiv, um dich zu durchschauen. Die Schwangerschaft..." „Maxim!" In ihrer Stimme liegt ein Flehen. „Du weißt nicht, was du sagst. Hast du getrunken?" „Es ist nicht mein Kind, Lucinda!", schreit er unvermittelt, zieht einen Brief aus seiner Jackentasche. „Wessen Kind ist es?"

Die antwortet nicht, ist kreideweiß geworden. Ihre Finger krallen sich an der Tischkante fest „Du hast einen Test machen lassen?", flüstert sie mit erstickter Stimme. „Maxim? Wie konntest du nur?" „Wie konntest *du* nur?!" Blanker Hass steht ihm ins Gesicht geschrieben. „Du hast mich all die Jahre belogen. Der ganzen Welt vorgegaukelt, dass ich der Vater bin? Kannst du dir wenigstens ansatzweise vorstellen, was du mir damit angetan hast? Mir und dem Kind? Ich habe dir geglaubt, Lucinda. Ich habe dir nicht zugetraut, dass du so weit gehen würdest. Du bist krank! Du brauchst einen Therapeuten…"

„Ich habe es aus Liebe getan", versucht sie sich zu rechtfertigen, hat Tränen in den Augen. „Es war meine einzige Chance. Seit dem Studium bin ich unsterblich verliebt. In dich. Doch du hattest nur Augen für *sie*. Ich habe sie gehasst. Diese hochnäsige, arrogante Schlampe Montiniere. Niemals werde ich verstehen, was du an ihr findest. Sie ist schwierig, ihr Einfluss begrenzt. Ich bin die bessere Partie. Eindeutig. Ich habe deine Karriere gefördert, nicht ständig versucht, dich klein zu halten. Ich bin stolz darauf, einen erfolgreichen Mann zu haben. Ihr warst du nur lästig, glaub mir. Sie wollte den Ruhm für sich alleine."

„Schluss!" Er haut mit der Faust auf den Tisch, muss sich zusammenreißen, um ihr nicht wehzutun. „Wage es nicht noch einmal, sie in meiner Gegenwart zu beleidigen! Sie hatte völlig recht mit dem, was sie über dich gesagt hat. Du bist ein Miststück, das über Leichen geht. Genau das bist du, Lucinda. Ich will dich nicht länger ansehen müssen." Ruckartig wendet er sich von ihr ab, verlässt fluchtartig den Raum. „Maxim!" Sie springt auf, rennt ihm hinterher. „Maxim, bitte! Es tut mir leid! Wir müssen darüber reden! Du kannst doch jetzt nicht gehen, Maxim! Tu mir das nicht an, Maxim!" „Was denn?", erwidert er gefährlich ruhig. „Glaubst du wirklich, ich könnte dir antun, was du mir angetan hast?" Sie bleibt ihm eine Antwort schuldig. Ehe sie den Mund aufmachen kann, ist er verschwunden.

„Du kannst sie nicht verlassen, Maxim." Davids Tonfall lässt keinen Widerspruch zu. „Denk an die Schlagzeilen. Sie ist die Tochter von Albert Williams! Niemand verlässt eine Williams, ohne dafür zu bezahlen. Das wird dich Kopf und Kragen kosten." „Und wenn?" Maxim hat sich auf Davids Einwände eingestellt, begegnet ihnen gelassen. „Sie bekommt die Hälfte meines Vermögens. Wenn sie darauf besteht. Geld bedeutet mir nichts. Und was die Karriere betrifft, die Schlagzeilen… sollten wir der Presse die Wahrheit über Albert Junior sagen. Schon wird Lucinda schlecht dastehen. Es wird ihrem Ansehen mehr schaden als meinem. Ich bekomme die Opferrolle, die Rolle des gutmütigen Trottels, der auf ihre Lüge hereingefallen ist. Wie wäre es mit dieser Schlagzeile? *Das wahre Gesicht der Lucinda Williams.* Diese Story ist Gold wert, findest du nicht?"

„Du wirst die Wahrheit schön für dich behalten, hörst du?", entgegnet David im Befehlston. „Ganz egal, ob es dein Kind ist oder nicht. Dein Publikum will keine Skandale. Du bist schließlich kein Rockstar." „Was?" Maxim verliert die Fassung. „Du meinst, ich soll schweigen?" „Nicht nur das." David sieht ihn ernst an. „Du sollst auch bei Lucinda bleiben. Mit Hilfe ihres Vaters konntest du aus deinem ersten Fehltritt Profit schlagen. Die Presse liebt euch. Dich, Lucinda und euer Kind. Das wird nicht noch einmal passieren. Der zweite Fehltritt wird dich in die Tiefe reißen..."

„Das kann nicht dein Ernst sein." Maxim ist bitter enttäuscht. „Nach all dem, was ich dir erzählt habe, rätst du mir, bei ihr zu bleiben?" „Du hast keine Wahl, Maxim", entgegnet David kalt. „Du musst so weitermachen wie bisher, wenn du nicht ins Bodenlose fallen willst. Du willst doch nicht fallen, oder?" „Du bist nicht besser als Lucinda", erwidert Maxim, zutiefst schockiert von seinen Worten. „Machst du gemeinsame Sache mit ihr? Hat sie dich bestochen?" „Ich will nur das Beste für dich", erklärt sein Manager, ein eiskaltes Lächeln auf den Lippen. „Das wollen wir doch alle, Maxim."

„Geld willst du!" Maxim gerät immer mehr in Rage. „Geld, das ist alles, was dich interessiert! Ob ich daran kaputtgehe, ist dir egal. Ich bin austauschbar, nicht wahr? Für Leute wie dich hat das Leben eines Stars außerhalb der Bühne keine Bedeutung." „Du hast es dir ausgesucht", erwidert David ruhig, verliert sein Lächeln dabei nicht. „Ruhm im Tausch gegen die Liebe. Das ist ein fairer Preis, findest du nicht? Die Sache mit Lucinda war von Anfang an eine Lüge. Das wussten wir beide. Eine nützliche Lüge. Nehmen wir an, du trennst dich von ihr, entlarvst Lucinda als Betrügerin, dich als Vollidioten…

Was würde das bringen? Deine Fans würden dich verachten, die Konzerthallen leer bleiben. Dein Ruhm wäre dahin. Du wärst kein Vorbild mehr, nur noch eine von zahlreichen, gescheiterten Existenzen, die niemand sehen will."

„Das ist nicht wahr." Maxim schüttelt den Kopf. „Ich wäre..." „Du denkst, du bist nicht glücklich, Maxim?" Davids Stimme nimmt an Schärfe zu. „Dann denk mal daran, wie glücklich du erst sein wirst, wenn alles, wofür du gearbeitet hast, mit einem Schlag zunichte gemacht wird. Das Leben ohne Goldstaub ist hart. Du bist es nicht mehr gewohnt. Die meisten gehen an sowas zugrunde."

„Ich werde Lucinda verlassen", erwidert Maxim mit Nachdruck. „Egal was du denkst. Ich hatte ganz vergessen, dass du kein Freund bist, sondern ein Manager. Nur ein Manager. Du willst nicht das Beste für *mich*. Du willst das Beste für *dich*." „Maxim!" Davids Stimme klingt hart. „Hör auf mit dem..." „Was denkst du, David", schließt Maxim langsam, „wie es bei deinen Kollegen ankommen wird, wenn sie erfahren, dass der große Maxim Romanow dich gefeuert hat? Dich, den großen Karrieremeister?"

„Maxim! Das ist nicht dein Ernst!" David ist wütend. „Denk mal daran, was ich alles für dich getan habe!" „Das weiß ich", antwortet Maxim ruhig. „Ich will nicht undankbar sein. Ich will *es* einfach nicht mehr. Verstehst du? Das, was ich bekommen habe, hat mir gezeigt, was ich *nicht* brauche. Ein Leben, indem man nie zur Ruhe kommt. Ich will zur Ruhe kommen. Jetzt. Das will ich wirklich, David. Deshalb werden wir ab heute getrennte Wege gehen. Lucindas Geheimnis kann ich für mich behalten, damit es keinen Skandal gibt. Verlassen werde ich sie trotzdem. Ich werde alles tun, um eine zweite Chance zu bekommen. Bei Marquise."

„Genau das wirst du nicht bekommen", behauptet David fest. „Du bist immer noch der gleiche Mann, der sie betrogen und gedemütigt hat.

Warum sollte sie dich zurücknehmen? Weil du für sie da warst, als sie dich brauchte? Weil ihr in den letzten Jahren so vieles geteilt habt?" „Ich war ein Dummkopf", entgegnet Maxim leise. „Der Ruhm hat mich geblendet. Jetzt weiß ich, dass ich auch ohne ihn leben kann."

„Das kannst du nicht", zischt David. „Du wirst ihn sehnlichst zurück-wünschen, wenn du ihn nicht mehr hast." „Das kann nur jemand sa-gen, der so denkt wie du, David", erwidert der Geiger überlegen. „Ich denke nicht so. Nicht mehr. Ich glaube nicht mehr an den Ruhm. An seine goldene Hand." Langsam, wie in Zeitlupe dreht er sich um. „Mach's gut, David. Für mich endet der Weg hier." Dann fällt die Tür mit einem lauten Krachen ins Schloss. Maxim ist gegangen. Sein Manager starrt ihm sprachlos hinterher.

Das Jahr der Vergebung

„Hast du das schon gehört?" Mariannes Stimmung könnte nicht besser sein. „Maxim und David gehen getrennt Wege. In der Agentur reden sie über nichts anderes mehr." „Wirklich?" Marquise traut ihren Ohren nicht. „Du meinst, er wird nicht mehr gemanagt?" „Du sagst es!", jubelt Marianne. „Tja... Fuck you, David!" Ihre Laune erreicht den Höhepunkt.

„Es gibt da noch eine Neuigkeit, die dich interessieren wird", plaudert sie freimütig aus. „Es steht überall in den..." „Nicht schon wieder eine emotionsgeladene Story aus der Lügenpresse." Marquise verdreht die Augen. „Ich habe dir schon tausendmal gesagt, dass du mir diesen Quatsch ersparen sollst." „Interessiert dich nicht, jaja", grinst Marianne. „Glaub mir, Marquise, *das hier* wird dich interessieren."

Sie zieht eine Zeitung aus der Aktentasche, reicht sie ihrem verwirrten Gegenüber. „Lies es!" Marquise will schon widersprechen, doch dann wird ihre Aufmerksamkeit tatsächlich gefesselt. Auf der Titelseite ist das Konterfei von Maxim und Lucinda zu sehen, überblendet mit einem zerbrochenen Herzen. *Nun ist es offiziell*, steht da, *das Ehepaar Romanov-Williams geht getrennte Wege.* In Windeseile überfliegen ihre Augen den Artikel. *Auseinandergelebt* steht da, *persönliche Differenzen* und zu guter Letzt *Scheidung eingereicht*. Dann entdeckt Marquise den Abschnitt, der ihr augenblicklich ein Lächeln ins Gesicht zaubert. „Hier steht, dass er mich noch liebt." Sie kann nicht verhindern, dass sich ihre Stimme vor Freude überschlägt. „Dass ihre Ehe darunter gelitten hat. In einem Interview soll er gesagt haben, dass er hofft, dass ich ihm verzeihe."

„Und? Wirst du ihm verzeihen?", fragt Marianne argwöhnisch. „Kannst du das?" „Könntest du es, Marianne?" Marquise wirkt ratlos. „Verzeihen?" „Hallo! Du redest mit *mir*." Ihre Managerin lächelt kalt.

„Ich verzeihe nicht. Niemals." „Wenn ich ihm *verzeihen* sollte…" Marquise betont das Wort *verzeihen*. „…wird es nicht so weitergehen, wie bisher." „Wie meinst du das?" Marianne bekommt ein ungutes Gefühl. „Natürlich wird es weitergehen wie bisher. Deine Karriere brummt. Warum solltest du das aufgeben wollen?" „Alles wird sich ändern, Marianne", erklärt Marquise monoton. „Wenn ich es noch mal mit Maxim versuche, müssen wir andere Prioritäten setzen."

„Oh… oh nein! Moment!" Marianne ist aufgesprungen. „Du meinst doch nicht etwa, dass du Auftritte absagen wirst? Das lasse ich nicht zu, Marquise! Wir sind noch lange nicht am Ende. Es geht noch weiter nach oben, glaub mir. Wir haben noch so viel vor…" „Genau das ist es ja, was ich meine", seufzt Marquise. „Maxim und ich werden *wir* sein, Marianne. Es wird keinen Platz mehr geben für jemanden wie dich."

„Das ist ja unfassbar!" Marianne sieht sie wütend an. „Du willst es ihm tatsächlich nachmachen. David zu kündigen war das Dümmste, was Maxim tun konnte. Tu das nicht auch, Marquise. Du brauchst einen Manager, der alles zusammenhält." Unwillkürlich ist ihre Stimme scharf geworden: „Beiß nicht in die Hand, die dich füttert, sonst bist du ganz schnell am Ende." „Du verstehst das nicht." Marquise schüttelt den Kopf. „Es gibt noch andere Welten, außer der, die du kennst. Es gibt Welten, in denen andere Dinge zählen."

„Welche gibt es denn *noch*?" Marianne baut sich zornig vor ihr auf. „Eine bessere? Das glaubst du doch selber nicht, Marquise. Es gibt keine bessere!" „Deshalb bist du, was du bist", erwidert Marquise trocken. „Weil du das glaubst." Marianne sieht sie fragend an. „Du tust mir leid", sagt Marquise leise. „Du tust mir wirklich leid. Es tut mir weh, das sagen zu müssen. Besonders, weil du in letzten Jahren so etwas wie eine Freundin geworden bist. Zumindest die Illusion einer Freundin. Trotzdem möchte ich, dass du gehst. Such dir jemanden, der bereit ist, alles für den Ruhm zu opfern. Ich bin es nicht mehr."

„Du bist wahnsinnig geworden!" Marianne packt sie hart bei den Schultern. „Das ist nicht dein Ernst, Marquise. Denk daran, was ich für dich getan habe. Ich war für dich da, oder? Als du nur noch gesoffen hast, als du Krebs hattest, als Maxim… Ich habe das alles mit dir durchgestanden, oder etwa nicht? Niemand sonst war da." „Dafür bin ich dir dankbar." Marquises Stimme klingt belegt. „Wirklich dankbar. Doch all das, was du getan hast, hast du in erster Linie für dich getan, Marianne." „Das ist nicht wahr!" Marianne wirkt zutiefst getroffen. „Du bist eine fantastische Managerin", fährt Marquise fort. „Du wirst ganz sicher ein anderes goldenes Kälbchen bekommen."

Mariannes Kinn bebt: „Ist das dein letztes Wort?" Die Diva hält ihrem Blick stand. „Ja… Es tut mir leid." „Also dann…", zischt die Managerin, ehe sie aus der Tür rauscht. „Viel Erfolg in der Welt, die ach so anders ist!"

„Es war eine gute Entscheidung, François." Drei Jahre ist sie nicht an seinem Grab gewesen. Jetzt steht sie davor, starrt ins Nichts. „Es zu beenden. Marianne wird darüber hinwegkommen. Sie ist stark. Verzeihen wird sie mir nie." Gespannt lauscht sie dem Luftzug, erhält jedoch keine Antwort, merkt, dass sie auch gar keine Frage gestellt hat. „Wie geht es dir da oben François?", korrigiert sie ihren Fehler. „Wie ist es so, nicht mehr hier zu sein? Siehst du alles, was geschieht? Weißt du, was mir passiert ist? Weißt du überhaupt irgendwas? Gibt es einen Gott?"

Leise pfeift der Wind durch die Bäume des Friedhofes. „Wenn ich zurückblicke", redet sie weiter, „fällt mir auf, dass allein die Zeit mit dir wirklich gut war, François. Danach ging alles bergab. Ich hatte mir das anders vorgestellt. Ganz anders. In ein paar Jahren werde ich vierzig. Dann werde ich nicht verheiratet sein, keine Kinder haben. Jetzt ist es zu spät. Für alles. Es ist zu spät."

„Es ist niemals zu spät." Erschrocken dreht sie sich um. Maxim steht da, sieht aus, als ob er auf sie gewartet hätte. „Mir war klar, dass du den Weg hierhin früher oder später wieder finden würdest." Er lächelt. „Hast du *es* gelesen?" „Du meinst, dass deine Ehe zu Ende ist?", fragt sie nach. „Dass der Scherbenhaufen jetzt perfekt ist?" „Ich habe sie verlassen, Marquise", sagt er leise. „Ich kann nicht für den Rest meines Lebens mit einer Frau zusammenleben, die ich nicht liebe." „Du hast einen *Sohn*", entgegnet sie, kann nicht verhindern, dass ihre Stimme kalt klingt. „Einen Sohn, der dich braucht. Das sollte Grund genug sein, bei einer Frau zu bleiben." „Es ist nicht *mein* Sohn!", wirft er ein.

„Das tut mir leid", sagt sie ehrlich betroffen. „Das muss furchtbar sein." „Marquise, ich…", stammelt er. „Ich kann keine Kinder mehr bekommen", unterbricht sie ihn. „Nie mehr." „Bist du sehr traurig deswegen?", fragt er geknickt. „Du hast früher gesagt, dass… du weißt schon… Kinder wichtig sind." „Von uns beiden, ja", sie lächelt schwach. „Das war vor vielen Jahren. Jetzt stehen wir hier. Am Grab des allerbesten Ratgebers. Doch der ist nicht mehr hier." „Die Toten gehen nie ganz", versucht Maxim zu trösten. „Auch Anna ist noch hier. Hin und wieder fühle ich, dass sie noch da ist." Eine Weile stehen sie nur da, schweigen sich an.

„Freddie ist auch tot", sagt sie schließlich, während sich ein Schatten auf ihr Gesicht legt. „Erinnerst du dich an ihn, er…" „Ich hab es in der Zeitung gelesen." Maxim sieht tatsächlich traurig aus. „Er ist als Held gestorben, oder? Wollte bloß helfen? Wollte nicht, dass jemand stirbt…" „Für seine Hilfsbereitschaft musste er einen hohen Preis bezahlen", murmelt Marquise. „Ich habe ihn gemocht. Auf seine Art war er originell." „Er ging über Leichen", erwidert Maxim, denkt dabei zwangsläufig an seine eigenen Fehler. „Doch immerhin… Seine letzte Tat war eine gute. Das zählt." Dann wird es wieder still.

„Wir dürfen keine Geheimnisse mehr haben, Maxim", durchbricht sie die Stille nach einer Weile. „Nie mehr. Wenn das mit uns funktionieren soll." „Ich verspreche es dir", erwidert er, nimmt vorsichtig ihre Hand. „Ich verspreche dir an François' Grab, dass ich dich nie mehr belügen werde." „Schwöre es", fordert sie. „Schwöre es hier und jetzt!" Ihre Augen beobachten gespannt jeden seiner Züge. „Auf François und Anna", sagt er. „Gut." Ein zaghaftes Lächeln zeigt sich auf ihrem Gesicht. „Darauf können wir bauen."

„Du hast Marianne gefeuert?", fragt er. „Ich hab es von…" „Ja", gibt sie unumwunden zu. „Und du hast David entlassen." „Gut." Maxim nickt zufrieden. „Anfangs dachte ich, ich würde ihn brauchen, er würde mir helfen. Jetzt weiß ich, dass er es gar nicht kann. Glück zählt für Leute wie David nichts, nur…" Sie seufzt. „Immerhin haben wir das jetzt endlich verstanden." „Ja", er lächelt. „Ich schätze, wir haben dazugelernt."

„Wir sind älter geworden, Maxim, haben mehr Lebenserfahrung", ergänzt Marquise. „Genau genommen sind wir richtig alt… Zumindest fast alt. Wir haben schon Falten, die ersten graue Haare. So viel Zeit ist vergangen." „Das macht doch nichts", wendet er ein. „Das Wichtigste ist doch, dass wir jetzt hier sind, oder? Dass wir es endlich geschafft haben. Ohne Marianne. Ohne David. Jetzt gibt es nur noch uns. Niemand sagt uns mehr, wo wir auftreten, in welchem Hotel wir absteigen müssen. Ist das nicht das Wichtigste, Marquise?"

„Stimmt schon", antwortet sie nach einer Weile. „Der Ruhm ist uns beiden nicht bekommen. Er hat uns auseinandergetrieben, uns regelrecht zerrissen. Wir dürfen das nie wieder zulassen. Wir dürfen nicht noch mehr Zeit verpassen. So viel Zeit bleibt uns nicht mehr." „Immer noch genug Zeit", erwidert er mit einem Grinsen, „um es besser zu machen."

„Alles werden wir nicht besser machen können", hält sie dagegen, legt seine Hand auf ihren Bauch. „Darin wird niemals ein Kind liegen, Maxim. Weder von dir noch von sonst irgendjemand." „Ich weiß", behutsam legt er seinen Arm um sie, drückt sie an sich. „Vielleicht werden wir nicht mehr das ganz große Glück erleben. Vielleicht nur achtzig Prozent. Das reicht mir, Marquise. *Du* reichst mir." „Das ist schön." Sie lächelt vorsichtig. „Dann werden wir es also anpacken?", fragt er. „Unser neues Leben?" „Ja", sagt sie. „Wir packen es an."

Maxquise wieder vereint?

Maxim Romanov und Marquise Montiniere im Londoner Nachtleben gesichtet

Sie stecken gerade in den Planungen für das lang ersehnte, gemeinsame Haus, als das Telefon klingelt. „Wer war das?", will Maxim wissen, als Marquise wieder erscheint. Eine halbe Stunde hat sie im Flur gestanden und geredet. Als er sie ansieht, merkt er sofort, dass irgendwas nicht stimmt. „Marquise… was ist los?" Ihr Gesicht ist aschfahl. „Annabelle", stammelt sie schließlich, „Sie hatte einen Unfall. Zusammen mit ihrem Mann. Beide sind tot."

Annabelle. Bei Maxim tauchen Erinnerungen auf. Unangenehme Erinnerungen an eine durchtriebene, gefährliche Schlange. An die einzige Konkurrenz, die Marquise von ihm fernhalten wollte. „Oh", macht Maxim nur, weiß nicht, ob sie der Tod ihrer Schwester nun verletzt oder nicht. „Du hast sie mir nicht vorgestellt. Damals. Bist du traurig?" „Sie war meine Schwester", erwidert Marquise trocken. „Bis ich sie in dieser verdammten Badewanne gefunden habe, habe ich sie gehasst." *Badewanne?* „Was meinst du, Darling?" Maxim versteht kein Wort.

„Annabelle war stark", erklärt Marquise. „Sie wollte immer stark sein. Fremde Hilfe lehnte sie ab. Als sie merkte, dass sie schwanger war,

hat sie ihr Schicksal selbst in die Hand genommen. Mit einer Stricknadel..." Marquise schließt die Augen. „Es war so furchtbar. Alles
war voller Blut." „Oh…" Maxim geht eilig zu ihr, schlingt seine Arme
um sie. „Das muss lange her sein." „Als ich sie so sah", flüstert Marquise, „merkte ich plötzlich, dass ich sie trotz allem liebe, verstehst
du das? Trotz all ihrer schlechten Eigenschaften. Ich brauchte eine
Wanne voller Blut, um das zu begreifen. Und jetzt ist sie tot." „Ja",
seufzt Maxim. „Jetzt ist sie tot."

„Sie hat eine Tochter", fügt Marquise nach einiger Zeit hinzu. „Claire.
Ich habe sie noch nie gesehen." „Das ist ein schwerer Schlag für
sie", gibt Maxim zu bedenken. „Ohne Eltern da zustehen, ist bestimmt nicht leicht..." „Ich will sie zu uns holen", sagt Marquise entschlossen. „Wir werden doch genug Platz haben, auf dem Land,
nicht wahr? Sie ist erst fünf, könnte dort eine unbeschwerte Kindheit
verbringen. Fern ab von all den schlimmen Erinnerungen." „Hast du
dir das gut überlegt?" Maxim ist unschlüssig. „Du kennst sie nicht.
Vielleicht hasst sie dich."

„Unsinn." Marquise schüttelt den Kopf. „Kleine Kinder sind nicht so.
Abgesehen davon… Wo sollte sie sonst hin? Meine Eltern sind alt.
Die schaffen das nicht mehr. Und Claires Vater… Der hatte keine
Geschwister." „Also gut", gibt Maxim nach, „wir können es versu-
chen. Unser Haus wird groß genug sein. Ganz sicher."

Die Stimmung ist bedrückend, als Marquise und Maxim auf dem
Friedhof eintreffen. Es sind nicht besonders viele Leute gekommen.
Das kann am Wetter liegen oder daran, dass Annabelle sich in den
letzten Jahren nicht viele Freunde gemacht hat. Marquises Eltern
stehen ganz in ihrer Nähe. An der Hand hält die Mutter ein kleines
blondes Mädchen. Das muss sie sein, schießt es Marquise durch
den Kopf, das ist Claire.

Vorsichtig geht sie auf ihre Eltern zu. „Maman?" „Marquise!" Die Mutter drückt sie an sich, während Tränen über ihr Gesicht laufen. „Gott sei Dank, du bist gekommen. Wir waren nicht sicher, ob du dich überwinden würdest… Doch jetzt… Jetzt bist du hier. Natürlich bist du hier… Sie war deine Schwester." „Ja", erwidert Marquise tonlos, „sie war meine Schwester."

Maxim ist mittlerweile dazu gestoßen, wird ebenfalls von Maman in die Arme geschlossen. Marquises Eltern haben sich schnell damit abgefunden, dass er nun wieder zur Familie gehört. Der Vater brummt etwas zur Begrüßung, scheint aber, auf einen Stock gestützt, eher seinen eigenen Gedanken nachzuhängen. Die Mutter seufzt. „Marquise… Das ist deine Nichte, Claire. Du hast sie nie kennengelernt, doch nun… unter den Umständen… Du solltest es dir überlegen…"

Doch Marquise hört ihr längst nicht mehr zu. Sie ist vor dem Mädchen in die Hocke gegangen, sieht sie neugierig an. Sie hat Annabelles Haare, stellt sie fest. Und meine Augen. „Hallo", sagt sie leise zu der Kleinen, die sie aus verheulten Kinderaugen ansieht. „Du bist also Claire. Weißt du, wer ich bin?" „Mamas Schwester!?" Das ist mehr eine Frage. Trotzdem bringt sie Marquise zum Lächeln. „Ja", erwidert sie sanft. „Das ist richtig."

„Mama hat gesagt, dass du sie nicht mehr sehen wolltest, weil sie früher so gemein zu dir war", sagt Claire. „Sie hat auch gesagt, dass ihr euch lieb hattet, es nur nicht zugeben wolltet. Stimmt das?" Marquise ist verwirrt, hat nicht damit gerechnet, dass sie jetzt schon so offen ist. „Manchmal, Claire", erwidert sie langsam, „ist die Liebe nicht so einfach zu verstehen. Man kann sie mit Hass verwechseln. Das ist bei deiner Mama und mir passiert." „Also hattet ihr euch lieb?" Hoffnung leuchtet in den Augen des Mädchens. „Aber ja", sagt Marquise. „Im Grunde hatten wir uns lieb. Wir konnten es nur nie… wirklich zeigen." „Jetzt, wo Mami tot ist…" Claires Augen füllen sich erneut mit Tränen, „kann ich bei dir wohnen?"

„Natürlich…" Marquise nimmt ein Taschentuch aus ihrer Jacke, tupft damit vorsichtig die Tränen von ihrem Gesicht. „Wenn du das willst." „Das will ich", schluchzt Claire. „Du bist nett… und schön. Fast so schön wie Mami." „Ja, deine Mama war sehr schön", erwidert Marquise. „Du solltest sie genauso in Erinnerung behalten." „Oma sagt, du hast ein großes Haus. Auf dem Land. Und eine Katze", wechselt sie das Thema, denkt schon mal an die Zukunft. „Es ist noch nicht fertig, das Haus", gesteht Marquise. „Ich werde mich beeilen, damit du so schnell wie möglich kommen kannst. Die Katze gibt es schon. Sie ist ein Kater und heißt Hannibal. Du wirst ihn sicher mögen."

Mit verweinten Kinderaugen folgt Claire dem Sarg, der gerade in das frisch ausgehobene Grab gelassen wird. „Also ist sie jetzt da drin?", fragt sie. „Mami?" „Nein", erwidert Marquise, während sich ein trauriges Lächeln auf ihrem Gesicht zeigt. „Nein, deine Mami ist dort." Sie deutet nach oben auf den hellblauen Himmel. „Dort über den Wolken ist sie." „Du lügst doch." Claire ist misstrauisch. „Oma hat mir gesagt, dass Mami jetzt in dieser Holzkiste ist." „Ja… Ihr Körper", versucht Marquise zu erklären. „Es ist nur die äußere Hülle. Ihre Seele ist da oben." „Seele", murmelt Claire. „Was ist das? Eine Seele?" „Das, was am Ende von uns bleibt", sagt Marquise. „Weißt du, die äußere Hülle braucht Mami nicht mehr. Ihre Seele kann ohne sie weiterleben. Für immer."

Es soll das erste und einzige Mal sein, dass sie sich treffen. In einem Café in der Stadt.

„Du musst mich wohl sehr hassen…" Lucinda kann ihr nicht in die Augen sehen, während sie spricht. „Du musst verstehen, dass mir nie etwas daran lag, dir zu schaden. Ich wollte nur ihn. Das ist alles. Dummerweise wolltest du ihn auch." „Ja, ich war dir im Weg", entgegnet Marquise kalt. „Das verstehe ich schon. Ich hasse dich nicht. Nicht mehr. Du tust mir leid. Weil wir jetzt hier sitzen. Weil dein Plan gescheitert ist. Weil er dich so behandelt hat. Weil du versucht hast, dein Glück auf dem Unglück eines anderen zu bauen. Sowas geht immer schief. Ich dachte, das wüsstest du."

„Vielleicht hätte ich es einfach akzeptieren sollen", erwidert Lucinda. „Dass er dich will, dass er mich nicht will… All das. Aber ich konnte es nicht. Verstehst du." „Du bist ein verwöhntes Kind, Lucinda. Dieses Mal bist du zu weit gegangen." Marquise zündet sich eine Zigarette an. „Auch eine?" „Ja." „Dein Spiel… Du konntest es nicht gewinnen", fährt sie fort. „Auch du kannst niemanden zwingen, dich zu lieben. Das konnte nicht lange gutgehen… Doch immerhin… Du hast es tatsächlich geschafft, ihn mir wegzunehmen. Das hätte ich dir niemals zugetraut."

Marquise nimmt ihre Rivalin genauer in Augenschein. Der Kummer hat sie altern lassen. Dennoch hat sie eine gewisse Eleganz, einen matten Glanz. Das muss sie ihr lassen. „So, nachdem wir nun geklärt haben, dass ich dich *nicht* mehr hasse, würde mich umso mehr interessieren, wie es dir geht." Sie funkelt die blonde Frau ihr gegenüber angriffslustig an. „Hasst du mich?" „Ja", erwidert Lucinda verbittert. „Ja, ich hasse dich, Montiniere. Dafür, dass er nur Augen für dich hatte. Dafür, dass er dich nie vergessen konnte. Dafür, dass er immer nur deinen Namen geflüstert hat, wenn wir…" Sie schluckt. „Abgesehen davon hast du mich vor der Presse als Miststück bezeichnet."

„Weil es stimmt." Marquise gibt sich unbeeindruckt. „Es stimmt, dass du ein Miststück bist. Ein noch größeres als ich gedacht habe. Du hast dir von irgendeinem Kerl ein Kind andrehen lassen, um es dann einem anderen unterzuschieben. Das ist schon eine außerordentliche Leistung. Es gibt kein vernünftiges Wort für Frauen wie dich. Es ist also nicht so schlimm, dass ich auf ein unvernünftiges zurückgegriffen habe."

Lucinda ist in sich zusammengesunken. „Das mit dem Kind war nicht richtig", sagt sie dann. „Aber es..." „Wir haben uns geeinigt", unterbricht Marquise sie hart. „Maxim bleibt sein biologischer Vater. Auf dem Papier. Albert junior darf in den Ferien zu uns kommen. Ich habe mich damit abgefunden. Ich akzeptiere es. Dem Kind zuliebe. Darüber hinaus werden wir mit dir nichts mehr zu schaffen haben."

Beschämt sieht Lucinda zu Boden. „Also, wenn du mir jetzt bitte die Papiere geben würdest...", drängt Marquise. „Ich möchte nicht länger hier sitzen und so zu tun, als ob alles gar nicht so krank wäre." „Gut", sagt Lucinda langsam, schiebt ihr einen dicken Umschlag über den Bistrotisch. „Wie du willst. Das sind sie." „Danach bist du eine geschiedene Frau." Marquise genießt den Moment. „Es gibt kein Zurück mehr, Lucinda." „Nimm sie und geh", erwidert diese. „Jetzt hast du, was du wolltest, oder?" „Nein", entgegnet Marquise. „Das wollte ich nicht. Dein Verhalten hat es notwendig gemacht." Mit diesen Worten verstaut sie den Umschlag in ihrer Tasche, nimmt den roten Mantel, geht, ohne sich zu verabschieden.

Wo steckt Maxquise?

Maxim Romanow und Marquise Montiniere abgetaucht

Lieber Sascha,

entschuldige, dass ich mich so lange nicht gemeldet habe. Ich hatte viel zu Tun. Es gibt Neuigkeiten. Dieses Mal sind es gute. Ich habe mich von Lucinda getrennt. Die Differenzen waren zu groß.

Sicher fragst du dich, warum das gute Neuigkeiten sind. Das Gute daran kommt jetzt: Ich habe wieder geheiratet. Erinnerst du dich an Marquise? Sicher tust du das. Ich habe dir tausendmal geschrieben, was für ein wundervoller Mensch sie ist. Sie hat mir tatsächlich verziehen. Wir haben es heimlich getan, ohne Medienecho. Entschuldige also, dass ich Mutter und dich nicht eingeladen habe.

Mittlerweile haben wir uns von der Welt, die wir kannten, verabschiedet, wohnen in einem großen Haus weit draußen auf dem Land. Ohne Presse, ohne Paparazzi. Wie eine Familie. Wir haben Marquises kleine Nichte adoptiert. Sie hat ihre Eltern verloren. Durch einen tragischen Unfall. Sie ist ein kleiner Engel. Du wirst sie mögen. In ein paar Monaten kommen wir mit ihr nach Russland.

Ja, du hast richtig gelesen. Wir kommen euch besuchen. Ich freue mich sehr, möchte euch zeigen, dass ich es doch noch geschafft habe, dass ich doch noch ein guter Mensch geworden bin. Mein ganzer Stolz sind meine beiden Frauen. Die Karten sind bezahlt. Wir kommen. Ganz sicher. Dieses Mal werde ich nicht wieder absagen. Ich will endlich ins Reine kommen. Mit meiner Familie. Wir sind doch noch eine Familie, oder nicht?

In Liebe, dein Bruder Maxim

„Genau so habe ich es mir vorgestellt", sagt sie euphorisch. „Ja", erwidert er lächelnd, küsst sie. „Ich mir auch." „Dann können wir nun also glücklich werden?", fragt sie. „Das ist der Plan, mein Herz." Zärtlich legt er seinen Arm um sie. „Wer hätte das vor ein paar Jahren gedacht? Dass wir heute hier sein würden. Wir beide, als Mann und Frau, Claire… Die Stadt in weiter Ferne… Das ist so unglaublich. Ich kann es immer noch nicht fassen." „Mir geht es auch so", stimmt sie zu. „Ich frage mich, warum wir das früher nicht geschafft haben." Er weiß auch keine Antwort.

„Ich liebe diese Veranda", fährt sie fort. „Was jetzt noch fehlt ist eine Hollywood-Schaukel. Und ein Garten. Nicht so ein künstlicher. Ein naturnaher. Mit Teich." „Das können wir selbst machen", schlägt er vor. „Ohne Gärtner. Ok?" Er deutet auf das große Grundstück. „Immerhin… Ein paar Bäume haben wir schon: Ahorn, Birken, Linden…" „Wilder Ahorn?", will sie wissen. „Ja", sagt Maxim. „Ich denke schon."

Seine Worte treffen sie wie ein Blitzschlag. François! Er hat es gewusst!

Irgendwann, chérie, werdet ihr wieder vereint sein. Und ich werde von oben auf euch herabschauen und dich lächeln sehen. Ihr werdet fortgezogen sein, weit weg von dem ganzen Trubel. Ich sehe dich lächelnd auf der Veranda sitzen, hinter einem Haus auf dem Land. Wilder Ahorn blüht dort, umgeben von Birken und Linden. Über den Himmel zieht ein Schwarm Kraniche.

Tränen laufen über ihre Wangen. Maxim sieht sie verwundert an. „Alles in Ordnung, mein Herz?" „Ja, es ist nur…", versucht sie zu erklären, während ein zaghaftes Lächeln über ihr Gesicht huscht, „so wunderbar." „Warum weinst du?", fragt er verunsichert. „Weil es so gut ist", erwidert sie hin- und hergerissen. „So unglaublich gut!"

François, denkt sie glücklich. Du hast mich nie verlassen. Ich spüre es ganz deutlich. In diesem Moment. Gedankenversunken blickt sie hoch in den Himmel. Tatsächlich! Sie kann es kaum fassen:

Ein Schwarm Kraniche.